Джон Мак-Артур

Чуждый огонь

Отзывы о книге «Чуждый огонь» от людей, жизни которых изменились благодаря истине Слова Божьего

«Я благодарна Господу за Джона Мак-Артура и ту ясность, с которой он показал многие ошибки харизматического учения».

Карла

«Шесть лет я посвятила харизматической церкви, пока Джон Мак-Артур не помог мне переосмыслить ее учение в свете Писания. Я переживаю за тех, кто все еще обманут и находится в харизматическом движении. Обещанное процветание – это мыльный пузырь. Я видела, как люди отдавали все свое имущество, ожидая получить сторицей. Когда их надежды не материализовалась, им сказали, что их вера была недостаточной. Это очень печально».

Мадалена

«Несколько лет назад мы с моей женой потеряли ребенка; некоторые члены нашей церкви сказали нам, что у нас просто не хватило веры в исцеление. Другие считали, что причина в грехе, с которым мы не хотим расстаться. Я благодарю Господа за служение Джона Мак-Артура. Мы с женой многому научились из его книг и проповедей и оставили харизматическую церковь, в которой находились более десяти лет. Как много еще заблуждающихся харизматов, которым необходимо открыть библейскую истину».

Майкл

«Мы с женой посвятили служению шестнадцать лет во франкоязычной западной Африке. Местные пасторы там склонны верить ложным учениям, которые несут американские телеведущие и харизматические лидеры церквей. Учение Джона Мак-Артура о харизматическом движении позволило мне увидеть некоторые заблуждения, с которыми мы столкнулись».

Ларри

«Я и мой муж – пожилые люди, однако мы увидели, что Господь может плодотворно трудиться через любого человека, независимо от его возраста. Мы в браке уже почти полвека и из них тридцать восемь лет мы посещали харизматическую церковь, где чувства и опыт превозносятся над Писанием. Я понимал, что это неправильно и с этим нужно что-то делать. Затем Джон Мак-Артур помог нам взглянуть на харизматическое движение через призму Библии. Он научил нас поступать так, как верующие древней Верии».

ВалРэй

«В последнее время я часто думаю об одной из величайших угроз для современного христианства – движении "Слова веры". Новообращенным их послание кажется вполне библейским, а самое главное – актуальным в мире, который одержим стремлением к процветанию. Эта весть ласкает слух людям, которые жаждут быть богатыми, здоровыми и счастливыми. Я посещал такую церковь. В ней учили, что Бог хочет видеть нас на коне во всех сферах нашей жизни – финансах, отношениях и здоровье! Тогда почему пастор болеет? Почему члены церкви теряют работу? Почему далеко не все процветают? Многие прихожане этой церкви едва сводили концы с концами. Они начинают задаваться вопросом, не оставил ли их Бог. Почему Он не выполняет Свою часть договора? Учение «Слово веры» – ложное Евангелие, и я благодарен Джону Мак-Артуру за то, что он открыл нам глаза на Писание».

Джереми

«Мне тридцать пять лет, и я живу в западной Норвегии. После обращения ко Христу я посещал пятидесятническую церковь около двух лет. Их учение и практика не соответствовали тому, о чем я читал в Священном Писании – живи лучшей жизнью сейчас, положительное исповедание, материальное процветание, земная слава и т.д. Я никогда ничего не слышал о покаянии или посвящении своей жизни или о том, чтобы быть рабом Христа. Примерно год назад я начал слушать проповеди и семинары Джона Мак-Артура по этой теме. Для меня стало великим избавлением осознание, что не чувства, а именно Божье Слово, Библия – единственный истинный авторитет в жизни».

Бьерн

«Я вырос в церкви, где меня научили говорить на языках и прислушиваться к голосу Божьему, обращающемуся ко мне лично. Бог в моем представлении был таинственным, странным, мистическим и непонятным. В голове была полная неразбериха. Вся эта запутанность и никогда не сбывающиеся пророчества привели к тому, что я отвернулся от всего, что связано с Библией. Я блуждал духовно и избегал Божьего Слова около десяти лет. Однако все это время я знал, что ошибаюсь, и продолжал верить в Бога. Я просто не понимал, как жить для Него. Около трех лет назад я узнал о служении Джона Мак-Артура в Интернете. Я тут же решил послушать его проповеди по Первому посланию к Коринфянам чтобы узнать, что он говорит о языках. Было приятно услышать проповедь, наполненную смыслом. Я загрузил многие его проповеди. Я перечитывал Библию. Я присоединился к церкви, где изучал Библию вместе с пастором, бескомпромиссно преданным Слову. Я безмерно рад тому, что Господь делает в моей жизни».

Джастин

«Я выходец из харизматического движения. Учение Джона Мак-Артура стало для меня настоящим открытием. Я благодарен Богу за то, что он помог увидеть моей семье и нашей общине пагубность той ереси, в которой мы жили».

Кристал

STRANGE FIRE

THE DANGER
OF OFFENDING THE
HOLY SPIRIT WITH COUNTERFEIT
WORSHIP

JOHN MACARTHUR

NELSON
BOOKS

An Imprint of Thomas Nelson

Джон Мак-Артур

ЧУЖДЫЙ ОГОНЬ

Заблуждения в современных
харизматических церквях

ББК 86.376

Джон Мак-Артур. Чуждый огонь / Пер. с англ. – Одесса : Христианское просвеще-ние, 2018. – 272 с.

Аннотация

Italics added to Scripture quotations are the author's own emphasis.

TMAI Edition: 978-1-967358-02-1

СОДЕРЖАНИЕ

ПРЕДИСЛОВИЕ
К РУССКОМУ ИЗДАНИЮ

Вскоре после распада Советского Союза в 1991 году я несколько раз посещал страны Восточной Европы. Впервые я мог открыто проповедовать в русскоязычных баптистских церквях и радоваться общению с верующими, которые, несмотря на угрозу жестоких преследований, оставались христианами на протяжении всей своей жизни.

Общение в этих церквях было простым и приятным. Верующие, которые никогда не слышали проповеди Слова Божьего от учителей не из их круга, были увлечены изучением Библии, постоянно задавая вопросы. Они особенно радовались открывшимся для них возможностям без опасений проводить богослужения, свидетельствовать о своей вере, открыто и более глубоко изучать Писание. Эти церкви были живыми и преуспевающими – они возрастали как численно, так и духовно.

Для меня было великим преимуществом общаться с ними. Многие верующие в бывших советских странах очень дорого заплатили за свою веру. Следование за Христом стоило некоторым из них буквально всего – работы, семьи, безопасности и даже свободы. Евангельское христианство Запада, которое, по общему мнению, более основательное, академическое, здравое, привлекательное, с богатой историей и социально приемлемое, выглядит весьма поверхностным в свете глубины той любви ко Христу, которую я увидел в этих верующих. Безусловно, я научился больше от своих русскоговорящих братьев, чем они научились от меня.

Некоторые из них, возможно, чересчур благоговейно отнеслись ко многим евангельским «экспертам», которые привезли в Восточную Европу свои прагматические методологии и либеральные учения. Я помню, что меня беспокоило, не окажется ли приток западных религиозных влияний в конечном итоге скорее катастрофой, чем благословением для доверяющих Библии верующих в бывших советских республиках. Во время одной из моих первых поездок в Киев я обратил внимание, завтракая в ресторане отеля, что по телевизору транслировался на русском языке канал одной из крупнейших и бессовестных харизматических телевизионных сетей Америки. Тогда я осознал настоятельную необходимость подготовить здешних верующих к угрозам, которые несут учители евангелия процветания, а также фальшивые целители и чудотворцы. В том же году я начал писать свою книгу «Харизматический хаос».

Вскоре я узнал, что мои опасения по поводу дурного влияния американской харизматии разделял мой друг Яков Кузьмич Духонченко, глава Союза евангельских христиан-баптистов Украины. Он обратился ко Христу в 1943 году (в разгар Второй мировой войны) в возрасте 12 лет и начал проповедовать уже спустя три года. У него не было формальной подготовки для служения или проповеди, он закончил только девять классов общеобразовательной школы. В течение пяти лет после своего обращения он изучал только один учебник – Библию – под руководством сельских пасторов.

В 1951 году, ровно через девять дней после своего двадцатилетия и через четыре с половиной месяца после начала своей семейной жизни, Духонченко был арестован за духовную работу среди украинской молодежи. Ему предъявили обвинение в антисоветской деятельности и отправили в тюрьму на Урале. Благодаря Провидению родные Якова смогли передать ему в тюрьму Библию, которую он начал усердно изучать. Подобно Иосифу в Ветхом Завете, он снискал благосклонность у охранников и тюремных начальников. Он больше не работал в тяжелых условиях на лесоповале, как большинство заключенных, а занимался бухгалтерской работой и фотографией. Таким образом, самое неожиданное место во всем мире – жестокая советская тюрьма – стала семинарией для пастора Якова Духонченко. И учился он «на отлично».

К тому времени, как я встретил Духонченко, прошло уже более трех десятилетий после того, как он вышел из тюрьмы, и на тот момент он был одним из самых опытных проповедников и тщательных богословов, с которыми мне когда-либо приходилось встречаться. Мы тут же стали друзьями. Он открыто (и часто) делился со мной своими опасениями и переживаниями относительно библейской простоты, которую могут утратить поместные церкви в результате навязывания ложных учений из Америки, которые уже наводнили Восточную Европу. Прагматизм, либеральные идеи, рыночные стратегии церковного роста, проповедь выхолощенного евангелия, экуменизм, компромисс и все те проблемы, о которых я когда-либо писал, уже предлагались здесь их западными «миссионерами». Духонченко опасался всего этого. Но его главной головной болью было харизматическое движение.

Год спустя после встречи с Яковом была издана моя книга «Харизматический хаос». Я решил посвятить эту книгу Духонченко и отправил ему самый первый экземпляр. Вскоре после этого был издан русский перевод*. У этой книги было долгое и эффективное служение, и я продолжаю слышать от людей положительные отзывы. Но большая часть книги была посвящена харизматическим тенденциям, которые наблюдались в 1990-х годах. С тех пор харизматическое движение значительно выросло и стало еще более диковинным. Несколько лет назад я понял, что нужна еще одна книга, в которой следует показать историю харизматического

---

* Дж. Мак-Артур издал три книги по данному вопросу: «Харизматики» (1978, на русском языке издана в 1991 году), «Харизматический хаос» (1993) и «Чуждый огонь» (2013). – Прим. ред.

движения с самого начала, отмечая опустошение, которое оно оставило на своем пути. Моя цель состояла в том, чтобы тщательно изучить все последние харизматические тенденции в свете Писания и предложить всеобъемлющую критику – в дополнение к материалу в «Харизматическом хаосе», не повторяя то, что уже было рассмотрено ранее. В результате и появилась книга «Чуждый огонь».

Пастор Духонченко отправился на небеса в 1993 году. Незадолго до своей смерти он руководил проектом по переводу на русский язык моего комментария на Первое послание к Коринфянам. Он продолжал переживать о влиянии харизматического учения на местные баптистские церкви. Яков, несомненно, обрадовался бы, увидев книгу «Чуждый огонь» на русском языке. Когда я держу эту книгу в своих руках, я с теплом и глубокой благодарностью вспоминаю о нем.

Английская версия «Чуждого огня» оказала заметное влияние на харизматов и других христиан во всем англоязычном мире. Почти каждую неделю я получаю отзывы от верующих, которые говорят, что книга открыла им глаза и помогла освободиться от суеверий и страха, которые преследовали их из-за доверия харизматическим заявлениям и учениям. Я молюсь о том, чтобы эта книга оказала такое же влияние на русскоязычные церкви – просветила сердца и умы истиной Писания, раскрывая безумие харизматических хитростей, пробуждая аппетит к поиску библейского обоснования деятельности Святого Духа и тем самым укрепляя служение церквей во всем русскоязычном мире.

«Потому что Бог не есть Бог неустройства, но мира» (1Кор. 14:33).

Джон Мак-Артур

ВВЕДЕНИЕ

Надав и Авиуд не были шаманами или шарлатанами, которые проникли в стан израильтян для распространения там своих ложных учений. Окружающим они казались праведными и уважаемыми людьми, благочестивыми духовными лидерами Израиля. Более того, они были не рядовыми левитами, а священниками единого истинного Бога. Надав был главным претендентом на должность первосвященника, а после него и его брат, Авиуд. Это были старшие сыновья Аарона. Моисей был их дядей. Они возглавляли список «избранных из сынов Израилевых» (Исх. 24:11). Помимо своего отца, Аарона, они были единственными, чьи имена названы при первом упоминании в Писании «семидесяти старейшин», группы духовных лидеров, которые должны были присматривать за духовным состоянием еврейского народа (Чис. 11:16-24). Когда Писание знакомит нас с этими служителями, они не предстают перед нами как злобные и явно испорченные люди, скорее наоборот.

Надав и Авиуд получили привилегию вместе с остальными старейшинами взойти на гору Синай и наблюдать издалека, как Бог беседует с Моисеем (Исх. 24:9-10). Весь израильский народ должен был стоять у подножия горы и ни в коем случае «не прикасаться к подошве ее; всякий, кто прикоснется к [ней], предан будет смерти...» (Исх. 19:12). Если бы какой блуждающий зверь прикоснулся к подножию Синая, пока Моисей находился с Богом на горе, это животное должно быть побито камнями или застрелено стрелой (ст. 13). Все израильтяне в страхе и трепете стояли и могли только издали наблюдать дым и молнии. Но Надав и Авиуд удостоились великой чести подняться на гору вместе со старейшинами. И «они видели Бога, и ели и пили» (Исх. 24:11).

Другими словами, Надав и Авиуд были особенно приближены к Богу. Помимо Моисея, никто не удостаивался более высокой чести. Эти молодые люди, несомненно, казались благочестивыми, заслуживающими доверия духовными лидерами и верными слугами. Несомненно, практически все в Израиле видели в них именно таких людей.

И, конечно же, все в Израиле были потрясены, когда Бог внезапно поразил насмерть Надава и Авиуда священным огнем с небес. Это произошло, по-видимому, в первый день их служения в скинии. Аарон со своими сыновьями были помазаны во время семидневной церемонии после завершения строительства скинии. На восьмой день (Лев. 9:1) Аарон принес первое жертвоприношение за грех в скинии, как внезапно церемония прервалась чудом: «...и вышел огонь от Господа, и сжег на жертвеннике всесожжение и тук; и видел весь народ, и воскликнул от радости, и пал на лицо свое» (Лев. 9:24).

Моисей поясняет, что же на самом деле произошло:

> Надав и Авиуд, сыны Аароновы, взяли каждый свою кадильницу, и положили в них огня, и вложили в него курений, и принесли пред Господа огонь чуждый, которого Он не велел им; и вышел огонь от Господа, и сжег их, и умерли они пред лицом Господним. И сказал Моисей Аарону: вот о чем говорил Господь, когда сказал: в приближающихся ко Мне освящусь и пред всем народом прославлюсь. Аарон молчал. (Лев. 10:1-3)

Скорее всего, Надав и Авиуд взяли огонь для своих кадильниц где-то в другом месте, а не на алтаре, который Сам Бог воспламенил огнем с небес. По-видимому, они положили в свои кадильницы угли из собственного кострища или какого-либо другого в стане Израиля. Мы не знаем точно, где они взяли этот огонь. Да это и не важно. Суть в следующем: они взяли не тот огонь, который зажег Сам Бог.

Для современных людей, привыкших к легкомысленным и потворствующим нашим желаниям богослужениям, такое преступление может показаться пустячным. Возможно, Надав и Авиуд употребляли алкоголь и выпили достаточно, чтобы помутился их рассудок (на это намекает текст Лев. 10:9). Как бы там ни было, Писание прямо осуждает их именно за «чуждый огонь», который они принесли в скинию. Их грех заключался в своевольном, небрежном и недолжном приближении к Богу, без благоговения и почтения, которого Он заслуживал. Они не возвеличили имя Яхве перед народом и попрали Его святость. Ответ Господа был незамедлительным и смертельным. «Чуждый огонь» Надава и Авиуда воспламенил неутолимый огонь божественного суда, который и пожрал их.

Этот отрезвляющий и трагический рассказ очень своевременный для современной Церкви. Бесчестить Господа, приближаясь к Нему без должного почтения и пренебрегая Его требованиями, – это серьезное преступление. Христиане должны поклоняться Богу в соответствии с Его волей, почитая Его святое имя.

Святой Дух – славная третья личность Троицы – такой же Бог, как Отец или Сын. Посему оскорблять Духа означает бесчестить самого Бога. Пренебрегать именем Духа – все равно, что произносить имя Божье напрасно. Участие в своевольном, причудливом и небиблейском поклонении оскорбляет и бесчестит Бога. Превращать служение Духа в зрелище означает поклоняться Богу ненавистным Ему способом. Вот почему многие непочтительные выходки и ложные учения, привнесенные в христианскую церковь современным харизматическим движением, можно сравнить (или даже хуже) с чуждым огнем Надава и Авиуда. Они оскорбляют Святого Духа и, следовательно, самого Бога, поэтому заслуживают самого сурового наказания (см. Евр. 10:31).[1]

---

[1] Как сказал Райл еще столетие тому назад: «Бесчестить Святого Духа так же опасно, как и бесчестить Христа» (J. C. Ryle, "Have You the Spirit?" *Home Truths* [London: Werthem & MacIntosh, 1854], 142.)

Когда фарисеи приписывали работу Духа сатане (Мф. 12:24), Господь предупредил их, что такое безрассудное богохульство – непростительный грех. Анания и Сапфира были мгновенно убиты после того, как солгали Святому Духу. В результате «великий страх объял всю церковь, и всех слышавших это» (Деян. 5:11). Симон волхв хотел приобрести силу Духа за деньги, за что получил суровый упрек в ответ: «Серебро твое да будет в погибель с тобою, потому что ты помыслил дар Божий получить за деньги» (Деян. 8:20). И автор Послания к Евреям, писавший об опасности оскорбления Духа благодати, увещевал своих читателей: «Страшно впасть в руки Бога живого!» (Евр. 10:31). Третья личность Троицы не потерпит бесчестия от тех людей, которые предстают пред Господом с чуждым огнем.

ВЫДУМАННЫЙ СВЯТОЙ ДУХ

Вы удивитесь, но сегодня множество христиан открыто относятся с пренебрежением к Святому Духу. С одной стороны, некоторые известные евангельские христиане оскорбляют Духа Божьего, думая, что рост Церкви зависит скорее от их умения, чем от Его силы. Они готовы пренебречь Его святостью и освящающей работой ради собственной популярности. Такие проповедники утверждают, что время библейской проповеди, когда меч Духа пронзает до глубины души Своей точностью и проницательностью, уже проходит. Вместо этого они предлагают развлечения, провокационные заявления, избитые слоганы, банальности или неопределенности, тем самым подменяя авторитет Писания, вдохновленного Духом, дешевыми и пустыми заменителями.

С другой стороны, современные пятидесятнические и харизматические движения[2] подтолкнули маятник к другой крайней позиции. Они культивируют в своих церквах нездоровую увлеченность воображаемыми проявлениями силы Святого Духа. Харизматы постоянно твердят о сверхъестественных опытах, эмоциональных переживаниях и наплывах восторженных чувств. Складывается впечатление, что они очень мало знают (иногда на самом деле ничего) о Христе, Его искупительной работе или исторической истине Евангелий[3]. Харизматическая увлеченность

---

[2] В этой книге я не разделяю пятидесятническое и харизматическое движения и движение третьей волны. В отношении всех них я буду использовать общий термин «харизматическое движение».

[3] «Харизматическое движение напрямую искажает библейское понимание миссии. В основной их вести мы видим явный сдвиг: от Христа Распятого (1Кор. 1:22-23; 2:2) к проявлениям и дарам Святого Духа. Это приводит к духовной дезориентации и дисбалансу в христианском учении». Из заявления Европейской конвенции исповедующих общин на встрече во Франкфурте, март 1990 года, "World Missions Following San Antonio and Manila," in Foundations: *A Journal of Evangelical Theology*, no. 26 (British Evangelical Council, Spring 1991): 16-17.

воображаемой работой Святого Духа – это ложная честь. Иисус сказал: «Когда же придет Утешитель, Которого Я пошлю вам от Отца, Дух истины, Который от Отца исходит, *Он будет свидетельствовать о Мне...*» (Ин. 15:26). Таким образом, ставя в центр послания Церкви Святого Духа, мы подрываем Его *истинную* деятельность.

«Святой Дух» в учении и практике харизматов по большому счету не имеет ничего общего с истинным Духом Божьим, о Котором учит Писание. Подлинный Святой Дух – это не электрический импульс экстатической энергии, отупляющий потоком бессмысленных слов, и не космический джин, который направо и налево удовлетворяет эгоцентричные просьбы о здоровье и богатстве. Истинный Дух Божий не заставляет Божьих детей лаять, как собаки, или смеяться, как гиены; Он не бросает их на землю в бессознательном оцепенении; Он не подталкивает их к хаотичному и неконтролируемому поклонению; и, конечно же, Он не использует как орудия в деле созидания Царства Божьего лжепророков, фальшивых целителей и телеевангелистов-мошенников. Святой Дух современного харизматического движения – это плод идолопоклоннической фантазии, который несет чуждый огонь, нанося непоправимый вред Телу Христову. Подчеркивая роль третьей личности Божества в жизни Церкви, харизматы на самом деле бесчестят Его имя и очерняют Его истинную работу.

Всякий раз, когда любящие Господа видят, что имя Божье бесславится, они испытывают боль и праведное негодование. Давид писал об этом так: «ибо ревность по доме Твоем снедает меня, и злословия злословящих Тебя падают на меня...» (Пс. 68:10). Господь Иисус процитировал этот стих после очищения Храма от торговцев и менял, которые нагло и непочтительно относились к месту поклонения Божьего народа. Я уже давно несу это бремя праведного негодования, наблюдая, как в харизматических кругах оскорбляется и бесчестится Святой Дух.

Весьма странно, что те, кто больше остальных заявляют о важной роли Святого Духа, на самом деле больше остальных злоупотребляют, оскорбляют, искажают, огорчают, угашают и бесчестят Его. Как они это делают? Приписывая Ему слова, которых Он не говорил, дела, которых Он не делал, явления, в которых Он не участвовал, и переживания, которые не имеют к Нему никакого отношения. Они дерзко очерняют Его имя, называя Его работой то, к чему Он не причастен.

Во времена Иисуса религиозные лидеры Израиля богохульно приписывали сатане деятельность Духа (Мф. 12:24). Современное харизматическое движение делает обратное – приписывая работу дьявола Святому Духу. Сатанинские армии лжеучителей, маршируя в такт собственным похотям, с радостью несут другим свои заблуждения. Это духовные мошенники, жулики, обманщики и шарлатаны. Мы видим бесконечный парад этих служителей тьмы, просто включив телевизор. Иуда назвал их «безводными облаками... свирепыми морскими волнами... звездами блуждающими, которым блюдется мрак тьмы навеки» (Иуд. 12-13). Они называют себя ангелами света, и чтобы придать убедительности своей лжи, они ссылаются на имя Святого Духа, словно нет наказания за такое богохульство.

Библия ясно учит: Бог ищет поклонников, которые будут поклонятся с осознанием того, Кем Он является на самом деле. Никто не может почтить Отца, если не будет почитать Сына; точно так же невозможно почитать Отца и Сына, оскорбляя Духа. Но каждый день миллионы харизматов восхваляют явно ложный образ Святого Духа. Они стали подобны израильтянам времен Исхода (Исх. 32), которые заставили Аарона сделать золотого тельца, пока Моисей говорил с Богом на горе. Поклоняясь идолу, израильтяне утверждали, что возвеличивают Господа (ст. 4-8), но вместо этого поклонялись нелепому изваянию, танцуя вокруг него в беспорядочном хаосе (ст. 25). Наказание Бога за непослушание было быстрым и суровым. До конца дня тысячи людей были преданы смерти.

Суть вот в чем: мы не можем превратить Бога в какой-либо образ, который нам нравится. Мы не можем создать Бога по своему образу и подобию, согласно нашим собственным представлениям и фантазиям. Но именно так поступают многие пятидесятники и харизматы. Они создали своего золотого тельца, собственную версию Святого Духа. Они бросили свое богословие в пламя человеческого опыта и вылили из него ложный дух, которому служат причудливыми выходками и необузданным поведением. Как движение, они упорно игнорировали истину о Святом Духе и в своем безрассудстве поставили духовного идола в доме Божием, который бесчестит третью личность Троицы.

ТРОЯНСКИЙ КОНЬ ДУХОВНОГО РАЗВРАЩЕНИЯ

Несмотря на грубое богословское заблуждение харизматы хотят быть частью евангельского движения. И евангельские христиане в большинстве своем пошли им навстречу с распростертыми объятиями и приветливой улыбкой, таким образом, невольно пригласив врага в свой стан. Открылись врата для троянского коня субъективизма, эмпиризма, экуменического компромисса и ереси. Идущие на компромисс в этом вопросе заигрывают с чуждым огнем и подвергают себя серьезной опасности.

В начале 1900-х годов большинство консервативных евангельских христиан рассматривали пятидесятническое движение как культ[4]. По большей части оно было изолированным от остального христианства и не выходило за рамки собственных деноминаций. Но в 1960-х годах это

---

[4] Например, некоторые ранние лидеры Далласской богословской семинарии «без всяких колебаний называли пятидесятничество культом и дьявольщиной, что было характерным взглядом среди евангельских христиан в 1920-х годах» (John Hannah, *An Uncommon Union* [Grand Rapids: Zondervan, 2009], 327, n. 61).

движение стало наполнять Протестантский мейнстрим США, закрепившись в протестантских церквях, которые разделяли богословский либерализм и уже были духовно мертвы. Истоки харизматического движения обновления обычно усматривают в Епископальной церкви Святого Марка в Ван-Найсе, штат Калифорния. Всего за две недели до Пасхи в 1960 году пастор Дэнис Беннетт объявил, что получил пятидесятническое крещение Святым Духом. Он заявил, что вместе с небольшой группой прихожан в течение уже какого-то времени проводит тайные собрания, на которых практикуется говорение на языках.

Либеральные служители Епископальной церкви не были в восторге от заявления отца Беннетта и вскоре сняли его со служения в церкви Ван-Найс. Но он остался в епископальной деноминации и в конечном итоге был призван служить приходским священником в либеральной умирающей церкви в неблагополучном районе Сиэтла. Эта церковь сразу же начала расти, и неопятидесятничество Беннетта постепенно распространялось и укоренялось в нескольких других духовно мертвых собраниях. К концу десятилетия отчаявшиеся и умирающие церкви Протестантского мейнстрима во всем мире приняли харизматическую доктрину и численно выросли[5].

Эмоциональный опыт пятидесятников вносил искру в те церкви, которые превратились в инертные собрания, а в 1970-х годах харизматическое движение обновления стало по-настоящему набирать обороты. В 1980-х два профессора из Фуллеровской духовной семинарии – основной евангельской школы, которая в начале 1970-х годов[6] отказалась от своей приверженности библейской непогрешимости – начали пропагандировать харизматические идеи прямо на лекциях. Это дало толчок так называемой «третьей волне», когда пятидесятническое и харизматическое богословие проникло в евангельское христианство и движение независимых церквей.

Результаты этого харизматического захвата были разрушительными. В современной истории никакое другое движение не нанесло больше ущерба Евангелию, искажая истину и заглушая голос здравого учения. Харизматическое богословие превратило евангельскую церковь в выгребную яму заблуждений и питательную среду для ложных учителей-паразитов. Харизматы исказили подлинное поклонение разнузданной эмоциональностью, осквернили молитву словесной тарабарщиной,

---

[5] John Dart, "Charismatic and Mainline," *Christian Century*, March 7, 2006, 22–27.

[6] George M. Marsden, Reforming Fundamentalism (Grand Rapids: Eerdmans, 1987). В этой книге предложено подробное описание того, как Фуллеровская семинария отказалась от постулата библейской непогрешимости. Ближе к концу книги Марсден упоминает курс, который проводил Питер Вагнер в 1980-х (Там же, 292–95). Марсден рассматривал этот курс, названный «Знамения, чудеса и церковный рост», как «аномальный» для Фуллеровской семинарии, учитывая движение семинарии к «прогрессивному» учению. Марсден писал: «Уникальной особенностью этого курса было то, что он включал не только теоретическое изучение "знамений и чудес" в современном христианстве, но и "практические занятия", на которых практиковали исцеления прямо в классе» (Там же, 292).

истинную духовность подменили небиблейским мистицизмом, а веру превратили в творческую силу для воплощения своих мирских желаний. Они превознесли авторитет опыта над авторитетом Писания, тем самым разрушив иммунную систему Церкви – открылся свободный доступ ко всем воображаемым формам еретического учения и практики.

Харизматическое богословие не внесло никакого вклада в истинное библейское богословие или толкование; скорее, оно представляет собой аномальную мутацию истины. Подобно смертоносному вирусу, оно проникает в церкви и заражает их; поддерживая только поверхностную связь с библейским христианством, оно в конечном итоге всегда разлагает и искажает здравое учение. Такая доктринальная версия монстра Франкенштейна представляет собой омерзительную помесь ереси, иступленного восторга и богохульства, неуклюже одетого в ошметки на евангельский манер[7]. Это чудовище называет себя «христианским», но это ни что иное, как подделка – ложная форма духовности, которая постоянно трансформируется, двигаясь по спирали, как в замкнутом круге, от одного заблуждения к другому.

Ранние поколения христиан однозначно назвали бы пятидесятническо-харизматическое движение ересью. Теперь же оно стало доминирующим и самым популярным, можно сказать, визитной карточкой для так называемого христианства. Харизматы заявляют, что несут самую чистую и полную форму Евангелия. Однако прежде всего они провозглашают евангелие благополучия и процветания, весть, совершенно несовместимую с благой вестью Писания. Они осуждают всех, кто выступает против их доктрины, обвиняя в угашении, противлении и оскорблении Духа Святого. Но ни одно движение на самом деле так часто и дерзко не марает Его имя, как харизматическое.

Ирония в том, что те, кто больше всего говорят о Святом Духе, обычно отрицают Его истинный труд. Они приписывают Ему всевозможные человеческие глупости, игнорируя истинную цель и силу Его служения: спасать грешников от смерти, наделять их вечной жизнью, исцелять их сердца, преобразовывать их характер, оснащать их всем необходимым для духовной победы, подтверждать их место в Божьей семье, ходатайствовать за них по воле Божией, запечатлевая их для вечной славы и укрепляя их надежду на бессмертие в будущем.

Проповедовать искаженное учение о Святом Духе и его деятельности сродни богохульству, потому что Святой Дух – Бог. Его нужно почитать,

---

[7] В большей части мира богословие харизматического движения без разбора впитывает языческие идеи местных религий. Например, в Африке традиционная одержимость колдунами, связь с духами и поклонение предкам в той или иной форме проникли в церкви пятидесятников. Полученный гибрид называют «христианством», однако на самом деле его корни уходят глубоко в племенное язычество. Подробнее об этом см. Conrad Mbewe, "Why Is the Charismatic Movement Thriving in Africa?" *Grace to You blog* (July 24, 2013), http://www.gty.org/Blog/B130724.

прославлять и любить. Наряду с Отцом и Сыном Он должен быть прославлен во все времена за все, что Он делает, и то, кем Он есть. Те, в ком пребывает Дух, любят и непрестанно благодарят Его. Но он приемлет только служение в истине.

КАКИМ ЖЕ ДОЛЖЕН БЫТЬ НАШ ОТВЕТ?

Настало время, когда евангельская Церковь должна обратить особое внимание на учение о личности и деятельности Святого Духа. На карту поставлено духовное здоровье Церкви. В последние десятилетия харизматическое движение проникло в евангельское христианство и распространяется на мировой арене с угрожающей скоростью. Это самое быстрорастущее религиозное движение в мире. Харизматическое движение насчитывает сегодня более полумиллиарда человек во всем мире. И все же Евангелие, которое стоит за этими цифрами, не есть истинное Евангелие, и дух, стоящий за ними, не есть Святой Дух. То, что мы наблюдаем сегодня, *в действительности* стремительный рост ложной Церкви, столь же опасной, как любой культ или ересь, которая когда-либо угрожала христианству. Харизматическое движение было фарсом и аферой с самого начала; и с тех пор оно не стало чем-то другим.

Пришло время истинной Церкви действовать. Мы не можем стоять без дела, особенно сейчас, когда возрождается интерес в библейскому Евангелию и наследию Реформации. Верные Писанию христиане должны восстать и осудить все, что бесславит Бога. Вооружившись мечом истины, мы должны смело защищать библейское учение о Святом Духе. Если мы претендуем на связь с реформаторами, мы должны выступить с той же храбростью и убежденностью, поскольку на кону истинное Евангелие. Мы должны сплотиться в войне против повсеместных злоупотреблений в отношении Духа Божьего. И эта книга служит призывом присоединиться к этой борьбе.

Я также надеюсь напомнить вам о том, как выглядит *истинное* служение Святого Духа. Оно не хаотичное, показушное и эксцентричное (как цирк), а обычно сокровенное и неприметное (как рост плодов). Невозможно слишком часто напоминать себе следующее: главная задача Святого Духа – *возвеличить* Христа, чтобы *Христос был прославлен* в Его народе. Дух делает это уникальным образом, прежде всего, обличая и осуждая нас – показывая наш собственный грех, открывая нам глаза на истинную праведность и заставляя нас глубоко осознать ответственность перед Богом, истинным Судьей всех людей (Ин. 16:8-11). Святой Дух пребывает в верующих, наделяя их силой служить и прославлять Христа (Рим. 8:9). Он руководит нами и утверждает нас в уверенности в спасении (ст. 14-16). Он молится за нас воздыханиями неизреченными (ст. 26). Он запечатлевает нас, соблюдая в безопасности до дня Христова (2Кор. 1:22; Еф. 4:30). Ежедневное присутствие Духа служит источником и ключом нашего освящения, поскольку Он преображает нас в образ Христов.

Такова подлинная деятельность Святого Духа и в наши дни. Нет ничего странного, причудливого или иррационального в том, чтобы быть исполненным Духом или ведомым Духом. Но Его работа заключается не в том, чтобы создать зрелище или разжигать хаос. Когда вы наблюдаете подобное, можете не сомневаться – это *не* Его дело, «потому что Бог не есть *Бог* неустройства, но мира» (1Кор. 14:33,40). Истинный Дух *производит* следующий плод: «любовь, радость, мир, долготерпение, благость, милосердие, вера, кротость, воздержание. На таковых нет закона» (Гал. 5:22-23).

Я молюсь о каждом, кто будет читать эту книгу, чтобы Сам Дух дал вам четкое представление о Его истинном служении в вашей жизни, чтобы вы приняли библейское учение о Духе и Его дарах и не позволили обмануть себя духовными подделками, ложными учениями и фальшивыми чудесами, которые пытаются сегодня привлечь наше внимание.

Soli Deo Gloria.

Часть первая

ПРОТИВОСТОЯНИЕ ФАЛЬШИВОМУ ПРОБУЖДЕНИЮ

1

ПАРОДИРУЯ СВЯТОЙ ДУХ

Недавно мне на глаза попалась передовица африканского новостного сайта. Прочитав, я поразился прямоте и проницательности ее автора, резко критикующего хаос, который характеризует харизматическое движение в этой части мира.

Упомянув «причудливые одержимости духом» и «странные ритуальные практики» в пятидесятничестве в целом, автор далее сосредотачивается на теме говорения языками. Наблюдая за человеком, предположительно исполненным Святым Духом, он описал это безумное зрелище следующим образом:

> Тело мужчины содрогалось в конвульсиях, его руки тряслись, дрожащим голосом он нечленораздельно бормотал: Ии-Ии-Ии-Ии-сус... Иииии-сус... Ии-Ии-Ии-Ии-сус... сууус...... ус... уушш Ии-сус.
>
> Затем последовала какая-то заикающаяся речь: шлабабабаба – Джах-Джий-балика – синдром, который американский психолог Питер Брент назвал «возрожденной фиксацией», а в памяти наблюдателя это бормотание запечатлелось как «гимн пятидесятников». Совсем недавно служитель ортодоксальной церкви задал вопрос: есть ли на самом деле разница между одержимым шаманом вуду, который дрожащим голосом бубнит «шири-бо-бо-бо-бох», потрясая своим черным веником, и одержимым христианином, который делает то же самое только с Библией в руках?[1]

Это риторический вопрос, который продолжает навязчиво звенеть в ушах читателя.

Автор далее продолжает очень резко и критично описывать богослужение пятидесятников, приглашая своих читателей «понаблюдать за молящимися, поведение которых напоминает одержимых: некоторые, особенно женщины, начинают прыгать на одной ноге, как кузнечики, другие катаются по полу, опрокидывая скамейки и стулья. Порядок и дисциплина уступили место шумному столпотворению, бормотанию и галдежу». В недоумении он задается закономерным вопросом: «Неужели это библейский способ служения Богу?» Это еще один риторический вопрос, оставленный без ответа.

---

[1] Apostle Kwamena Ahinful, "Modern-Day Pentecostalism: Some Funny Oddities Which Must Be Stopped," *Modern Ghana*, September 3, 2011, http://www.modernghana.com/news-thread1/348777/1/153509.

Затем он рассказывает историю о пятидесятнической молитвенной встрече, которая состоялась несколькими неделями ранее. На этой встрече «исполненная духом» женщина упала в экстазе, ударив рядом стоящего мальчика, говорящего на языках. Вставая и вытирая окровавленную губу, мальчик сетовал, уже на своем родном языке: «За что?»

Этот случай оставляет еще больше вопросов без ответа. Наш автор спрашивает, почему «дух, говоривший на языках в человеке, вдруг прервался на несколько секунд, чтобы выразить свое возмущение на родном диалекте». Но что более важно, *как мог Святой Дух вдохновлять на подобный хаос и суматоху?* Как отметил автор: «Этот случай на самом деле привлек внимание обеспокоенных посетителей: как так могло случиться, что один человек, ведомый Духом, ударил другого в таком же состоянии, причинив ему боль? Может, Святой Дух теперь стал боксером, как Кассиус Клей[*], и ему нравится неожиданно нокаутировать ничего не подозревающих рядом стоящих людей? Посетители церкви были озадачены». И их недоумение можно понять. Разумеется, Дух Божий не навредит Своим же детям. Этот вопрос еще больше озадачивает нас: если не Святой Дух стоит за этой шумихой, то кто тогда?

Хотя эта история пришла к нам из Африки, подобную картину вы можете наблюдать у пятидесятников и харизматов в любой части мира[2]. Вопросы, которые поднял автор этой статьи – очень серьезные, они должны беспокоить любого верующего, а в особенности тех, кто присоединились к харизматическому движению. Почему современное говорение на языках так похоже на бормотание, которое можно услышать в языческих ритуалах? Как Бог устройства и порядка может стоять за подобными суматохой и хаосом? Неужели Святой Дух действительно заставляет людей падать, как кегли в боулинге? Почему харизматическое движение выдает за Духа то, что совсем на Него не похоже? И самое главное, что происходит с людьми, когда они осознают, что не Он стоит за всей этой истерией?

ОСКОРБЛЕНИЕ ДУХА

Весьма иронично, что движение, которое якобы с особым почтением относится к Святому Духу, акцентируя внимание на Его деятельности,

---

[*] Более известный как Мухаммед Али. – *Прим. ред.*

[2] Например, в сентябре 1986 года женщина умерла от полученных травм после того, как «сокрушенный Духом» посетитель на собрании Бенни Хинна упал на нее (William M. Alnor, "News Watch," *CRI Journal*, May 10, 1994). Совсем недавно американка в Иллинойсе подала в суд на церковь, где другой прихожанин упал на нее «в силе Духа» и нанес травму (Ср. Lyneka Little, "Evangelical Churches Catch Suits from 'Spirit' Falls," ABC News, January 27, 2012, http://abcnews.go.com/blogs/headlines/2012/01/evangelical-churches-catch-suits-from-spirit-falls/).

на самом деле пренебрегает Им и оскорбляет Его. На деле харизматы часто рассматривают деятельность Духа Божьего как *наполнение силой и восторженными чувствами*. В их причудливых практиках и преувеличенных заявлениях Он выглядит *мошенником*, а происходящее якобы с Его участием – *фарсом*. Суверенная власть Его святой личности заменена пустой оболочкой человеческого воображения. Наиболее известные проповедники этого движения – телеевангелисты, целители, самопровозглашенные пророки и проповедники евангелия процветания – смело призывают Его имя и вместе с тем втаптывают Его в грязь.

Количество афер и скандалов в харизматическом движении поистине ошеломляет. Дж. Ли Грейди, редактор журнала «Харизма», признался в «Крисчиэнити Тудей», что харизматический мир «в последние годы потрясен до самого основания рядом скандалов, связанных с известными лидерами этого движения, которые развелись со своими женами или совершили аморальные проступки. Многие мои знакомые харизматы обеспокоены этим, они полагают, что пришло время для глубокого самоанализа, покаяния и отказа от поверхностного христианства знаменитостей, которые представляли наше движение».[3]

Один из основных постулатов харизматического учения состоит в том, что харизматы якобы обладают освящающей духовной силой, которая недоступна другим верующим. Пережившие харизматический опыт заявляют: крещение Духом дает сверхъестественную способность к послушанию, способствует святости и производит плод Духа. Если бы эти утверждения были истинными, харизматические служители славились бы своим подобием Христу, а не щегольством. Моральные падения, финансовые махинации и публичные скандалы были бы большой редкостью в этом движении.

Но харизматы возглавляют список знаменитых проповедников и телеевангелистов, которые за последние три десятилетия обесславили имя Христа – от Джима Баккера и Джимми Сваггерта до Теда Хаггарда и Тодда Бентли. В статье под названием «Список скандалов с участием евангельских христиан» на популярном веб-сайте «Википедия» представлены пятьдесят известных церковных служителей, который были публично разоблачены. В статье без всяких уточнений используется термин «евангельский», хотя большая часть этих людей (по меньшей мере тридцать пять) принадлежат к пятидесятническому и харизматическому движениям.[4] Хотя статья

---

[3] J. Lee Grady, cited by James A. Beverley, "Suzanne Hinn Files for Divorce," *Christianity Today* blog, February 19, 2010, accessed August 2102, http://blog.christianitytoday.com/ctlive-blog/archives/2010/02/suzanne_hinn_fi.html.

[4] "List of Scandals Involving American Evangelical Christians," Wikipedia, accessed May 2013, http://en.wikipedia.org/wiki/List_of_scandals_involving_evangelical_Christians. Список харизматических лидеров в этом списке: 1. Эйми Сэмпл Макферсон (Aimee Semple McPherson); 2. Лонни Фрисби (Lonnie Frisbee); 3. Марджо Гортнер (Marjoe Gortner); 4. Невилл Джонсон (Neville Johnson); 5. Джимми Сваггерт (Jimmy Swaggart); 6. Марвин

в Википедии не совсем точно передаёт доктринальные различия упоминаемых лиц, однако она служит точным барометром общественного восприятия. Когда харизматические лидеры морально падают в глазах общества в сексуальных вопросах или финансовых махинациях, пятно падает на евангельское христианство в целом. Но что более важно, запятнано имя Христа, обесславлен Дух Божий.

Причудливые доктрины и поведение стали настолько обыденными в харизматическом движении, что они уже никого не шокируют. Небиблейские практики, такие как словесный бред, падание на пол, безудержный смех и катание по земле, стали неизменным свидетельством присутствия Духа. На YouTube можно найти, казалось бы, бесконечную коллекцию харизматического сумасбродства, что есть ни что иное, как дерзкое богохульство – «танцульки Святого Духа», «торчки Духа» (притворяются, что вдыхают Святой Дух и находятся под кайфом, как если бы Он был невидимый сигаретой с марихуаной), женщины с широко раздвинутыми ногами лежат на полу, имитируя роды.[5] Древние укротители змей выглядят дешевыми фокусниками по сравнению со всеми этими представлениями.

Все это какое-то безумие; но такое поведение нагло приписывается Святому Духу Божьему, как если бы Он был автором всей этой чепухи и архитектором беспорядка. Харизматические авторы обычно описывают Его присутствие такими выражениями, как «пронизывающий удар электричеством»[6] и «удивительное покалывающее, электризующее ощущение, [которое] началось в пальцах ноги поднимается, распространяясь по всему телу».[7] Их совершенно не смущает, что такие описания не имеют прецедента в Писании, более того, Библия предупреждает нас, что даже сатана может творить знамения и чудеса. Что, если все эти покалывания,

---

Горман (Marvin Gorman); 7. Джим и Тамми Баккер (Jim and Tammy Bakker); 8. Питер Попов (Peter Popoff); 9. Моррис Серулло (Morris Cerullo); 10. Майк Варнк (Mike Warnke); 11. Роберт Тилтон (Robert Tilton); 12. Мелисса Скотт (Melissa Scott); 13. Джим Уильямс (Jim Williams); 14. У. В. Грант (W. V. Grant); 15. Ян Билби (Ian Bilby); 16. Френк Хьюстон (Frank Houston); 17. Роберт Лиардон (Roberts Liardon); 18. Пэт Месити (Pat Mesiti); 19. Пол Крауч (Paul Crouch); 20. Дуглас Гудмен (Douglas Goodman); 21. Пол Кейн (Paul Cain); 22. Уэйн Хьюз (Wayne Hughes); 23. Тед Хаггард (Ted Haggard); 24. Гилберт Дейя (Gilbert Deya); 25. Эрл Паулк (Earl Paulk); 26. Томас Уизли Викс III (Thomas Wesley Weeks, III); 27. Ира Парментер (Ira Parmenter); 28. Майкл Рид (Michael Reid); 29. Тодд Бентли (Todd Bentley); 30. Майкл Гульельмуччи (Michael Guglielmucci); 31. Эдди Лонг (Eddie Long); 32. Маркус Лэмб (Marcus Lamb); 33. Стивен Грин (Stephen Green); 34. Альберт Одулеле (Albert Odulele); 35. Конг Хи (Kong Hee). В статью также включены еще пять лидеров, которые были обвинены в финансовых махинациях: Кеннет Коупленд (Kenneth Copeland), Бенни Хинн (Benny Hinn), Джойс Майер (Joyce Meyer), Крэфло Доллар (Creflo Dollar) и Пола Уайт (Paula White).

[5] Эти видео на YouTube найти очень легко. Просто воспользуйтесь поиском.

[6] Benny Hinn, Good Morning Holy Spirit (Nashville: Thomas Nelson, 2004), 12.

[7] Ché Ahn, *Spirit-Led Evangelism* (Grand Rapids: Chosen, 2006), 135.

восторженные состояния и дрожь на самом деле результат демонической деятельности? И такой вывод вовсе не выглядит надуманным, учитывая темный, чудной и буйный характер столь многих из этих явлений.

Даже жестокие побои были нанесены во имя Святого Духа. Кеннет Хейгин говорит, что он ударил женщину в живот, пытаясь исцелить ее, потому что Бог велел ему это сделать. Родни Ховард-Браун так сильно ударил глухого человека, что сбил его с ног. У Бенни Хинна на собраниях регулярно падают люди. Иногда он делает это, как по волшебству, размахивая пиджаком или рукой. В других случаях он с силой отталкивает их назад. Тот факт, что пожилая женщина когда-то была смертельно ранена в результате такого падения, не помешал ему сделать это регулярной практикой во время его чудотворных мероприятий[8]. Невообразимые абсурдные поступки приписываются влиянию Духа. Например, харизматический евангелист Тодд Бентли оправдывает свои жестокие методы исцеления, рассказывая следующие истории:

> Я сказал: «Боже, я молился за сотню искалеченных людей. Ни один из них не исцелился?». И Он ответил: «Это потому, что я хочу, чтобы ты схватил за ноги эту женщину и несколько раз ударил ими по сцене, как бейсбольной битой». Я подошел, схватил ее за ноги и начал подымать и опускать их с силой на сцену. БАМ! БАМ! БАМ! И она исцелилась. Однажды я снова спросил: «Почему я не ощущаю движения силы Божьей?» Бог ответил: «Потому что нужно ударить эту женщину по лицу». Это была пожилая женщина, которая стояла у края сцены. Дар веры снизошел на меня; *и Дух Святой проговорил ко мне:* «Ударь ее в лицо своим байкерским ботинком!» Я подошел ближе и сделал, как было сказано. БАМ! И как только мой ботинок коснулся ее носа, она упала в руки Божьи[9].

Несмотря на такие возмутительные истории, Бентли был приглашен харизматическими лидерами, такими как Питер Вагнер, участвовать в Лейклендском пробуждении 2008 года[10]. Хотя его служение временно было приостановлено из-за внебрачных половых сношений с женщиной-сотрудником, Бентли снова вернулся на служение через некоторое время – после развода и повторного брака.

---

[8] Kenneth Hagin, *Understanding the Anointing* (Tulsa: Faith Library, 1983), 114–17. Rodney Howard Browne, *Flowing in the Holy Ghost*, rev. ed. (Shippensburg, PA: Destiny Image, 2000), 64. Подробнее об этом инциденте с Бенни Хинном см. "Elderly Woman 'Killed' by Person 'Slain in the Spirit' Falling on Her," *National & International Religion Report*, September 21, 1987, 4.

[9] "Todd Bentley's Violent 'Ministry,'" accessed April 2013, http://www.youtube.com/watch?v=yN9Ay4QAtW8 (цитируемая часть начинается с 5:06).

[10] Thomas Lake, "Todd Bentley's Revival in Lakeland Draws 400,000 and Counting," The Tampa Bay Times, June 30, 2008, http://www.tampabay.com/news/religion/article651191. есе. Во время церемонии посвящения на служение Вагнер произнес такие слова в адрес Бентли: «Да умножится твоя сила и власть. И да умножится твой плод». Спустя короткое время Вагнер отдалился от Бентли, когда стало известно о неприемлемых отношениях последнего с женщиной-сотрудником.

Бенни Хинн мелькал во всех заголовках христианских масс-медиа в начале 1990-х годов, когда пригрозил, что вооружиться пулемётом Святого Духа, отражая нападения своих критиков. В длинной тираде во время трансляции на канале TBN Хинн заявил: «Те, кто нас сбивает, – это кучка идиотов... Знаешь, я искал один стих в Библии... я просто не могу сейчас вспомнить, где он записан. Этот стих гласит: "Если они тебе не нравятся, убей их". Мне очень жаль, что я не могу сейчас его найти... Иногда мне хочется, чтобы Бог дал мне пулемет Святого Духа, и я бы снес им их!»[11]

Жена Бенни Хинна, Сюзанна, хотя и не столь агрессивна, как ее муж, несколько лет спустя выступила в эфире с совершенно неприемлемым сравнением Святого Духа. Отчаянно шагая взад-вперед по сцене, миссис Хинн заявила: «Послушайте, во мне снова бурлит жизнь. Я живу полной жизнью. Как обстоят дела у вас? Если у вас все иначе, знаете, что нужно сделать? Если ваши силы на исходе, знаете, что вам нужно? *Вам нужна клизма Святого Духа прямо в задний проход!* Потому что Бог больше не будет терпеть вашей пассивности»[12]. Когда ее выходки были позже транслированы в ежедневном шоу на «Камеди централ», адвокаты Хинна угрожали иском за клевету, но безуспешно. Она только выставила себя курам на смех. Единственный, кто, на самом деле, был оклеветан в этой истории, так это Святой Дух.

ДУХ МОШЕННИЧЕСТВА

Харизматы заявляют, что превозносят третью личность Троицы. На самом же деле они вытеснили Его на задворки. Даже если бы такое богохульство ограничивалось частной аудиторией местной общины, это было бы плохо. Но цирк святотатства бесконечно экспортируется через глобальную сеть печатных, радио и телевизионных масс-медиа. Как говорил бывший пятидесятник Кеннет Д. Джонс: «В прошлом влияние этих злополучных проповедников было не таким широким. Их искажение библейской вести было ограничено проповедью в поместных церквях, на отдельных курсах колледжей или семинарий, в книгах и радиопрограммах. Все изменилось за последние тридцать-сорок лет благодаря телевидению»[13].

Благодаря влиянию популярных телепроповедников многие харизматы относятся к суверенному Духу Божьему, как если бы Он был их рабом – небесным дворецким, ожидающим приказа. Их учение существенно не отличается от яда Нью Эйдж, популяризированного международным бестселлером 2006 года «Тайна», в котором автор Ронда

---

[11] Benny Hinn, *Praise-a-Thon*, TBN, April 1990.

[12] Suzanne Hinn at the World Outreach Center, July 1997. Ее высказывания прозвучали на Comedy Central, *The Daily Show*, "God Stuff," June 21, 1999.

[13] Kenneth D. Johns, "Televangelism: A Powerful Addiction" (Bloomington, IN: Xlibris, 2006), 12.

Берн пишет: «Ты господин Вселенной, а джинн здесь, чтобы служить тебе»[14]. Харизматические телеевангелисты обычно проповедуют подобную весть. Это ложное евангелие материального процветания широко известно как доктрина «Слово веры». Если у вас достаточно веры, то по их словам вы можете иметь буквально все, о чем просите.

По мнению Кеннета Коупленда: «Как верующий, вы имеете власть повелевать от имени Иисуса. Каждый раз, когда вы стоите на Слове, вы в определенном смысле *повелеваете Богом*»[15]. Фред Прайс призывает своих последователей не робеть и не сдерживать себя, требуя у Бога чего-либо: «Вы почему-то думаете, что нужно обязательно добавить: "Если на то будет воля Твоя" или "Да будет воля Твоя", – если вы это скажете, то выставите Бога дураком, потому что Он Тот, Кто велел нам просить... Если Бог и так даст мне то, чего Он хочет, тогда получается вовсе неважно, о чем я прошу»[16].

Эта ветвь харизматического движения – безусловно, самая большая, самая видимая, самая влиятельная и быстрорастущая. Другими словами, учение «Слово веры» представляет собой нынешний мейнстрим харизматического движения. И доктрина процветания, которой они учат, не имеет ничего общего с истинным Евангелием Иисуса Христа. Они продвигают грубое суеверие, смешанное с ложными доктринами, взятыми из различных гностических и метафизических культов, скрытых в христианских терминах и символах. Это не подлинное христианство.

Для сотен миллионов людей, которые принимают богословие «Слово веры» и евангелие процветания, «Святой Дух низведен до квазимагической силы, благодаря которой достигаются успех и процветание»[17]. Как заметил один автор: «Верующему говорят использовать Бога, тогда как истина библейского христианства – прямо противоположная – Бог использует верующего. "Слово веры" или богословие процветания видят в Святом Духе силу, которую можно использовать для исполнения любых желаний верующих. Библия учит, что Святой Дух – это личность, которая дает силу верующему исполнять Божью волю»[18].

[14] Rhonda Byrne, *The Secret* (New York: Atria Books, 2006), 46. На стр. 59 Берн высказывает похожую мысль: «Джинн Вселенной говорит: "Твое желание – закон для меня!". Как отмечает Джордж Дэвис, Берн «настаивает, что человеческая мысль, а не личностный и суверенный Бог, управляет Вселенной и манипулирует людьми, обстоятельствами и событиями, чтобы удовлетворить человеческое желание. Иронично, но это одна из вариаций той же ереси, которую сегодня провозглашают проповедники евангелия процветания» (*Oprah Theology* [Bloomington, IN: Crossbooks, 2011], 74).

[15] Kenneth Copeland, *Our Covenant with God* (Fort Worth, TX: KCP, 1987), 32; курсив мой.

[16] *Ever Increasing Faith*, TBN broadcast, November 16, 1990.

[17] Allan Anderson, *An Introduction to Pentecostalism* (Cambridge: Cambridge University Press, 2004), 221.

[18] S. Michael Houdmann, ed., *God Questions?* (Enumclaw, WA: Pleasant Word, 2009), 547. Ср. Tim Stafford, *Miracles* (Grand Rapids: Baker, 2012), 162. Стэффорд пишет: «В евангелии процветания богатство становится самоцелью, а Бог – лишь средством для ее достижения».

Сладкоголосые телеевангелисты открыто обещают крепкое здоровье и богатство всем, у кого достаточно веры, а особенно тем, кто жертвует им деньги. От программы к программе людям настоятельно рекомендуется «посадить семя», обещая, что Бог чудесным образом сделает их богатыми взамен. Этот прием известен как план «семенной веры», его так назвал Орал Робертс, один из первых телепроповедников, успешно распространявший эту харизматическую доктрину. Большинство харизматических телеевангелистов и целителей используют план семенной веры Робертса или подобные приемы, чтобы манипулировать зрителями и получить от них больше, чем те могут себе позволить[19].

Пол Крауч, основатель и президент TBN (*Trinity Broadcasting Network*), является одним из самых ярых защитников этой доктрины. «Посадите существенное семя», – писал Крауч в письме по сбору средств на TBN в 2011 году. «Позвольте ему полностью взойти в ожидании славного дохода, обещанного Иисусом. Напоследок хочу сказать следующее: назовите свое семя – «долги», «работа», «дом», «муж», «жена» – все, чего вы желаете от Бога!»[20] Еще одно его письмо заканчивается такими словами: «Я знаю, как выросли цены на бензин и на многое другое сегодня, но помните слова Иисуса: "Давайте и дано вам"»[21]. Не очень тонкий намек. Статья в «Лос-Анджелес таймс» охарактеризовала подход Крауча следующим образом:

Пастор Пол Крауч называет это «Божьей экономикой дарования», и вот как это работает: люди, которые жертвуют на канал TBN Крауча, получат финансовые благословения от благодарного Бога. Чем больше они дают TBN, тем больше Он им вернет. Банкротство или долги – это не оправдание, чтобы не выписать чек. В действительности это уникальная возможность. Ибо Бог особенно щедр к тем, кто дает не от избытка, а последнее. «Он даст вам тысячи, сотни тысяч», – говорил Крауч своим телезрителям во время телемарафона в ноябре прошлого года. «Он даст вам миллионы и миллиарды долларов»[22].

Для Крауча и других наверху этой пирамиды богословие процветания работает безупречно. Зрители посылают миллиарды долларов[23], а когда их

---

[19] Как современные последователи Симона волхва, проповедники процветания настаивают на том, что сила и благословение Духа могут быть приобретены десятинами и пожертвованиями (см. Деян. 8:18-24).

[20] Paul Crouch, "We Gave It All!" TBN newsletter, October 2011, http://www.tbn.org/about-us/newsletter?articleid=1440.

[21] Paul Crouch, "Did Jesus Have Praise-a-Thons?" TBN newsletter, October 2008, http://www.tbn.org/about-us/newsletter?articleid=1218.

[22] William Lobdell, "TBN's Promise: Send Money and See Riches," Part 2, *Los Angeles Times*, September 20, 2004, http://articles.latimes.com/2004/sep/20/local/me-tbn20.

[23] Канал TBN Крауча оценен в свыше миллиард долларов. Mark I. Pinsky, "Teflon Televangelists," *Harvard Divinity Bulletin* 36, no. 1 (Winter 2008).

инвестиции не приносят дивидендов, ответственность несет Бог[24]. Или же людей, жертвующих деньги, обвиняют в недостатке их веры, когда искомое чудо так и не материализуется[25]. Разочарование, неудовлетворение, нищета, печаль, гнев и в конечном счете неверие стали основными плодами этого учения, но призывы к деньгам становятся все более настойчивыми, а ложные обещания все более преувеличенными.

Вся эта шарада, спрятанная за языком веры и щедрости, – мошенническая уловка, спекулирующая на человеческих жадности и обмане[26]. Они заменили Духа Божьего духом мошенничества. Тем не менее, харизматическая весть ложной надежды остается чрезвычайно популярной и легко понять, почему: *за обещаниями физического здоровья, материального процветания и легкой жизни стоят наши плотские желания.* Все это – ни что иное, как желания плоти; здесь нет ничего поистине духовного.

Джоэл Остин, чьи проповеди приправлены красноречием, а их подача широкой улыбкой, относится к более умеренным проповедникам процветания. Но суть его проповеди остается той же: Бог существует, чтобы воплощать наши мечты. Майкл Хортон говорит: «Остин представляет собой разновидность моралистического, терапевтического деизма, который в более умеренной форме, по-видимому, характеризует большую часть популярной религии в Америке сегодня. В принципе, Бог существует для вас и вашего счастья. У Него есть некоторые правила и принципы для получения того, чего вы хотите от жизни, и, если вы будете следовать им, вы можете получить все, что захотите. Просто *заявите об этом,* и процветание вам гарантировано»[27]. С точки зрения маркетинга это эффективная формула. Чек на предъявителя, обещающий здоровье и

---

[24] Точно так же, когда разочарованные люди на мероприятии Бенни Хинна отправляются без исцеления, проповедник снимает с себя всю ответственность. Он говорит: «Все, что я знаю, это то, что я молюсь за них. То, что происходит между ними и Богом, остается между ними и Богом». (Benny Hinn, cited in William Lobdell, "The Price of Healing," The Los Angeles Times, July 27, 2003, http://www.trinityfi.org/press/latimes02.html.

[25] В брошюре Кеннета Хейгина «Как сохранить свое исцеление» он молчаливо признал, что многие его «исцеления» были в лучшем случае временными или в худшем случае иллюзорными. Он винит в этом отсутствие веры у человека, ищущего исцеления: «если у вас недостаточно веры удержать то, что вы имеете, тогда дьявол украдет это у вас» (Hagin, *How to Keep Your Healing* [Tulsa: Rhema, 1989], 20–21).

[26] Отмечая тот факт, что евангелие процветания живет, спекулируя на человеческих нуждах и жадности, Пол Александр говорит: «Мир полон страданий; это факт. Бог не всё равно; это факт. Евангелие процветания объединяет эти два факта в проповедническое богословие экономической надежды, которая может отобрать последний доллар несчастной вдовы. Еще одна трудность заключается в том, что люди, у которых есть много, учат маркетологов не быть удовлетворенными или довольными, поэтому люди с более чем достаточным успехом могут хотеть большего. Богословие процветания усугубляет эту проблему, подчеркивая непомерность и связывая жадность с Божьим благословением» (Paul Alexander, *Signs and Wonders* [San Francisco: Jossey-Bass, 2009], 69).

[27] Michael Horton, *Christless Christianity* (Grand Rapids: Baker, 2008), 68.

богатство, вперемешку с бессмысленной дозой позитивного мышления и поверхностных банальностей, может повысить рейтинг и продажи книг. Но это все массовое мошенничество, которое не имеет ничего общего с библейским христианством.

В проповеди своего евангелия жадности, материализма и эгоизма учители «Слова веры» сделали себе карьеру, несмотря на скудное богословие. Он подкрепляют свои ложные учения, искажая Писание или заявляя о новом откровении от Бога. Некоторые заходят настолько далеко, что утверждают: верующие – маленькие боги, которые могут воплощать в жизнь свои мирские желания.[28] Пол Крауч однажды ответил своим оппонентам на национальном телевидении: «Я маленький бог. Я знаю Его имя. Я един с Ним. Я в завете. Я маленький бог. Критики, убирайтесь прочь!»[29] Кеннет Коупленд сказал своим слушателям похожие слова: «Ты – бог. Нет Бога, живущего внутри тебя; ты один! Ты – неотъемлемая часть Бога».[30] Совсем недавно телеевангелист Крэфло Доллар повторил слова Коупленда и Крауча: «Я собираюсь вам что-то сказать, мы – боги, пришло время, когда мы будем действовать как боги, а не кучка простых слабых людей».[31] Только одно прилагательное может описать этот уровень богохульной заносчивости: сатанинский (см. Быт. 3:5).

Возвысив себя до божественного положения, учители «Слово веры» вместе с тем отрицают суверенитет истинного Бога.[32] Как-то Майлс Монро заявил аудитории TBN: «Бог не может ничего сделать на земле без разрешения человека!»[33] Эндрю Уомак, чье телевизионное шоу «Истина Евангелия» ежедневно транслируется в эфире TBN, настаивает на том, что Бог утратил свою власть в этом мире, передав ее Адаму и человечеству. Поэтому Сам

---

[28] Подробное обсуждение обожествления человеческих существ в учении «Слово веры» см. в Hank Hanegraaff, *Christianity in Crisis: The 21st Century* (Nashville: Thomas Nelson, 2009), 129–66.

[29] Paul Crouch, *Praise the Lord*, TBN, July 7, 1986. Подобным образом «апостол» позднего дождя Эрл Полк говорит: «Как у собак есть щенки, а у кошек – котята, так и у Бога есть маленькие боги... Пока мы не поймем, что мы маленькие боги и не начнем действовать соответственно, мы не сможем провозглашать Царство Божье» (Earl Paulk, *Unmasking Satan* [Atlanta: K Dimension, 1984], 96–97).

[30] Kenneth Copeland, "The Force of Love" (Fort Worth: Kenneth Copeland Ministries, 1987), Tape #02-0028.

[31] Creflo Dollar, "Changing Your World," LeSea Broadcasting, April 17, 2002; курсив мой. В другой раз Доллар заявил: «В самом начале я должен подчеркнуть очень важную мысль, потому что у меня нет времени, чтобы объяснять все это, но я скажу вам прямо, вы – боги, маленькая "б"; вы – боги, потому что вы от Бога, вы – боги» (Creflo Dollar, "Made After His Kind," September 15, 22, 2002; курсив мой)

[32] Как объясняет Аллан Андерсон: «Помимо того, что это учение поощряет "американскую мечту" капитализма и способствует этике успеха, среди его наиболее сомнительных черт – возможность превозношения человеческой веры над суверенитетом и благодатью Бога» (Anderson, *An Introduction to Pentecostalism*, 221).

[33] Myles Munroe, *Praise the Lord*, Trinity Broadcasting Network, February 23, 2000.

Святой Дух был бессилен осуществить приход Иисуса в этот мир в физическом теле; Он был вынужден дождаться, пока люди будут готовы и смогут сделать это воплощение возможным, произнеся правильные слова веры.

В 2009 году Уомак сказал своим зрителям: «Для того чтобы Иисус вышел на сцену, потребовались четыре тысячи лет, Богу потребовались четыре тысячи лет, чтобы найти нужных людей, которые подчинятся Ему и произнесут слова, которые нужно было сказать – слова, вдохновленные Богом, – чтобы создать физическое тело Господа Иисуса... Святой Дух взял эти слова и оплодотворил Марию».[34] Это совершенно небиблейское и еретическое учение, плод больного воображения. Хуже того, это учение дерзко оскорбляет Святого Духа – как будто Богу нужна помощь грешных людей, чтобы послать Своего Сына в этот мир.

Такие примеры можно приводить бесконечно. К сожалению, в рамках более широкого харизматического движения такие злодеяния против Святого Духа – не исключение; они стали повсеместными. Питер Мастерс точно описывает это направление:

> С невероятной скоростью харизматы кинулись из одной крайности в другую, так что теперь мы противостоим явлению, способному обескуражить любого человека. Многие в харизматическом братстве заимствовали идеи и практики из языческих религий, и большое количество молодых и убежденных верующих были духовно искалечены в этом процессе. Появились целители верой, использующие для своих корыстных целей тонкие трюки театрального гипнотизера наряду с древними оккультными приемами, и множество людей следуют за ними.[35]

Примечательно, что эти слова были написаны более двух десятилетий назад, примерно в то же время, когда я написал свою книгу «Харизматический хаос».[36] За прошедшие годы ситуация только ухудшилась.

МЫ ВЕРИМ В ЗОЛОТО

Невозможно отрицать тот факт, что всевозможные духовные обманы, богословские заблуждения и откровенное мошенничество находят убежище в широком харизматическом мире, включая неприкрытый материализм и дерзкий эгоцентризм евангелия процветания. Однако некоторые могут возразить, сказав, что такие еретические элементы представляют собой лишь

---

34 Andrew Wommack: "The Believer's Authority," *The Gospel Truth*, April 27, 2009, http://www.awmi.net/tv/2009/week17. Ср. Andrew Wommack, *The Believer's Authority* (Tulsa, OK: Harrison House, 2009), 58–59.

35 Peter Masters, *The Healing Epidemic* (London: Wakeman Trust, 1992), 11–12.

36 John MacArthur, *Charismatic Chaos* (Grand Rapids: Zondervan, 1993).

крайности в том, что в других отношениях является вполне ортодоксальным движением. Более умеренные харизматы любят преподносить проповедников процветания, целителей верой и телеевангелистов как тех, кто безобно изолирован на периферии харизматического лагеря.

К сожалению, это не так. Благодаря глобальному охвату и непрестанному прозелитизму религиозного телевидения и харизматических средств массовой информации такая *крайность* в настоящее время стала *представлять большинство*. Для большей части зрителей по всему миру фальшивые лжеучители – с ересями, такими же смешными, как и их прически – стали публичным лицом христианства. И они распространяют свою ложь от имени Святого Духа.

Когда речь заходит о религиозном вещании, сатана действительно стал князем, господствующим в воздухе (теле и радиоволн). Было бы слишком странным получить отказ в эфирном времени на таких каналах, как TBN, если речь идет о вещании ложных пророчеств, фальшивых доктрин, классовых суеверий или глупых притязаний. Джен Крауч слезно пересказывает странную историю о том, как её цыпленок был чудесным образом воскрешен из мертвых.[37] Бенни Хинн заявил с бравадой, что получил пророческое откровение: если зрители TBN поставят гробы с умершими родными перед телевизором и прикоснутся рукой мертвого человека к экрану, люди будут «воскресать из мертвых... тысячами».[38] Иронично, что даже не нужно быть тринитарием, чтобы получить эфирное время на канале TBN (*Trinity Broadcasting Networks**). Епископ Т. Д. Джейкс, известный своей связью с «пятидесятниками-единственниками»,[39] является основным ведущим на TBN. И хотя впоследствии он отрекся от этой доктрины, Бенни Хинн сделал скандальное заявление на TBN, что в Божестве девять личностей.[40]

Будучи крупнейшей религиозной телевизионной сетью на планете, TBN выпускает свой продукт круглосуточно и без выходных в более чем ста странах на семидесяти спутниках через более чем восемнадцать тысяч телевизионных каналов и кабельных сетей.[41] Его присутствие в Интернете

---

[37] В информационном бюллетене 1991 года Ян Крауч сообщил: «Бог ответил на молитвы двух маленьких двенадцатилетних девочек и воскресил цыпленка из мертвых!» ("Costa Ricans Say 'Thank You for Sending Christian Television!'" *Praise the Lord newsletter* [September 1989], 14–15). В новостном бюллетене 2009 года история о цыпленке уже была немного другой. Одна женщина писала: «Когда мне было 12 лет я видела, как Он исцелил моего любимого цыпленка, чей глаз был выбит, *свисая наружу*... он исцелился во имя *Иисуса*» ("Jan Crouch's Miraculous Story," TBN newsletter, June 2009, http://www.tbn. org/about/newsletter/index.php/1280.html; курсив в оригинале.)

[38] Benny Hinn, *Praise the Lord*, TBN, October 19, 1999.

* Буквально «Вещательная сеть Троицы».

[39] См. Thabiti Anyabwile, *The Decline of African American Theology* (Downers Grove, IL: InterVarsity, 2007), 96.

[40] Benny Hinn, *This Is Your Day*, TBN, October 3, 1990.

[41] "About" on Trinity Broadcasting Network's official Facebook page, accessed April 2013, https://www.facebook.com/trinitybroadcastingnetwork/info.

становится все шире, достигая тем самым все большее количество людей. Эта медиа-организация заявляет, что уполномочена Святым Духом нести в наш «беспокойный мир надежду Евангелия».[42] Но это *ложная* надежда на *ложное* евангелие. Практически все основные вещатели сети защищают богословие процветания, говоря своим зрителям и слушателям, что Бог даст им исцеление, богатство и другие материальные блага в обмен на их пожертвования. И TBN – не единственный преступник на этом поприще. Основные конкуренты сети (например, Daystar и LeSEA) предоставляют аналогичные платформы для учителей «Слово веры».

Неудивительно, что евангелие процветания и благополучия заполонило нашу планету?[43] В большей части Азии, Африки и Латинской Америки, где харизматическое движение растет беспрецедентно быстро, эксперты насчитывают более половины пятидесятников и харизматов, разделяющих евангелие процветания.[44] Джон Т. Аллен по этому поводу пишет:

> Возможно, самое противоречивое учение в пятидесятническом мировоззрении – так называемое «евангелие процветания», когда люди верят, что Бог вознаградит обладающих достаточной верой материальным достатком и физическим здоровьем. Некоторые аналитики различают «неопятидесятников», которые, по их мнению, сосредоточены на евангелии процветания, и классическое пятидесятничество, ориентированное на дары Духа, такие как исцеления и языки. Тем не менее данные *Pew Forum* свидетельствуют о том, что евангелие процветания служит определяющей чертой всего пятидесятничества; большинство пятидесятников, свыше 90 процентов в большинстве стран, разделяют эти убеждения.[45]

---

[42] "TBN Is Reaching a Troubled World with the Hope of the Gospel," TBN announcement, April 12, 2012, http://www.tbn.org/announcements/tbn-is-reaching-a-troubled-world-with-the-hope-of-the-gospel.

[43] Как отмечает Кэнди Гюнтер Браун: «Что кажется наиболее неприемлемым и "шаманским" христианским (не пятидесятникам) и светским критикам американского потребительского общества – это пятидесятническая озабоченность якобы "низшими", "эгоистичными", мирскими "благословениями", такими как исцеление или финансовое процветание, которые часто изображаются карикатурно как "богословие процветания" или "евангелие благополучия", которые жадные американские "целители верой" разнесли по всему миру через их подозрительно успешное использование современных средств коммуникации» (Candy Gunther Brown, introduction to *Global Pentecostal and Charismatic Healing* [Oxford: Oxford University Press, 2011], 11).

[44] Пол Александр отмечает масштабы распространения этого богословия: «Пятидесятническое евангелие процветания обращается к голодающим христианам в эпоху богатства и провозглашает: если вы верите в Бога, то будете финансово обеспечены. Свыше 90 процентов пятидесятников и харизматов в Нигерии, Южной Африке, Индии и на Филиппинах считают, что "Бог даст материальное благополучие всем верующим, которые имеют достаточно веры"» (Alexander, *Signs and Wonders*, 63–64).

[45] John T. Allen, *The Future Church* (New York: Doubleday, 2009), 382–83. Аллен ссылается на "Health and Wealth" in *Spirit and Power: A 10-Country Survey of Pentecostals*, Pew Forum on Religion and Public Life, October 2006, 30, http://www.pewforum.org/uploadedfiles/Orphan_Migrated_Content/pentecostals-08.pdf.

В действительности стремительное распространение харизматического богословия в первую очередь связано с популярностью евангелия процветания. Новообращенных привлекает не осознание своей греховности в результате работы Святого Духа, а привлекательность материальных благ[46] и надежда на физическое исцеление.[47]

Самые крупные и быстрорастущие харизматические общины проповедуют ту или иную форму этой вести,[48] от Дэвида Йонги Чо в Южной Корее, чья церковь насчитывает более восьмисот тысяч членов, до епископа Нигерии Еноху Адебойе, чьи ежемесячные молитвенные собрания регулярно посещают триста тысяч посетителей. Пятидесятнический историк Винсон Синан, явно потрясенный таким бурным ростом, писал: «Евангелие процветания или "Слово веры" – это движение, которое стало сегодня межнациональной силой, охватившей миллионы восторженных последователей по всему миру. Во главе с популярными учителями и евангелистами, такими как Кеннет Коупленд, Дэвид Йонги Чо и Рейнхард Боннке, это учение стало причиной рождения самых больших церквей и евангелизационных мероприятий в истории Церкви».[49] Глобальный успех движения «Слова веры» сделал пятидесятническо-харизматическое движение самым быстрорастущим религиозным движением в мире.[50]

---

[46] Аллан Андерсон писал: «Современные формы пятидесятничества становятся "популярной религией", поскольку они представляют только то, что массы хотят услышать, опуская при этом важные основы Евангелия Христа? Причины, по которым толпы людей стекаются в новые церкви, связаны не столько с силой Духа... Предложение лучшей и благополучной жизни часто дает надежду людям, борющимся с нищетой и отчаянием» (Anderson, *An Introduction to Pentecostalism*, 280).

[47] Харви Кокс, говоря о глобальном росте пятидесятнических церквей, отметил: «Пятидесятнические и харизматические общины хорошо известны своим эмоциональным и откровенным поклонением с экстатическими молитвами, что известно, как "говорение на языках" или "молитва сердца". Их часто ассоциируют в связи с этим феноменом, который психологи определяют как "транс" или "диссоциативное поведение". Но, как ясно показывает эта книга, учение, которое изначально привлекает большинство людей в эти группы и характеризует их больше, чем что-либо другое, заключается в том, что они предлагают исцеление всего человека, его разума, тела и духа. Практика исцеления не только всеобъемлюща, но также часто служит началом восхождения новообращенных на новые ступени движения» (Harvey Cox, foreword to *Global Pentecostal and Charismatic Healing* [Oxford: Oxford University Press, 2011], xviii).

[48] Как отмечают Д. Миллер и Т. Ямамори, «наиболее быстрорастущее движение в пятидесятничестве было названо евангелием процветания или церквями здоровья и благосостояния... Внешним наблюдателям часто кажется, что эти церкви торгуют магическим мышлением и занимаются психологическим манипулированием» (Donald E. Miller and Tetsunao Yamamori, *Global Pentecostalism* [Berkeley, CA: University of California Press, 2007], 29).

[49] Vinson Synan, *An Eyewitness Remembers the Century of the Holy Spirit* (Grand Rapids: Chosen, 2010), 114–15.

[50] Martin Lindhardt, *Practicing the Faith* (New York: Berghahn, 2011), 25–26.

Конечно, радушный прием евангелия процветания не ограничивается церквями за пределами Соединенных Штатов. Даже на американской земле это один из самых быстрорастущих сегментов христианства.[51] Выдающиеся проповедники, лидеры некоторых крупнейших церквей страны, бесстыдно провозглашают евангелие здоровья, богатства и счастья – от Джоэла Остина до Джойс Майер и Т. Д. Джейкса. Их влияние постоянно меняет американский религиозный ландшафт: «Евангелие процветания вышло за пределы харизматического движения, где оно традиционно принималось, и укореняется в других евангельских церквях. Недавнее исследование показало, что в Соединенных Штатах 46 процентов людей, называющих себя христианами, разделяют идею, что Бог даст материальные блага всем, у кого достаточно веры».[52]

Хотя церковь исторически отвергала жадность и потребительские настроения, сейчас, по-видимому, такое отношение стремительно меняется.[53] Почти половина американских христиан в любой конфессии и примерно две трети американских пятидесятников теперь принимают основное положение евангелия процветания: Бог хочет, чтобы вы были счастливыми, здоровыми и богатыми.[54]

Недавние исследования показывают, что общее число пятидесятников и харизматов во всем мире насчитывает 500 миллионов человек – 80 миллионов в Северной Америке, 141 миллион в Латинской Америке, 135 миллионов в Азии, 126 миллионов в Африке и 38 миллионов в Европе.[55] Цифры на первый взгляд звучат впечатляюще, предполагая,

---

[51] «"Слово веры" было одним из самых популярных движений в американском пятидесятничестве. Оно пропагандировалось не только в харизматических кругах, но и оказало огромное влияние на традиционных пятидесятников» (Anderson, *An Introduction to Pentecostalism*, 221).

[52] David Jones and Russell Woodbridge, *Health, Wealth, and Happiness* (Grand Rapids: Kregel, 2011), 16.

[53] «В 1980-х годах такая связь ассоциировалась с мелкими торгашами и шарлатанами-проповедниками, которые обдирали своих последователей, спали с проститутками и рыдали на камеру. Но в Америке двадцать первого века евангелие процветания достигло совершеннолетия. Связывая распространение Евангелия с привычками и нравами предпринимательского капитализма и явно христианизировав стремление к мирской выгоде, богословие процветания помогло миллионам верующих примирить свою веру с кажущимся небиблейским богатством и нехристианской потребительской культурой» (Ross Douthat, *Bad Religion* [New York: Simon & Schuster, 2012], 183).

[54] Даже среди традиционных пятидесятников евангелие процветания стало более популярным, чем говорение на языках: «Как отмечал Тед Олсен в 2006 году в "Крисчэнити тудей", только половина американских пятидесятников заявила, что говорит на языках, но 66 процентов согласились с положением, что Бог хочет благословить верующих богатством» (Douthat, *Bad Religion*, 194).

[55] Allan Anderson, introduction to *Asian and Pentecostal*, edited by Allan Anderson and Edmond Tang (Costa Mesa, CA: Rengum Books, 2005), 2. Эти статистики взяты из David B. Barrett, George T. Kurian, and Todd M. Johnson, *World Christian Encyclopedia*, 2nd ed., vol. 1. (New York: Oxford University Press, 2001). Patrick Johnstone and Jason Mandryk, *Operation*

что харизматическое христианство представляет собой одну четвертую часть всего христианского мира.[56] Реальность такова, что подавляющее большинство пятидесятников и харизматов, составляющих сотни миллионов, принимают некоторую форму евангелия процветания. Если оперировать голыми цифрами, богословие здоровья и богатства стало определяющей чертой всего движения.[57] Как отмечал Тед Олсен в «Крисчиэнити тудей», большинство пятидесятников и харизматов настойчиво твердят, что «Бог даст материальное благополучие всем, у кого достаточно веры».[58]

Евангелие процветания может быть популярным, но это не истинное Евангелие. Дэвид Джонс и Рассел Вудбридж отмечают резкие контрасты нового и старого евангелий:

> Весть, которую проповедовали в некоторых крупнейших мировых церквях, изменилась. Сегодня преподается новое евангелие. Это новое евангелие озадачивает – в нем Иисус и крест в пренебрежении. Вместо того чтобы обещать Христа, это Евангелие обещает здоровье и богатство и предлагает советы, такие как: скажите себе, что все, чего вы касаетесь, будет преуспевать, ибо, по словам ведущего проповедника евангелия процветания, «чудо заключено в ваших устах». Согласно этому новому евангелию, если верующие повторяют положительные исповедания, следят за своими мыслями и культивируют твердую веру, Бог изливает благословения в их жизни.[59]

World (Carlisle, UK: Paternoster, 2001), 21, 32, 34, 41, 52 – цифры здесь значительно ниже: 87 миллионов пятидесятников и харизматов в Азии, 72 миллиона в Северной Америке, 85 миллионов в Латинской Америке, 84 миллиона в Африке и 14 миллионов в Европе.

[56] Todd M. Johnson, "'It Can Be Done': The Impact of Modernity and Postmodernism on the Global Mission Plans of Churches and Agencies," *Between Past and Future*, Jonathan J. Bonk, ed. (Pasadena, CA: Evangelical Missiological Society, 2003), 10.42. Джонсон отмечает: «В 1900 году лишь немногие христиане участвовали в движениях возрождения. К 2000 году более 500 миллионов, или 25 процентов всех христиан, стали участниками пятидесятнического/харизматического возрождения».

[57] Майкл Хортон правильно отметил: «Празднование широко разрекламированного распространения христианства в большей части земного шара (наиболее примечательно в недавние годы в Philip Jenkins's *The Next Christendom*), по крайней мере, должно быть смягчено тем фактом, что евангелие процветания – это самая взрывоопасная версия этого явления» (Horton, *Christless Christianity*, 67).

[58] Ted Olsen, "What Really Unites Pentecostals?" Christianity Today, December 5, 2006. Online at: http://www.christianitytoday.com/ct/2006/december/16.18.html. Олсен приводит несколько конкретных примеров: «В Нигерии 95 процентов пятидесятников согласны с этим заявлением, а 97 процентов согласны с тем, что "Бог даст хорошее здоровье и облегчение больным верующим, которые имеют достаточно веры". На Филиппинах 99 процентов пятидесятников согласились с последним заявлением».

[59] Jones and Woodbridge, *Health, Wealth, and Happiness*, 14–15.

Такое Евангелие не имеет силы спасать. Оно движимо человеческим желанием, а не Святым Духом. Более того, оно предлагает временное облегчение за счет вечной жизни. И даже в этом случае оно не работает, за исключением жизни тех, кто на высших руководящих должностях.

СУТЬ ПРОБЛЕМЫ

Без сомнения, евангелие процветания – это «иное евангелие», которое на самом деле и не Евангелие вовсе (Гал. 1:6-8). Но как эта вопиющая ересь сумела не просто выжить, но и процветать в харизматических кругах? Ответ нужно искать в ключевом и системном слабом звене внутри харизматического богословия – недостаток, который объясняет почти каждое богословское заблуждение или аномалию внутри харизматического движения. Суть вот в чем: *пятидесятники и харизматы ставят религиозный опыт выше библейской истины.* Хотя многие из них на словах признают авторитет Священного Писания, на деле же его отрицают.[60]

Если бы Слово Божье было поистине окончательным авторитетом для харизматических христиан, они никогда не допустили бы явно небиблейских практик – например, бессмысленного молитвенного бормотания на странных языках, произнесения ложных пророчеств, беспорядочного поклонения или странных падений под воздействием предполагаемой силы Святого Духа. Они должны переосмыслить свой опыт в свете Библии; вместо этого они переосмысливают Писание по-новому и нетрадиционно, чтобы оправдать свой опыт.[61] В результате любое ошибочное учение или практика могут быть узаконены, особенно когда новое «откровение от Бога» удобно ставит печать Божьего одобрения на них. Хотя слова Рене Паша написаны почти полвека назад, они все еще актуальны:

Как правило, пристальное внимание к опыту исполнения Духом, дарам, экстатическим проявлениям и пророчествам вытесняют Писание. Зачем привязываться к Книге из прошлого, когда каждый может общаться с

---

[60] Джон Анкерберг и Джон Уэлдон, писавшие два десятилетия назад, предупреждали об этом слабом звене в харизматическом богословии: «Харизматическое движение в целом пока не интегрировало великие доктринальные истины Писания в жизни своих церквей. Акцентируя все внимание на опыте со Святым Духом, они часто игнорируют ценность прилежного изучения богословия» (John Ankerberg and John Weldon, *Cult Watch* [Eugene, OR: Harvest House, 1991], viii).

[61] Яркий пример этого можно увидеть в истории пятидесятников. Первые пятидесятники изначально полагали, что они говорили на аутентичных иностранных языках, как апостолы в Деян. 2. Когда они поняли, что их «языки» – это набор бессмысленных слов и звуков, стало очевидным, что что-то нужно было изменить. К сожалению, изменилось их толкование Библии, а не опыт.

живым Богом? Но в этом и кроется опасность. Лишая себя постоянного контроля записанным откровением, мы вскоре окажемся на краю пропасти собственной субъективности; и верующий, даже если его намерения самые благие, может быстро увязнуть в заблуждениях, собственных иллюзиях или экзальтированных чувствах. Не стоит забывать о запрете выбрасывать что-либо из Писания или добавлять к нему что-либо (Втор. 4:2, Откр. 22:18-19). Почти каждая ересь и секта возникли в результате предполагаемого откровения или нового опыта его основателя, выходя за библейские рамки.[62]

Отбросив абсолютный авторитет текста, харизматическое движение стало восприимчивым к наихудшим доктринальным заблуждениям и духовной эксплуатации.[63]

Другие положения харизматического богословия только усугубляют проблему: именование церковных лидеров *пророками* и *апостолами*, постоянная жажда чудес и сверхъестественных явлений, желание встретить Бога мистическими путями и обойти разум в поклонении. Из-за отсутствия библейского контроля и акцента на субъективизме, основанном на опыте, харизматическое движение становится привлекательным пристанищем для лжеучителей и духовных аферистов.[64] Даже вопиющие богохульники, как проповедники процветания, чувствуют себя желанными в нем.

К сожалению, постоянные махинации внутри харизматических кругов, – это лишь симптомы более глубокой проблемы, которая, как я уверен, заключается прежде всего в возвышении опыта над авторитетом Писания, что больше всего оскорбляет и унижает Святого Духа. Именно Дух вдохновлял написание Слова Божьего (2Пет. 1:19-21), Он открывает истину в сердцах верующих (1Кор. 2:10-15). Таким образом, было бы дерзким оскорблением Духа требовать Его проявлений, которые идут вразрез с Его Словом. Извращать Писание, которое Он вдохновлял, или вообще игнорировать его, – означает относиться к нему с презрением и неуважением. Но это то, что происходит повсюду в харизматическом мире каждый день – от самых ранних ересей ведущих телеевангелистов

---

[62] René Pache, *The Inspiration and Authority of Scripture* (Chicago: Moody, 1969), 319.

[63] «В «реализованной эсхатологии» есть серьезные опасности обещать мгновенное исцеление, гармонию и процветание для всех. Выделение этих земных проблем часто происходит за счет христианских добродетелей, таких как смирение, терпение и мир. Свобода Духа, признанная всеми пятидесятниками, часто делает их уязвимыми для авторитарных лидеров, которые могут эксплуатировать своих членов и провоцировать дальнейшее разделение» (Anderson, *An Introduction to Pentecostalism*, 280).

[64] Кроме того, как отмечает Росс Доуатт, «предпринимательская структура пятидесятников, в которой каждая церковь является фактически стартапом, всегда привлекала служителей, склонных к такому самовозвеличиванию, которое гораздо легче оправдывается богословием процветания, чем более традиционной христианской верой» (Douthat, *Bad Religion*, 194).

до частных откровений самозваных пророков в поместных собраниях.[65] *Все* это оскорбление подлинной личности и деятельности Святого Духа. Кристофер Райт верно заметил:

> Есть телеевангелисты и проповедники евангелия процветания (на самом деле их евангелие очень далеко от истинной благой вести), которые ради собственной выгоды апеллируют к и эксплуатируют присущей нам в силу греховной природы жадности во имя Божьего благословения. Добавьте к этому вздутые обещания и крайне безответственное общественное тиражирование некоторых великих «торговцев чудесными исцелениями». И даже на уровне обычных поместных церквей есть те, кто злоупотребляет Святым Духом, прикрываясь Его авторитетом и предлагая новое «откровение», последнее модное учение, стиль богослужения, песни или методики.[66]

И это возвращает нас к тому, с чего мы начали эту главу. Весьма странно, что движение, основное внимание в котором сосредоточено на Святом Духе, на самом деле относится к Нему с величайшим презрением и высокомерием.

---

[65] Даже прямой новозаветный запрет против рукоположения женщин в пасторы (1Тим. 2:12-14) совершенно игнорируется большинством харизматических церквей. Некоторые из самых известных харизматических телеевангелистов – женщины, такие как Джойс Майер и Пола Уайт.

[66] Christopher J. H. Wright, *Knowing the Holy Spirit Through the Old Testament* (Downers Grove, IL: InterVarsity, 2006), 73.

2

НОВЫЙ ТРУД ДУХА?

Это случилось в начале двадцатого века, в ранние утренние часы только наступившего 1901 года. Группа студентов библейских школ собралась за несколько часов до Нового года на молитвенное служение. И хотя было уже за полночь, они не расходились в надежде испытать присутствие и силу Святого Духа. Все они отчаянно надеялись на чудо.

В течение нескольких недель до этого молитвенного собрания они внимательно изучали отрывки из книги Деяний. Их особенно интересовало апостольское учение о крещении Святым Духом —опыте, который, в соответствии с их уэслианским движением святости, они должны испытать после обращения*. Их исследование в конечном счете сосредоточилось на чудесном феномене говорения на языках, который, как решили студенты, и был истинным знаком крещения Духом.[1]

Они читали об апостолах, которые говорили на языках в день Пятидесятницы, о Корнилие в Деян. 10 и бывших учениках Иоанна Крестителя в Деян. 19. Они задавались вопросом: если говорение на языках было признаком присутствия Духа в апостольские времена, то не осталось ли оно им и по сей день?

На том молитвенном собрании в канун Нового года студенты уже решили для себя, что говорение на языках было знаком крещения Духом, которое они могут пережить прямо сейчас. Настроившись решительно, они просили Бога крестить их Духом. Их наставник, методистский служитель по имени Чарльз Фокс Парэм, поддерживал их в этом стремлении. И теперь они хотели испытать силу Духа на личном опыте.

---

* Джон Уэсли разделял два этапа, на первом – когда мгновенно по оправдывающей благодати Святой Дух вменяет верующему праведность Иисуса Христа, на втором – как мгновенном событии, так и процессе всей жизни по действию Святого Духа происходит освящение, дарование праведности, освящающая благодать, обретение полного совершенства, но не безгрешности. – *Прим. ред.*

[1] В Библейской школе, известной как Вефиль, использовался тематический подход к изучению Писания. Историк Винсон Синан говорит, что в этой школе практиковался метод изучения Библии по «параллельным местам», который был популярным в то время. Основные темы изучались путем последовательного прочтения упоминаний о них в Писании (Vinson Synan, "The Touch Felt Around the World," *Charisma and Christian Life*, January 1991, 84). В результате ни одна книга Библии не изучалась как единое целое, а более широкий контекст отрывков игнорировался.

В одних из этих ранних утренних часов произошло что-то необычайное. Молодая женщина по имени Агнес Озман попросила своего учителя возложить на нее руки и помолиться о том, чтобы она приняла Святого Духа.[2] Произошедшее впоследствии изменило ход современной церковной истории. Как позже рассказал Чарльз Парэм: «Я возложил на нее руки и помолился. Едва я произнес несколько дюжин предложений, как на нее снизошла слава, ее лицо просияло, она начала говорить на китайском языке и не могла говорить на английском в течение трех дней. Она писала на китайском даже тогда, когда силилась описать пережитый опыт на английском».[3]

Опыт Озман впоследствии пережили ее преподаватель и сокурсники. Во время серии последующих собраний пробуждения присутствующие, как сообщают, говорили сверхъестественным образом через силу Духа более чем на двадцати разных языках, , включая русский, японский, болгарский, французский, чешский, норвежский, венгерский, итальянский и испанский. Сам Чарльз Парэм утверждал, что говорил на шведском и других языках.

Так зародилось современное пятидесятническое движение. Как пишет историк пятидесятников Винсон Синан, «опыт Озман стал образцовым переживанием для миллионов пятидесятников».[4] В течение последующего десятилетия более пятидесяти тысяч человек испытают такой же опыт, как Агнес Озман. Неподдельный интерес к этому феномену стремительно рос, особенно на западном побережье, где еще один ученик Парэма – Уильям Сеймур – также учил о говорении на языках как знаке крещения Духом. Никто не мог себе и представить какпростая молитва в маленькой библейской школе в Канзасе изменит мир. Спустя сто лет пятидесятническое и неопятидесятническое движения охватили весь мир и насчитывают более полумиллиарда своих последователей.

НОВАЯ ПЯТИДЕСЯТНИЦА?

Зарождение пятидесятничества выглядит сверхъестественным и даже немного романтичным. Чарльз Парэм назвал новое движение «Движением

---

[2] Как пишут Ральф Худ младший и У. Пол Уильямсон: «Во время ночного служения в библейской школе одна из студенток Парэма – Агнес Н. Озман – приняла крещение Святым Духом и заговорила на языках сразу после полуночи, 1 января 1901 года, став первым человеком, пережившим такой опыт в согласии с новым учением» (Ralph Hood Jr. and W. Paul Williamson, *Them That Believe* [Berkeley, CA: University of California Press, 2008], 18–19).

[3] Charles Parham, cited in Vinson Synan, *The Holiness-Pentecostal Tradition* (Grand Rapids: Eerdmans, 1997), 44.

[4] Synan, "The Touch Felt Around the World," 84.

апостольской веры», а новый опыт – «новой Пятидесятницей».[5] Он был убежден, как и его последователи, что они получили Святого Духа так же, как апостолы во второй главе книги Деяний. Их опыт в 1901 году стал искрой, которая разожгла огонь современного харизматического движения.[6]

Однако дальнейшее исследование ставит подлинность притязаний Парэма под сомнение, по крайней мере, по трем вопросам. Во-первых, даже главные участники этих событий рассказывают противоречивые версии произошедшего. Как отмечалось выше, Парэм заявил, что Озман не говорила на английском в течение трех дней после пережитого опыта, но сама Озман говорит, что могла молится на английском уже через день.[7] Далее Парэм утверждал, что Озман пережила этот опыт в канун Нового года, в то время она сама говорила, что это произошло 1 января.[8] По словам Парэма, именно с его подачи студенты исследовали книгу Деяний за несколько недель до исторического молитвенного собрания, в то время как Озман считает иначе: «Никто, включая Парэма, не задавал каких-либо заданий по изучению Библии перед тем, как она заговорила на языках. По ее словам, именно она направляла студентов ко второй главе Деяний в поисках ответов на их вопросы об ее опыте глоссолалии».[9] Подобные несоответствия заставили историков, таких как Мартин Э. Марти, подвергнуть сомнению ключевые моменты этой истории:

> У всех подобных мифических историй есть определенные черты, которые заставляют в них сомневаться. В начале мисс Озман уверяла, что заговорила на языках за три недели до Нового года, в менее торжественную дату, которую

---

[5] Как пишет Винсон Синан: «Пятидесятническое движение возникло в результате раскола в движении святости, и было логическим результатом мероприятий этого движения, которое на протяжении сорока лет не давало покоя американскому протестантизму, в частности, Методистской церкви. Повторные призывы лидеров движения святости после 1894 года к "новой Пятидесятнице" неизбежно повлекли за собой необходимое настроение и интеллектуальную почву для того, чтобы такая "Пятидесятница" наступила» (Vinson Synan, *The Holiness-Pentecostal Tradition*, 105–6).

[6] Как замечает Джеймс Р. Гофф, «таким образом, Парэм служит ключом к объяснению истоков пятидесятничества. Он связал крещение Святого Духа с языками, именно он стоит за изначальным ростом и организацией движения. Он предложил идиллическое видение ксеноглоссических миссий. История его жизни и служения раскрывает социологические и идеологические корни пятидесятников» (James R. Goff, *Fields White unto Harvest* [Fayetteville, AR: University of Arkansas Press, 1988], 16).

[7] По словам Агнес Озман, «2 января некоторые из нас отправились в Топику с миссией. Во время поклонения Господу я молилась на английском языке, а затем на других языках». Printed in the *Apostolic Faith*, 1951; cited from http://apostolicarchives.com/Research_Center.html. Cf. Nils Bloch-Hoell, *The Pentecostal Movement* (Oslo, Norway: Universitetforlaget, 1964), 24.

[8] Ср. Jack W. Hayford and S. David Moore, *The Charismatic Century* (New York: Hachette, 2006), 38.

[9] Там же

многие подтвердили. Она также утверждала, что осознание того, что ее говорение языками было признаком крещения Духа, пришло позднее, однако известно, что Парэм задолго до этого наставлял ее искать именно этот знак.[10]

Более того, хотя Агнес Озман истолковывала свой опыт через призму второй главы книги Деяний, не все ее последователи разделяли ее убеждение. Газета «Топика дэйли кэпитал» сообщала, что не все в богословской школе приветствовали новый опыт. С. Дж. Риггинс в интервью этой газете сказал о Парэме и его студентах: «Я считаю, что все они сумасшедшие».[11]

Во-вторых, что более важно, Чарльз Парэм, Агнес Озман и другие студенты испытали совсем не тот опыт, о котором так горячо молились. Они были убеждены, что говорение на языках – это чудесная способность говорить на настоящих иностранных языках, как апостолы в день Пятидесятницы.[12] Именно этого дара они так отчаянно желали. Однако «дар», который они получили, был не более, чем пустой бессмысленной тарабарщиной.[13] Сомнения в сути этого дара окончательно отпали, когда Парэм настаивал на том, чтобы миссионеры-пятидесятники не должны пройти языковые курсы, прежде чем отправится в другие земли с миссионерской целью.[14]

---

[10] Martin E. Marty, *Modern American Religion, Volume 1: The Irony of It All: 1893–1919* (Chicago: University of Chicago Press, 1987), 240–41.

[11] Joe Newman, *Race and the Assemblies of God Church* (Youngstown, NY: Cambria, 2007), 50.

[12] Ср. Michael Bergunder, "Constructing Indian Pentecostalism," in Asian and Pentecostal, Allan Anderson and Edmond Tang, eds. (Costa Mesa, CA: Regnum Books, 2005), 181. Бергандер писал: «В первые дни пятидесятники считали, что их глоссолалия была на самом деле иностранными языками для миссионерских целей. Этот факт замалчивается или игнорируется, так как позднее пятидесятническое движение спокойно отказалось от идеи ксеноглосии».

[13] Студент докторской программы по имени Чарльз Шамвей безуспешно пытался доказать, что ранние пятидесятнические языки – это на самом деле настоящие иностранные языки. Он так и не нашел очевидцев, которые могли бы подтвердить заявления ранних пятидесятников (ср. Goff, *Fields White unto Harvest*, 76). В ответ на утверждения, что государственные переводчики подтвердили предполагаемые языки, Гофф пишет: «В 1919 году в своей докторской диссертации Шамвей критиковал местную газету "Хьюстонские хроники" за публикацию непроверенной информации; он писал, что получил личные "письма от нескольких человек, которые были государственными переводчиками в Хьюстоне или его пригороде [когда там учился Парэм], и они единодушно отказываются от того, что они когда-либо подтверждали подобное" (стр. 98). «Языки» с Азуза-стрит, как уверяют свидетели, изучавшие их, так же имеют ничего общего с настоящими языками (ср. G. F. Taylor, *The Spirit and the Bride* [Falcon, NC: n.p., 1907], 52).

14 Ср. Synan, *The Holiness-Pentecostal Tradition*, 92. Винсон Синан писал: «Поначалу Парэм говорил, что миссионерам больше не нужно учить иностранные языки, чтобы проповедовать на миссионерских полях. Он заявлял, что для проповеди Евангелия туземцам в дальних уголках мира теперь достаточно принять крещение Святым Духом».

В одной из статей журнала «Топика стэйт» он хвастался: «Господь открыл перед нами возможность говорить с людьми из разных народов, не изучая их языки в школах».[15] Несколько недель спустя он сказал в «Канзас сити таймс»: «В наши обязанности теперь входит донести Церкви весть о бесполезности потраченных лет на подготовку миссионеров для работы в чужих странах, все, что им теперь нужно сделать, – это просить Бога о силе».[16] В течение нескольких недель газеты вплоть до Гавайев повторяли эхом обещание Парэма, которое было ни чем иным, как наглой ложью:

Топика, 20 мая. Преподобный Чарльз Ф. Парэм из «Колледжа Вефиль» и его последователи хотят предложить прихожанам церквей новую работу в области миссионерской деятельности.

Его план состоит в том, чтобы послать к язычникам людей, которые были благословлены «даром языков» – даром, который, по его словам, со времен апостолов никто не получал. Его миссионеры, как он утверждает, обладают большими преимуществами: в отличие от других миссионеров, которые кропотливо изучают языки, перед тем, как отправится в новую страну, они чудесным образом наделены даром говорить на языках тех народов, которым несут Евангелие.

[Парэм говорил:] «...Нет сомнений, когда понадобится, они получат "дар языков", если будут найдены достойными и твердо верить, что Бог наделил их чудесной способностью говорить с людьми на их родном языке, что, конечно же, будет неоценимым преимуществом.

«Студентам Вефильского колледжа не нужно корпеть над изучением языков, как прежде. Они наделены этим даром чудесным образом. Многие из них уже смогли поговорить с испанцами, итальянцами, богемцами, венграми, немцами и французами на их родном языке. Я не сомневаюсь, что различные диалекты народа Индии и даже язык дикарей Африки будут чудесным образом дарованы, когда это потребуется. Я надеюсь, что это собрание станет самым величайшим со времен Пятидесятницы».
...

Он также утверждал, что вместе со своими учениками он получил все дары, которыми Христос наделил Раннюю церковь.[17]

К сожалению, такое намеренно приукрашенное и преувеличенное свидетельство распространено в харизматических кругах даже сегодня, а наивные и легковерные люди по-прежнему принимают такие рассказы за чистую монету.

Несмотря на самоуверенные заявления Парэма, его миссионерская стратегия неожиданно привела к плачевным результатам. Джек Хейфорд и Дэвид Мур, харизматические авторы, признают полный провал ожиданий

---

[15] Charles Parham, as cited in *Topeka State Journal*, January 7, 1901.

[16] Charles Parham, as cited in Kansas *City Times*, January 27, 1901.

[17] "New Kind of Missionaries: Envoys to the Heathen Should Have Gift of Tongues," *Hawaiian Gazette*, May 31, 1901, 10. Online at, http://chroniclingamerica.loc.gov/lccn/sn83025121/1901-05-31/ed-1/seq-8/.

Парэма: «К сожалению, уверенность в даре иностранных языков позднее оказалась постыдным провалом, поскольку служители пятидесятников отправились на миссионерские поля и обнаружили, что слушатели их не понимают».[18] Роберт Андерсон добавляет:

С. Тодд из Библейского миссионерского общества наблюдал за группой из восемнадцати пятидесятников, которые отправились в Японию, Китай и Индию, «ожидая проповедовать уроженцам этих стран на их родном языке», и обнаружили, что «у них ни разу это не вышло». Поскольку эти и другие миссионеры вернулись разочарованными, пятидесятники были вынуждены переосмыслить свое первоначальное мнение о значении языков.[19]

Кроме говорения на языках, Агнес Озман и другие пятидесятники еще и «писали на языках», записывая то, что, по их мнению, было текстами, написанными на настоящих иностранных языках. Фотографии этих текстов были опубликованы в газетах, таких как «Топика дэйли кэпитал» и «Лос-Анджелес дэйли таймс».[20] Эти каракули были совершенно непонятными и не похожими на какой-либо язык, известный людям.[21]

В-третьих, сама личность Чарльза Парэма заставляет усомниться в том, что Святой Дух будет использовать такого человека в деле всемирного пробуждения. Вскоре после того, как его ученики заговорили на языках, несмотря на предсказания о стремительном росте, Парэм был вынужден закрыть библейскую школу в Топике. Он путешествовал по другим городам Канзаса и Среднего Запада, проводил собрания пробуждения и исцелений и собирал учеников. Вскоре он привлек более пяти тысяч последователей.[22] Он назвал свою растущую сеть последователей «Движением апостольской веры» (в котором отчетливо слышен отголосок названия его журнала «Апостольская вера») и присвоил себе титул «проектировщик Движения апостольской веры».[23]

---

[18] Hayford and Moore, *The Charismatic Century*, 42. Как отмечает Рене Лаврентин о Парэме: «Повторные неудачи в подтверждении языков дискредитировали это функциональное истолкование глоссолалии» (René Laurentin, *Catholic Pentecostalism* [New York: Doubleday, 1977], 68).

[19] Robert Mapes Anderson, *Vision of the Disinherited: The Making of American Pentecostalism* (New York: Oxford University Press, 1979), 90–91.

[20] Как отмечает Жан Гельбарт, «6 января в "Топика дэйли кэпитал" была опубликована длинная статья, в которой был образец "китайского" Агнес Озман. Когда его показали китайцу, тот ответил: "Не понимаю. Покажите его японцам"» Jean Gelbart, "The Pentecostal Movement – A Kansas Original," *Religious Kansas: Chapters in a History*, Tim Miller, ed. (Lawrence, KS: University of Kansas, n.d), http://web.ku.edu/~ksreligion/docs/history/pentecostal_movement.pdf.

[21] Пример «письма на языках» из «Лос-Анджелес дэйли таймс», а также подробное объяснение этого явления см. в книге: Cecil M. Robeck, *The Azusa Street Mission and Revival* (Nashville: Thomas Nelson, 2006), 111–14.

[22] "More Trouble," *The Times-Democrat*, [Lima, OH], September 26, 1906, 2.

[23] Goff, Fields White unto Harvest, 5.

Но движение едва выжило после серьезных ударов по репутации Парэма. Осенью 1906 года он провел серию встреч в г. Зайон, штат Иллинойс, и через несколько месяцев пять его последователей избили там женщину-инвалида до смерти, пытаясь выгнать из нее демона ревматизма. Несмотря на то, что сам Парэм давно покинул этот городок, убийству этой женщины придали общенациональную огласку, а газеты по всей стране называли убийц «членами культа Парэма».[24] После вынесения приговора виновным в этом ужасном преступлении национальные СМИ сообщали: «Ожидаются и другие аресты по этому делу, всплыли новые обстоятельства в процессе расследования, и Парэм, лидер культа, к которому принадлежат те, кто сейчас находится в тюрьме, находится под следствием».[25] Парэм избежал ответственности в тот раз, но его имя стало синонимом смертоносного религиозного фанатизма.

В результате смерти молодой девушки в Канзасе, родители которой отказались от медицинского лечения, ища ее исцеления на служении Парэма, пятидесятнический евангелист был вынужден покинуть Канзас и отправиться в Техас.[26] Именно там он встретил Уильяма Дж. Сеймура, тридцати пяти летнего афроамериканца, который после принятия учения Парэма о Святом Духе и даре языков впоследствии воспламенил искру возрождения на Азуза-стрит в 1906 году в Лос-Анджелесе. Но их дружбе вскоре пришел конец. Посетив Сеймура в Южной Калифорнии, Парэм не одобрил необузданное поведение прихожан во время богослужений.[27] Он пытался утвердить свое лидерство в движении возрождения, но был отвергнут.

С этого момента история Парэма стремительно движется к своему завершению. 19 июля 1907 года он был арестован в отеле в Сан-Антонио, штат Техас, по обвинению в содомии. Через четыре дня он был освобожден из-под стражи. Несмотря на заявления о своей невиновности, его оппоненты утверждали, что он подписал полное признание в обмен на освобождение.[28] Несмотря на его протесты, репутация Парэма была безвозвратно запятнана, и его влияние пошло на спад. Как говорит Р. Г. Роббинс, «скорее всего, мы так никогда и не узнаем, что же на самом деле

---

24 "Fanatics Admit Zion Murder," *Oakland Tribune*, September 22, 1907, 21–23. Online at http://www.newspaperarchive.com/oakland-tribune/1907-09-22/page-17.

25 Там же

26 Ср. Newman, *Race and the Assemblies of God Church*, 51. Ньюмен отмечает: «Смерть Нетти Смит [в 1904 году], 9-летней девочки, родители которой не стали обращаться за медицинской помощью, но вместо этого искали исцеления на собраниях апостольской веры, вызвала бурю протеста среди местного населения, после чего Парэм был вынужден переехать в Техас».

27 Иронично, что «Парэм рассматривал большую часть того, что он увидел на Азуза-стрит, как подделку и дискредитацию своего собственного опыта подобными психологическими проявлениями» (Ann Taves, *Fits, Trances, and Visions* [Princeton, NJ: Princeton University Press, 1999], 330).

28 Newman, Race and the Assemblies of God Church, 53.

произошло в ту жаркую летнюю ночь, но репутации Парэма был нанесен непоправимый ущерб несмотря на то, что впоследствии обвинения были сняты. Известие о скандале быстро разнеслось в пятидесятнических кругах, порадовало врагов Парэма и огорчило его друзей. Движение апостольской веры пошатнулось».[29]

В отчаянной попытке спасти свою репутацию Парэм решил, что ему нужно сделать что-то действительно удивительное, чтобы отвлечь внимание от недавних событий. Он начал кампанию по сбору средств для экспедиции на Святую землю: он обещал найти Ноев ковчег и потерянный ковчег завета.[30] Но поездка закончилась еще до того, как началась. Биограф Парэма, Джеймс Р. Гофф, рассказывает, что произошло: «После того, как Парэм выступил перед прессой и собрал достаточные средства, он отправился в Нью-Йорк в декабре 1908 года, чтобы сесть на борт парохода до Иерусалима. Но билет он так и не купил. В январе 1909 года Парэм вернулся домой в Канзас на деньги, которые ему одолжил друг. Со скорбью в голосе он объяснил своим последователям, что вскоре после прибытия в Нью-Йорк его ограбили, и у него даже не было возможности купить билет».[31]

Подобно большинству проповедников, связанных с движением святости в то время, Парэма привлекали учения, которые были неизвестными, новыми, экстремальными или совершенно нетрадиционными. Он был ярым сторонником условного бессмертия (идея о том, что нечестивые будут уничтожены, а не подвергнуты вечным мучениям) и временами озвучивал универсалистские идеи.[32] У него был нетрадиционный взгляд на человеческую природу, и он явно не понимал учение о рабстве

---

[29] R. G. Robbins, *Pentecostalism in America* (Santa Barbara, CA: ABC-CLIO, 2010), 36.

[30] Ср. Craig Borlase, *William Seymour – A Biography* (Lake Mary, FL: Charisma House, 2006), 180. Предлагаемая экспедиция Парэма соответствовала заявлениям, которые он сделал ранее. Как говорил Джон Ньюмен, «он утверждал, что хотел с помощью найденного им древнего еврейского документа найти ковчег завета. По словам Парэма, открытие ковчега вызвало бы массовый возврат евреев в Святую землю. Парэм считал, что англоязычные люди были потомками десяти потерянных колен Израиля, которые исчезли после ассирийского нашествия в 722 году до Р.Х. Поэтому он считал, что американцы должны поддерживать сионизм» (Newman, *Race and the Assemblies of God Church*, 51–52).

[31] Goff, Fields White unto Harvest, 146.

[32] «Его взгляды на вечную жизнь – как и мнения по другим доктринам – развивались в течение нескольких лет. В 1902 году он произнес несвязанное заявление, в котором утверждается, что большая часть человечества получит "вечную человеческую жизнь": план Божий состоял в том, чтобы вернуть большей части человечества то, что оно потеряло в результате грехопадения Адама, поэтому неосвященные и многие язычники получат вечную человеческую жизнь. Традиционное христианство отправило бы всю эту компанию гореть в вечном и жутком аду; но наш Бог – Бог любви и справедливости, и пламя достигнет только тех, кто полностью проклят». Edith Waldvogel Blumhofer, *Restoring the Faith: The Assemblies of God, Pentecostalism, and American Culture* (Champaign, IL: University of Illinois, 1998), 45.

греха. Он, казалось, верил, что грешники могут искупить себя с помощью собственных усилий и Божьей помощи, и, по-видимому, считал благодать чем-то, что Бог задолжал человечеству. Он учил, что освящение гарантирует физическое исцеление, следовательно, обращаться за помощью к врачам при любом заболевании будет проявлением неверия.[33]

Парэм также выступал за англо-израильский язык[34] и учил, что западные европейские народы (особенно англосаксы) произошли от десяти колен Израиля после того, как были рассеяны в ассирийском плену, и поэтому белые европейцы – истинные потомки «избранного народа». Такой взгляд, естественно, ведет к расовому фанатизму.[35] Со временем Чарльз Парэм все более открыто выступал как сторонник расовой сегрегации. Однажды он утверждал, что причина, по которой Бог навел на мир потоп, были межрасовые браки. Проповедь, озаглавленная «Творение и формирование», была опубликована в издании «Хьюстон дэйли пост» 13 августа 1905 года. Парэм в ней говорит: «Так началась скорбная история смешанных расовых браков, что стало причиной наказания потопом, после последовали язвы и другие неизлечимые болезни, поражавшие до третьего и четвертого рода отпрысков таких браков. Если Господь продлит время и смешанные браки продолжат заключаться между белыми, чернокожими и краснокожими, чахотка и другие болезни вскоре уничтожат смешанную кровь с лица земли».[36]

После посещения Азуза-стрит в 1906 году и неприятия ее эмоциональных крайностей Парэм выступил против этого движения. Но эта его вражда еще больше выдала в нем националистического расиста. «Прибегая к грубым расовых оскорблениям, Парэм осудил белых женщин, которые общались с черными мужчинами на богослужении в миссии Азуза, и выразил сожаление по поводу того, что белые и черные мужчины и женщины вставали на колени и падали друг на друга. Такая "глупость", по его словам, сопровождала служение Азузы повсюду».[37] К концу своей жизни Парэм открыто поддержал Ку-клукс-клан, публично одобрив его организацию в 1927 году. Говоря о расистских взглядах Парэма, Фредерик Харрис отмечает, что «пятидесятнический основоположник Чарльз Парэм, симпатизировавший Ку-клукс-клану, расово чистым ученикам в своей библейской школе в Топике проповедовал против смешения рас и считал, что англосаксы являются высшей расой».[38]

---

[33] Там же, 46.

[34] Там же, 47.

[35] Сегодня англо-израильское движение агрессивно продвигается движением «Христианская идентичность», квазирелигиозной философией, подчеркивающей превосходство белой расы.

[36] Houston Daily Post, August 13, 1905. Cited in Borlase, *William Seymour – A Biography*, 74–75.

[37] Grant Wacker, *Heaven Below* (Cambridge, MA: Harvard University Press, 2003), 232.

38 Frederick Harris, The Price of the Ticket (New York: Oxford University Press, 2012), 89. Грант Вакер подчеркивает это: «В конце концов, Парэм чувствовал себя неловко рядом

Неудивительно, что скандалы шли по пятам Парэма. Многие пятидесятники вскоре начали дистанцироваться от своего основателя. «Финансовая недобросовестность, эксцентричные доктрины и расистские настроения Парэма сделали его соблазном и преткновением для растущего пятидесятнического движения в первые десятилетия двадцатого века».[39] Но как бы там ни было, современные пятидесятники (и все харизматы) считают Чарльза Парэма богословским архитектором своего движения.[40] Как говорит Энтони Тисельтон: «Чарльз Парэм широко признан основателем классического пятидесятничества... Парэм сформулировал классические четыре признака пятидесятнического богословия и опыта – спасение, крещение Святым Духом, исцеление и ожидание Второго пришествия Христа».[41]

Все это ставит под сомнение современное пятидесятническое движение, учитывая сомнительную природу его зарождения: противоречивые свидетельства участников, бессмысленные «языки», постыдное поведение основателя движения. Более того, пятидесятничество родилось на искаженной сотериологии движения святости девятнадцатого века, частью которого были Чарльз Парэм и Уильям Сеймур.[42] Несмотря на такие отрывки, как 1Ин. 1:8-10, богословие святости ошибочно учит, что верующие могут испытать «второе благословение» через некоторое время после обращения, и в этот момент они достигнут состояния «христианского совершенства» в этой жизни.[43] Некоторые лидеры движения святости девятнадцатого века также учили о «третьем благословении», которое

с афроамериканцами, как и они с ним» (Wacker, *Heaven Below*, 232).

[39] Hayford and Moore, *Charismatic Century*, 46.

[40] Там же Авторы пишут: «Первоначальное свидетельство... хотя и не принято в абсолютно всех пятидесятнических деноминациях, стало характерной чертой нового движения, появившегося в первом десятилетии двадцатого века. Парэм был его архитектором».

[41] Anthony C. Thiselton, *The Hermeneutics of Doctrine* (Grand Rapids: Eerdmans, 2007), 438. Некоторые пятидесятники утверждают: хотя Парэм был «богословским основателем движения», Сеймур заслуживает равного признания как популяризатор движения (ср. Hayford and Moore, *Charismatic Century*, chap. 3). Следует, однако, отметить, что Парэм был учителем и духовным наставником Сеймура; и именно Парэм задал доктринальные рамки для возрождения на Азуза-стрит. Как отмечает Майкл Бергундер: «Чарльз Парэм создал тройную богословскую формулу, которая использовалась на Азуза-стрит: 1) говорение на языках как свидетельство крещения Святым Духом, 2) исполненные Духом верующие как "запечатленная" невеста Христа и 3) ксеноглоссия как способ драматического возрождения в последние дни» (Bergunder, "Constructing Indian Pentecostalism," 181).

[42] Больше о близких связях между движением святости девятнадцатого века и пятидесятничеством см. в Donald W. Dayton, "Methodism and Pentecostalism," in *The Oxford Handbook of Methodist Studies* (New York: Oxford University Press, 2009), 184–86.

[43] Роджер Э. Олсон отмечает: «Христиане движения святости верят, что любой истинно верующий в Иисуса Христа может испытать полное очищение от первородного греха и от "плотской природы" (греховной, падшей человеческой природы), которая "сопротивляется Духу"; этот опыт известен как "полное освящение", "искоренение греховной природы" и "христианское совершенство"» (Roger E. Olson, *The Westminster Handbook to Evangelical Theology* [Louisville, KY: Westminster John Knox, 2004], 79).

отождествляли с «крещением Святым Духом» и которое впоследствии пятидесятники связали с говорением на языках.[44]

Но вот в чем смысл всей этой истории: *если Святой Дух намеревался повторить день Пятидесятницы, то сделал бы Он это таким образом?* Даже беглое сравнение между тем, что произошло в Деян. 2, и тем, что произошло девятнадцать веков спустя в Топике, штат Канзас, демонстрирует явные отличия между этими двумя событиями. День Пятидесятницы не возник на почве искаженной сотериологии и не привел к противоречивым свидетельствам очевидцев. Апостольский дар языков не был какой-то формой иррациональной вокализации. Напротив, апостолы чудесным образом заговорили на настоящих иностранных языках, которые они никогда не изучали (Деян. 2:9-12). Более того, сила Духа проявлялась не только в их пылкой проповеди, но также была очевидна в их благочестивом характере, так как Дух продолжал освящать их в течение всей своей жизни.

«Новая Пятидесятница» харизматического движения не имеет ничего общего с подлинной Пятидесятницей. Она вышла из искаженной сотериологии движения святости; она характеризуется несогласованными показаниями очевидцев; она породила ложный религиозный опыт; и она была основана недобросовестным духовным лидером. Такие обстоятельства ставят под сомнение ее подлинность.

ПОДХОД «НОВОГО МЫШЛЕНИЯ»?

Примерно в то же время, когда Чарльз Парэм вдохновлял своих студентов просить о ниспослании языков как знаке крещения Духа, другой американский служитель поощрял своих последователей к позитивному исповеданию для воплощения своих желаний в жизнь.

«Что я исповедую, тем и обладаю».[45] Этот лозунг, популяризированный последующими проповедниками «Слова веры», принадлежит Эссеку

---

[44] Как пишет Винсон Синан: «В своей книге "Пятидесятница", вышедшей в 1891 году, Хорнер учил, что крещение Святым Духом было на самом деле "третьим благословением" благодати после спасения и освящения, которое помогает верующему служить. Этот взгляд был предложен и развит в его двухтомнике "Библейские доктрины", который вышел в свет в 1909 году. Также на встречах Хорнера были такие "физические проявления", как "изнеможение", "экстаз" и "спонтанный смех", что привело к тому, что он был исключен из Методистской церкви. Самое далеко идущее последствие учения Хорнера в том, что он разделил во времени и целях опыт освящения второго благословения и "третьего благословения", "крещения Святым Духом", богословское различие, которое стало решающим для пятидесятничества» (Synan, *The Holiness-Pentecostal Tradition*, 50).

[45] E. W. Kenyon, cited in Simon Coleman, *The Globalisation of Charismatic Christianity* (Cambridge: Cambridge University Press, 2000), 45.

Уильяму Кеньону – баптистскому пастору (1867–1948). Хотя он воспитывался в методистской семье, Кеньон стал баптистом благодаря влиянию популярного евангелиста А. Дж. Гордона. Также он попал под влияние метафизических культов девятнадцатого века, откуда взял многое для своего учения.

В 1892 году он посетил Колледж Эмерсон в Бостоне, который специализировался на подготовке учителей метафизических культов (в частности, метафизики «Нового мышления»).[46] «Новое мышление» зародилось поколением раньше благодаря учениям Финеаса П. Куимби, философа, гипнотизера и целителя, который учил, что материальным миром можно манипулировать и управлять с помощью умственных и духовных средств. В учении «Нового мышления» подчеркивались следующие постулаты: в мире существует более высокий разум или божественная сила; люди обладают божественной природой и могут с помощью разума менять физическую реальность; благодаря правильному мышлению люди могут освободиться от болезней и бедности.[47] Идеи Куимби популяризировались его последователями, в том числе Мэри Бейкер Эдди, которая включила учение «Нового мышления» в свой культ «Христианская наука».

Закончив Колледж Эмерсон, Кеньон начал пасторское служение в нескольких баптистских церквях. В 1898 году он основал Библейский институт Вефиль в Спенсере, штат Массачусетс. Он занимал пост президента института до 1923 года, после чего подал в отставку «на фоне споров, которые никогда не были обнародованы».[48] Оставив Массачусетс, он переехал на запад и прожил несколько лет в Южной Калифорнии, прежде чем переехать в Сиэтл, штат Вашингтон, в начале 1930-х годов. Там он основал баптистскую Церковь Нового Завета, Библейский институт в Сиэтле и вещал свое учение через радиопрограмму «Кеньонская радио-церковь». Он не был пятидесятником, но «в свои поздние годы он посещал собрания пятидесятников и был приглашен выступить в знаменитом храме Ангелюс в Лос-Анджелесе. Хотя он умер сразу после Второй мировой войны, многие из выдающихся лидеров возрождения послевоенных лет

---

[46] Дэвид Джонс и Рассел С. Вудбридж объясняют влияние этой школы на мировоззрение Кеньона: «Чарльз Эмерсон, президент школы, был служителем унитарных и универсалистских церквей в Новой Англии, а затем стал учителем "Христианской науки"... [Также], Ральф Уолдо Трине, евангелист "Нового мышления", был однокурсником Кеньона в школе Эмерсон. Хотя неизвестно, как долго Кеньон находился под опекой и руководством Эмерсона, но, как показывает его позднее учение, он хорошо был знаком с основными принципами "Нового мышления"» (Jones and Woodbridge, *Health, Wealth, and Happiness*, 51).

[47] Ср. Dennis Hollinger, "Enjoying God Forever," *The Gospel and Contemporary Perspectives*, vol. 2, ed. Douglas J. Moo (Grand Rapids: Kregel, 1997), 22.

[48] Там же

явно находились под его влиянием, цитируя его работы».[49] Проследите доктринальную родословную любого учителя «Слова веры», и вы неизбежно придете к Кеньону.

Учение Кеньона – это ужасное заблуждение по нескольким причинам. В своих проповедях и лекциях он смешивал основные идеи философии «Нового мышления» с христианским богословием, утверждая, что люди могут изменить обстоятельства своей жизни, просто сделав «положительное исповедание слова Божьего».[50] Например, чтобы исцелиться, верующим достаточно просто исповедать, что они уже исцелены. Как говорил Кеньон, «исповедь всегда предшествует исцелению. Не следите за симптомами, взирайте на Слово и не сомневайтесь в силе вашего исповедания. Не слушайте людей… К вам обращается Бог. Вы исцелены. Слово говорит вам. Не доверяйте своим чувствам. Дайте возможность слову действовать».[51] Только те, кто произносит *положительное* исповедание, могут ожидать положительных результатов. И, наоборот, те, кто выражают пессимизм в своих словах, обречены на провал.

Кеньон учил: «Вы редко подниметесь выше своих слов. Если вы говорите о болезни, вы и будете болеть. Если вы говорите о слабости и неудаче, это вас и ждет. Если вы твердите себе: "Я не могу работать" или "Я не могу этого сделать", ваши слова будут менять все, включая способности вашего организма. Почему так? Да потому что вы прежде всего – духовное существо, а не физическое. В сути своей вы – дух, и дух впитывает ваши слова, как промокашка чернило».[52] Подчеркивая творческую силу слов и представление о духовной, а не физической природе болезни, Кеньон заложил основание для основной предпосылки последующего богословия «Слова веры».[53]

Взгляды Кеньона заложили основу для постулата «Слова веры» о материальном благополучии. Для него Евангелие – это не только надежда на будущую награду на небесах, но и обетование материального благословения на земле здесь и сейчас. Он писал: «Ценность христианства – это то, что мы получаем от него. *Мы христиане, потому что мы можем получить что-то уже в этой жизни*, и мы также претендуем на место в грядущем мире… Мы также *требуем*, чтобы Бог, которому мы служим и поклоняемся, услышал наши просьбы, защитил от опасности, утешил в горе».[54] По словам

---

[49] Coleman, The Globalisation of Charismatic Christianity, 45.

[50] Ср. Allan Anderson, "Pentecostalism," in *Global Dictionary of Theology*, eds. William A. Dyrness and Veli-Matti Karkkainen (Downers Grove, IL: InterVarsity, 2008), 645.

[51] E. W. Kenyon, *Jesus the Healer* (Seattle: Kenyon's Gospel Publishing Society, 1943), 26. Cited in Jones and Woodbridge, *Health, Wealth, and Happiness*, 52.

[52] E. W. Kenyon, cited in Dale H. Simmons, *E. W. Kenyon and the Postbellum Pursuit of Peace, Power, and Plenty* (Lanham, MD: Scarecrow, 1997), 172.

[53] Кеньон однажды заявил: «Не имеет значения, какие симптомы вы испытываете. Я смеюсь над ними и во имя Иисуса приказываю создателю болезни покинуть мое тело» (cited in Hollinger, "Enjoying God Forever," 23).

[54] E. W. Kenyon, cited in Simmons, *E. W. Kenyon*, 235; курсив мой.

Кеньона, «Бог никогда не хотел видеть нас нищими, будь то в физическом, умственном или духовном отношениях». Он поставил Израиль главой других народов в экономическом плане. Когда мы в союзе с Ним, когда мы изучаем Его способы ведения бизнеса, мы не можем быть неудачниками... Он откроет перед вами возможности процветать в этой жизни».[55] Неудивительно, если такие заявления покажутся вам очень похожими на современную чушь, провозглашаемую проповедниками процветания и знаменитыми телеевангелистами. Корни этой чуши берут начало именно в учении Кеньона.

Его экстравагантные идеи вскоре проникли в харизматическое движение, где и породили движение «Слово веры». Как отмечает Деннис Холлингер, «различные пятидесятнические ривайвелисты1940-х и 1950-х годов читали работы Кеньона и время от времени цитировали его».[56] Целители верой, такие как Уильям Бранхам и Орал Робертс, заложили основу, на которой евангелие процветания могло быть принято в харизматических кругах.[57] Однако именно Кеннет Хейгин, широко известный как отец движения «Слово веры», популяризировал учение Кеньона – не чуждаясь даже плагиата, заимствуя целые разделы работ Кеньона для своих собственных книг.[58] Последующие проповедники процветания – от Кеннета Коупленда до Бенни Хинна и Крэфло Доллара – по сути были учениками Хейгина. И, как мы видели в предыдущей главе, евангелие процветания стало *доминирующей силой* в современных пятидесятнических и харизматических кругах.

Как личность и поведение Чарльза Парэма бросают тень на зарождение пятидесятнического движения, так и принципы «Нового мышления», привнесенные У. Кеньоном, подрывают основы движения «Слово веры» и евангелия процветания. Первоначальный опыт Парэма оказался подделкой, потому что он на самом деле ожидал, что заговорит на настоящих иностранных языках. Кеньон интегрировал метафизическую философию в свои проповеди, поэтому его богословие, по сути, было оккультным. Учители «Слова веры», которые следуют по стопам Кеньона, обязаны своим учением таким людям, как Финеас Куимби, следовательно, их богословие принадлежит к той же семье, что и метафизика «Христианской науки», теософия, месмеризм, сведенборгианство и «Новое мышление». Таким образом, евангелие процветания – это смесь неогностического дуализма, мистицизма Нью Эйдж и откровенного материализма. Это «пагубная ересь» (2Пет. 2:1), которая сулит здоровье и богатство, но оставляет своих жертв морально обездоленными и духовно обанкротившимися.

---

[55] Там же, 246.

[56] Hollinger, "Enjoying God Forever," 23.

[57] Ср. Anderson, "Pentecostalism," 645. Аллен Андерсон отмечает: «Развитию движения способствовали учения евангелистов-целителей, таких как Уильям Бранхам и Орал Робертс».

[58] Ср. D. R. McConnell, *A Different Gospel* (Peabody, MA: Hendrickson, 1988), 8–12.

Почему мы уделили столько времени обсуждению учения и жизни Чарльза Парэма и Э. У. Кеньона? Ответ прост. Эти двое несут ответственность за богословское основание, на котором построена вся харизматическая система. Они – исторические корни этого движения. Как основатель и богословский архитектор пятидесятников, Парэм сформулировал принципы, ставшие основой современного харизматического движения; таким образом, его ошибки и провалы ставят под сомнение основу всей системы. Будучи прародителем движения «Слово веры», Кеньон внес доктринальный яд в учения последующих проповедников евангелия процветания. Его связь с метафизическими культами определила суть евангелия процветания, этой приукрашенной дьявольщины, которую несут в своей вести популярные телеевангелисты сегодня.

НОВОЕ ПРОБУЖДЕНИЕ?

Несмотря на свои сомнительные истоки, современное харизматическое движение стало серьезным движением, которое невозможно игнорировать. Его беспрецедентный рост заставил некоторых наблюдателей назвать его «новой реформацией». По словам одного ученого, «христианство переживает реформацию, которая станет еще более основательной и более всеохватывающей, чем та, которая потрясла Европу в шестнадцатом веке. ...Настоящая реформация включает более радикальный пересмотр основополагающих учений, чем реформация шестнадцатого века, и ее последствия будут более фундаментальными и далеко идущими».[59] Другой автор также восклицает: «Мы наблюдаем сейчас одно из самых драматических изменений в христианстве со времен Реформации. Христианство пришло в движение, происходят кардинальные изменения, меняющие его лицо».[60]

Современное харизматическое движение некоторые обозначили скромнее – новым великим пробуждением. Как пишет Винсон Синан: «Некоторые историки говорят о возрождении на Азуза-стрит в 1906–1909 гг. как о "четвертом великом пробуждении." Появилось более миллиона собраний пятидесятников во всем мире в результате этого исторического

---

[59] Harvey Cox, "Foreword" in *Global Pentecostal and Charismatic Healing*, by Candy Gunther Brown (Oxford: Oxford University Press, 2011), xviii.

[60] Timothy C. Tennent, *Theology in the Context of World Christianity* (Grand Rapids: Zondervan, 2007), 2. Аллен Андерсон писал о движении в Африке: «Африканское пятидесятничество можно назвать "африканской реформацией" двадцатого века, которая коренным образом изменила характер всего африканского христианства, в том числе церкви, которые родились в результате "прежней" миссии» (*An Introduction to Pentecostalism* [Cambridge: Cambridge University Press, 2004], 104).

пробуждения. Кроме того, на фоне этого пробуждения возникло движение харизматического обновления; оно началось в 1960 году и продолжилось как движение "обновления Святого Духа" как в протестантских, так и в католических церквях во всех частях мира».[61] Нередко харизматы связывают свое движение с великим пробуждением в восемнадцатом веке.[62] Частично это связано с популярностью пробуждения в Новой Англии, которое произошло в конце 1730-х и начале 1740-х годов благодаря влиянию известных проповедников и богословов, таких как Джордж Уитфилд и Джонатан Эдвардс.

Схожесть обнаруживается и в эмоциональных вспышках, которыми сопровождались встречи пробуждения восемнадцатого века.[63] Во время Великого пробуждения «люди плакали, каясь в грехах, кричали от радости, получив прощение, а некоторые от избытка чувств падали в обморок».[64] В некоторых случаях вспышки были еще более радикальными. Как пишет Дуглас Якобсен, «во время великого пробуждения, которое происходило в колониальной Америке, люди иногда сотрясались от судорог, рычали и издавали пронзительные крики, подобно животным, или впадали в состояния, подобные трансу... Такие способы выражения духовной борьбы и освобождения не были изобретены пятидесятниками; духовная эмоциональность – это часть более длинной истории ревайвелизма».[65]

Конечно, многие пуритане Новой Англии скептически относились к Великому пробуждению из-за излишней эмоциональности, которая сопровождала его. Среди них был пастор из Бостона Чарльз Чонси, который жаловался, что «религия в последнее время больше возбуждает эмоции, нежели преображает ум».[66] В своей проповеди «Настораживающая

---

[61] Vinson Synan, An Eyewitness Remembers the Century of the Holy Spirit (Grand Rapids: Chosen, 2010), 157.

[62] Как отмечает Робин Леброн: «Пионеры пятидесятников жаждали подлинного христианства, они оборачивались назад, к предыдущим духовным пробуждениям, таким как Первое великое пробуждение (1730–1740 гг.) и Второе великое пробуждение (1800–1830 гг.), чтобы вдохновляться и наставляться ими» (Robyn E. Lebron, Searching for Spiritual Unity [Bloomington, IN: Crossbooks, 2012], 27).

[63] Рассел Шаррок писал: «Хотя самое сильное богословское влияние на движение пятидесятников оказал методизм, в плане методологии – это был ревайвелизм (в частности, американский). Американский предшественник и современник методизма, Великое пробуждение и его уникальное дитя – Фронтир ревайвелизм, резко изменили американское понимание, использование и применение христианской веры. ...Особый вклад ревайвелизма в американскую религию и далее на пятидесятничество заключается в индивидуализации и эмоционализации христианской веры» (Russel Sharrock, Spiritual Warfare [Morrisville, NC: Lulu Enterprises, 2007], 115).

[64] Justo L. Gonzalez, The Story of Christianity, vol. 2 (Grand Rapids: Zondervan, 2010), 289.

[65] Douglas Gordon Jacobsen, introduction to A Reader in Pentecostal Theology (Bloomington, IN: Indiana University Press), 6.

[66] Charles Chauncy, cited in Michael J. McClymond, "Theology of Revival" in The Encyclopedia of Christianity, vol. 5, ed. Erwin Fahlbusch (Grand Rapids: Eerdmans, 2008), 437.

восторженность» в 1742 году Чонси выступил против Великого пробуждения, утверждая, что оно изменило истинную духовность на безудержную зрелищность. В своей более поздней книге «Осмысленное мнение о религиозном состоянии в Новой Англии» он повторил те же мысли, осудив то, что он считал религиозными излишествами, имевшим место на встречах ревайвелистов.

Джонатан Эдвардс, ярый сторонник Великого пробуждения, хорошо знал о вопросах, затронутых Чарльзом Чонси и другими «уважаемыми светилами» пуритан. В июле 1741 года, когда Эдвардс произнес свою самую известную проповедь «Грешники в руках разгневанного Бога», реакция толпы была настолько безудержной, что он даже не смог её закончить. Как сообщает Джордж Марсден: «Шум усиливался, слушатели вопили, стонали, постоянно выкрикивали: "Что мне делать, чтобы спастись? О, я пойду в ад. О, что я могу сделать для Христа?"»[67]

За несколько дней до этого Эдвардс проповедовал на собрании в Суффилде, штат Коннектикут. Реакция слушателей была такой же эмоциональной. «Посетитель, пришедший в конце проповеди, говорил, что вопли, стоны, словно женщин в родовых схватках, и крики людей, сокрушавшихся по поводу состояния своих душ, были слышны за четверть мили до места собрания. Некоторые теряли сознание или были в состоянии оцепенения; тела других тряслись в судорогах. Эдвардс и другие служители молились со многими обезумевшими посетителями, радовались и восхищались делами Божьими, все восхваляли Господа Иисуса Христа и призывали других прийти к Искупителю».[68]

Защищая великое пробуждение, Эдвардс признавал проблемы с эмоциональными излишествами. Он сделал это заявление в конце лета 1741 года на церемонии вручения дипломов в своей альма-матер, Йельском колледже.[69] В своем обращении, которое позднее было опубликовано под названием «Отличительные признаки работы Духа Божьего», Эдвардс сказал, что возрождение не может определяться эмоциональными реакциями:

> Эдвардс доказывал с присущей ему ясностью и логикой, что яркие эмоциональные проявления, такие как «слезы, дрожь, стоны, громкие крики, агония тела или оцепенение», никоим образом не доказывают подлинность пробуждения. Он не думал, что настало время чудесных даров Святого Духа, поэтому он отрицал (в отличие от как некоторых радикалов своего времени, так и более поздних пятидесятников), что экстатические проявления были надежным свидетельством истинного излития Святого Духа. Он настаивал на том, что эмоциональные всплески никак не могут свидетельствовать за или против присутствия Святого Духа... Подлинная работа Духа Божьего не подтверждается и не опровергается такими драматическими проявлениями.

---

[67] George Marsden, *A Short Life of Jonathan Edwards* (Grand Rapids: Eerdmans, 2008), 68.

[68] Там же, 65–66.

[69] Ср. Philip F. Gura, *Jonathan Edwards: America's Evangelical* (New York: Hill and Wang, 2005), 119–20.

Скорее, признаки работы Духа можно увидеть в измененных жизнях людей, которые живут по Евангелию и проявляют добродетели характерные для истинного христианского образа жизни.[70]

Найдя «отличительные признаки» в Первом послании Иоанна, Эдвардс утверждал, что истинную работу Святого Духа можно измерить только библейскими критериями. Эмоциональный опыт может быть сильным, однако он не может быть доказательством деятельности Божьей.[71] В конце концов, Эдвардс признал, что «восторженностью часто сопровождаются даже проповедь ложных учений. И сатана может подделать истинные пробуждения».[72]

Поскольку Эдвардс сформулировал подлинные признаки работы Духа, он также обозначил «отрицательные признаки» и ложноположительные – которые *могли бы* сопровождать истинную работу Бога, но также могли быть сфабрикованы лицемерами.[73] Эдвардс разместил эмоциональные вспышки и физические проявления во время проповеди в эту неопределенную категорию: сами по себе такие явления не доказывают и не опровергают возрождение.[74]

Как же тогда отличить истинное возрождение от ложного? Другими словами, что отличает истинную работу Духа от подделки? Эдвардс предложил «испытывать духов». Заимствуя эту фразу из 1Ин. 4:1, пуританский богослов извлек пять принципов из четвертой главы Послания Иоанна и таким образом выработал четкие библейские критерии, которые могут быть применены к любому предполагаемому делу Бога.[75]

---

[70] Marsden, A Short Life of Jonathan Edwards, 70–71.

[71] Например, апостол Павел отмечает в 2Кор. 7:10, что печаль может быть от Бога (приводящая к покаянию), а может быть мирской (приводящей к смерти).

[72] Marsden, A Short Life of Jonathan Edwards, 71.

[73] Douglas Sweeney, *Jonathan Edwards* (Downers Grove, IL: InterVarsity, 2009), 120–21. Суини отмечает, что Эдвардс продолжал эту тему в «потоке публикаций о возрождении: *Distinguishing Marks of a Work of the Spirit of God* (1741), *Some Thoughts Concerning the Present Revival of Religion in New England* (1743), *Religious Affections* (1746), and *True Grace, Distinguished from the Experience of Devils* (1753) – которые вместе взятые представляют собой важный материал в христианской традиции о понимании подлинной работы Святого Духа».

[74] Эдвардс также отметил, что эмоциональные реакции не могут служить доказательством опыта обращения. Истинное возрождение чаще приносит долгосрочные плоды – видимые изменения в поведении и образе жизни тех, кто испытал в своей жизни работу Духа. В своей книге «Религиозные чувства» Эдвардс писал: «христианская жизнь – это величайший признак из всех признаков, то есть это великое свидетельство, которое подтверждает и увенчивает все другие признаки благочестия. Ничто так не свидетельствует о благодати Духа Божьего, как христианская жизнь» (Jonathan Edwards, *Religious Affections* [New Haven: Yale, 1959], 444).

[75] Как отмечает Дуглас А. Суини, «бремя Эдвардса в течение большей части его служения возрождения заключалось в том, чтобы помочь другим увидеть присутствие Духа в их жизни – испытывать духов, отличая Дух Божий от подделок» (Sweeney, *Jonathan Edwards*, 120).

Таким образом, Эдвардс оценивал религиозные переживания через призму Писания, применяя библейские принципы к самым большим религиозным спорам своего времени. Его подход будет весьма полезен и для нас. Как говорят Р. С. Спраул и Арчи Пэрриш:

Когда мы наблюдаем признаки духовного пробуждения, в первую очередь мы должны задаться вопросом его подлинности. Является ли возрождение настоящим или это просто вспышка поверхностных эмоций? Должно ли за эмоциональной восторженностью стоять что-то большее, или уже сам по себе энтузиазм говорит о великой работе Бога? Относительно каждого пробуждения на протяжении истории Церкви нет полной ясности. Золото всегда имеет примесь. У каждого пробуждения есть свои подделки; искажения, как правило, порождают вопросы об истинном.

Эта проблема, безусловно, имела место и в Великом пробуждении восемнадцатого века в Новой Англии, где Джонатан Эдвардс был ключевой фигурой. Его «Отличительные признаки» хорошо показывают характер этого пробуждения, отмечая как его содержание, так и крайности. Но исследование этого вопроса пуританским служителем = более важно, чем применение его к этому единичному случаю. Эдвардс предлагает нам библейские критерии, которые помогут оценить все подобные пробуждения, поэтому его работа обладает неизменной ценностью для нас сегодня.[76]

В дни Джонатана Эдвардса американские христиане задавались вопросом, является ли Великое пробуждение истинной работой Святого Духа. Эдвардс ответил: «исследуйте Писание, чтобы выяснить это». Он выразил свою цель следующим образом: «Во времена апостолов произошло величайшее излитие Духа Божьего, которое когда-либо происходило. Но поскольку работа истинного Духа преуспевала, стали преуспевать и подделывающие его. Дьявол любит подделывать как обычные, так и необычные проявления Духа Божьего. Это поставило Церковь Христа перед необходимостью иметь ясные и четкие критерии, благодаря которым она смогла бы отделять истину от лжи. Самый простой способ представлен в 1Ин. 4, где этот вопрос рассматривается наиболее полно и прямо во всей Библии. В наши дни, когда столько разговоров о работе Духа, мы должны тщательно применять эти принципы».[77]

Точно так же многие верующие сегодня задаются вопросом, представляет ли современное харизматическое движение истинную работу Святого Духа. Как мы видели в этой главе, исторические корни движения оставляют желать лучшего. Но как насчет его плода (см. Мф. 7:15-20)?

---

[76] Ср. R. C. Sproul and Archie Parrish, introduction to *The Spirit of Revival: Discovering the Wisdom of Jonathan Edwards* (Wheaton, IL: Crossway, 2008).

[77] Jonathan Edwards, "The Distinguishing Marks of a Work of the Spirit of God." Эта выдержка из сокращенной и адаптированной версии для современного читателя: Appendix 2 of John MacArthur, *Reckless Faith* (Wheaton, IL: Crossway, 1994), 219.

Джонатан Эдвардс исследовал Слово Божье, чтобы понять это. Поскольку богодухновенное Писание - вневременно, мы можем использовать те же библейские истины, чтобы оценить современное харизматическое движение. В следующих главах мы будет применять критерии Эдвардса, взятые из 1Ин. 4. Эти принципы Слова Божьего помогут нам ответить на вопрос: *представляет ли собой современное харизматическое движение подлинную работу Святого Духа?*

3

ИСПЫТАНИЕ ДУХОВ (ЧАСТЬ I)

В Новом Завете очень много суровых предостережений о лжеучителях и призывов проявлять духовную проницательность. В Нагорной проповеди наш Господь предупредил Своих слушателей: «Берегитесь лжепророков, которые приходят к вам в овечьей одежде, но внутри суть волки хищные» (Мф. 7:15). Апостол Павел повторил эти слова в своем обращении к ефесским старейшинам: «Ибо я знаю, что, по отшествии моем, войдут к вам лютые волки, не щадящие стада; и из вас самих восстанут люди, которые будут говорить превратно, дабы увлечь учеников за собою» (Деян. 20:29-30). Петр также наставлял своих читателей остерегаться «лжеучителей, которые введут пагубные ереси» и внесут заблуждения в церковь (2Пет. 2:1).

Лжеучители с самого начала представляли серьезную угрозу для здоровья и единства Церкви. Мы склонны думать о ранней Церкви как о чистой и незапятнанной, но ересь стала наводнять Церковь на самых ранних этапах. Угроза лжеучений была постоянной темой в апостольском учении. Иисус учил верующих бодрствовать, испытывая любую духовную весть или вестника, который утверждал, что говорит от имени Бога. Говоря о лжепророках, Иисус наставлял: «Вы узнаете их по плодам» (Мф. 7:16). Второе Послание Петра и Послание Иуды описывают эти плоды: любовь к деньгам, сексуальная распущенность, высокомерие, лицемерие и ложное учение.

говоря об испытания слов, которые предположительно были пророческими, Павел наставлял верующих Фессалоник: «Все испытывайте, хорошего держитесь. Удерживайтесь от всякого рода зла» (1Фес. 5:21-22). Причудливые учения, показушность и новые откровения от Бога (все это общие характеристики харизматического движения) – это явные признаки лжеучителя. Заявление о новом учении от Бога – неизменная составляющая успеха любого еретика. Таким образом, крайне важно, чтобы верующие умели с помощью Библии разоблачить подобную ложь. Когда христиане не способны отличить истину от лжи, они демонстрируют собственную незрелость – позволяя другим манипулировать собой как младенцами «колеблющимися и увлекающимися всяким ветром учения, по лукавству человеков, по хитрому искусству обольщения...» (Еф. 4:14).

Апостол Иоанн написал свое Первое послание через приблизительно полвека после того, как Иисус произнес Нагорную проповедь и через несколько десятилетий после написания Павлом посланий. Но с тех пор ничего не изменилось. Ложные учители все еще представляли серьезную угрозу для Церкви. Поэтому Иоанн призвал своих читателей познавать и любить истину, предупреждая остерегаться обманчивых и пагубных учений лжепророков.

В 1Ин. 4:1-8 апостол предложил стратегию, с помощью которой верующие могут отличить истинную работу Духа от деятельности лжепророков. Хотя это наставление было написано в первом веке, принципы в этих стихах – вневременные. Они особенно уместны сейчас, когда так называемые христианские служители и религиозные масс-медиа смешивают истину с заблуждениями всех мастей и выдают ее за Слово Божье.

Глава начинается такими словами: «Возлюбленные! не всякому духу верьте, но испытывайте духов, от Бога ли они, потому что много лжепророков появилось в мире» (1Ин. 4:1). Греческое слово, которое здесь переведено как «испытывайте», в древние времена обозначало металлургический процесс анализа металла для определения его чистоты и ценности. Драгоценные металлы испытывались в тигле или печи (Притч. 17:3): их нагревали до высокой температуры, чтобы отделить бесполезные примеси от драгоценного металла. Таким же образом и верующие постоянно «испытывают духов» – проверяя служителей, их послания и принципы, лежащие в основе их учений, чтобы различить то, что действительно ценно, и отделить ложь.

В стихах со второго по восьмой Иоанн останавливается подробнее на своем предостережении, предлагая пять критериев для *испытания духов* и определения истинной природы любого учения. Прошло много веков после смерти апостола Иоанна, когда Джонатан Эдвардс исследовал этот отрывок и применил его критерии к Великому пробуждению своих дней. Как мы видели, для него популярность и эмоциональный всплеск не были доказательствами истинности американского возрождения. Он позволил Писанию испытать это духовное явление и поставить ему точный диагноз. Подобно Эдвардсу, верующие сегодня имеют только один верный стандарт, позволяющий оценить современные духовные пробуждения, в том числе притязания и практики современного харизматического движения. Только то, что проходит тщательное исследованием Писанием, может быть принято, а все остальное должно быть разоблачено и отвергнуто. Эта наиглавнейшая обязанность любого пастора и учителя, а также ответственность каждого истинного верующего.

Испытание духов на основании 1Ин. 4:2-8 можно сформулировать в виде пяти вопросов или критериев: (1) возвеличивает ли движение истинного Христа? (2) Противостоит ли оно обмирщению? (3) Направляет ли оно людей к Писанию? (4) Возвышает ли истину? (5) Побуждает ли любить Бога и ближнего? Эти критерии Джонатан Эдвардс применил к Великому пробуждению. В этой главе и в следующей мы рассмотрим современное харизматическое движение в свете этих критериев.

ПЕРВЫЙ КРИТЕРИЙ:
ВОЗВЕЛИЧИВАЕТ ЛИ ДВИЖЕНИЕ ИСТИННОГО ХРИСТА?

Когда Джонатан Эдвардс исследовал Первое послание Иоанна, он обнаружил главный критерий определения истины, а именно: *подлинная работа Духа возвеличивает истинного Христа* (1Ин. 4:2-3). В отличие от лжепророков, служители, которые действительно вдохновлены Святым Духом, уделяют основное внимание личности и деятельности Господа Иисуса Христа. Таким образом, в центре истинной работы Духа будет Спаситель, Чья природа и деятельность будут раскрыты в точности и полноте, Он будет возвеличен и прославлен. Ложные учители, напротив, приуменьшают Его значимость и искажают истину о Нем.

В одной из популярных ересей во дни апостола Иоанна ставилось под сомнение библейское учение о воплощении Христа, отрицалась реальность подлинной человеческой природы Иисуса. Согласно этому лжеучению, известному как докетизм (от греческого слова «казаться»), физическое тело Господа только казалось реальным. Хотя такое мнение может выглядеть странным для современного читателя, это не было таковым во времена, когда царила греческая философия с ее представлением о том, что материальная вселенная – это зло, и только духовные реалии имеют значение. Таким образом, согласно учению докетизма, у Иисуса не могло быть реального тела, в противном случае Он был бы осквернен злом.

Учение докетизма отражало греческий дуализм, однако полностью противоречило библейской истине о Христе и Его Евангелии.[1] Осознавая опасность этого лжеучения, апостол Иоанн называл его сатанинским обманом. Он писал: «Духа Божия [и духа заблуждения] узнавайте так: всякий дух, который исповедует Иисуса Христа, пришедшего во плоти, есть от Бога; а всякий дух, который не исповедует Иисуса Христа, пришедшего во плоти, не есть от Бога» (1Ин. 4:2-3). Мысль апостола предельно ясна: если кто-то проповедует ложного Иисуса (например, как в докетической ереси), этот человек – лжепророк, его служение не исходит от Бога.

На основании этого отрывка Джонатан Эдвардс сформулировал более широкий принцип: истинная работа Духа всегда и неизменно открывает людям истину о Господе Иисусе Христе. Комментируя эти стихи, Эдвардс писал: «Когда дух, который трудится среди народа, возвеличивает того Иисуса, который родился от Девы и был распят за вратами Иерусалима; утверждает нас в истине евангельской, что Он есть Сын Божий и Спаситель людей; это

---

[1] Воплощение – учение о том, что Бог Сын стал настоящим человеком, – неотъемлемая часть Евангелия. Если Иисус Христос на самом деле не стал плотью, Он не смог бы искупить грех, а Его физическая смерть была бы просто иллюзией. Он не смог бы ходатайствовать за грешников как идеальный посредник между Богом и человеком, поскольку не знал бы о тяготах человеческого существования (см. Евр. 2:17-18).

верный признак Духа Божьего».[2] А вот те служения, которые отвлекают людей от Христа, искажают истину о Его природе или стремятся лишить предлежащей Ему славы, безусловно, не направляются Святым Духом. Как далее пишет Эдвардс:

Свидетельство, достойное внимания и принятия, должно учить об Иисусе, Который явился во плоти, а не о каком-либо другом Христе; не о каком-то там мистическом или фантастическом Христе; например, о внутреннем свете, духе, которого прославляют квакеры, принижая тем самым значимость подлинного Христа, или Иисуса, пришедшего во плоти, и отвлекая внимание от Него; но подлинный Дух, дающий свидетельство, всегда направляет к воплотившемуся Христу... Дьявол ненавидит Христа и противостоит Ему, особенно он не хочет, чтобы люди видели в Нем своего Спасителя; он ненавидит лютой ненавистью учение об искуплении; он никогда не будет пробуждать в людях возвышенные мысли о Нем и таким образом пробуждать в них богобоязненность, в результате чего они будут с большим трепетом относится к Его заповедям и наставлениям.[3]

Дьявол стремится исказить и подавить истину о Господе Иисусе; он хочет любыми средствами отвлечь внимание людей от Спасителя. Истинная работа Духа делает прямо противоположное: она указывает людям на библейского Христа и подтверждает истину Его Евангелия.

Истинный Дух Божий направляет людей ко Христу

Славная миссия Святого Духа – направлять людей к Господу Иисусу Христу. Иисус говорил Своим ученикам: «Утешитель же, Дух Святой, Которого пошлет Отец во имя Мое, научит вас всему и напомнит вам все, что Я говорил вам... Он прославит Меня, потому что от Моего возьмет и возвестит вам» (Ин. 14:26; 16:14). Работа Духа всегда ведет к Спасителю. В любом истинном служении или движении будут те же приоритеты и цели.

В харизматическом движении в центре внимания находится не Христос, а карикатура на благословение и дары Святого Духа. Как говорят харизматические авторы Джек Хейфорд и Дэвид Мур: «В пятидесятнической солянке есть один важный ингредиент, который объединяет всех: *страсть, которую они испытывают к присутствию и силе Святого Духа.* Это общий знаменатель. Этот акцент на Святом Духе, третьей личности Троицы, и определяет "харизматический век"».[4] Иронично, что эти авторы отмечают несбалансированность такого

---

[2] Jonathan Edwards, "The Distinguishing Marks of a Work of the Spirit of God," *The Great Awakening* (New Haven: Yale, 1972), 249.

[3] Там же, 250.

[4] Jack W. Hayford and S. David Moore, *The Charismatic Century* (New York: Warner Faith, 2006), chap. 1. I; курсив авторов.

подхода. Заявляя, что превозносят Святого Духа, харизматы напрочь игнорируют саму цель Его служения – возвысить Господа Иисуса. Как справедливо замечает Стив Лоусон, «желание Святого Духа состоит в том, чтобы перенаправить наше внимание с Него на Иисуса Христа. Это главное служение Духа. Он направляет нас ко Христу, чтобы мы сделали Его центром своей жизни. Когда Святой Дух становится самоцелью, это означает, что мы неверно поняли Его служение».[5]

В харизматических кругах на месте Христа стоят предполагаемые духовные дары и сверхъестественные способности.[6] Послушайте любого харизмата, и у вас сложится впечатление, что работа Святого Духа состоит в том, чтобы показать Себя и привлечь внимание к собственной деятельности. По словам Кеннета Д. Джонса, бывшего пятидесятника, многие харизматические церкви скорее «Духо-центричны, чем Христо-центричны».[7] Размышляя о собственном опыте в этом движении – включая такие явления, как Иерихонский марш, говорение на языках и сокрушение в Духе – Джонс отмечает:

> В каждом случае нам навязывали этот опыт как «суверенное движение Духа» или как способ получить силу Святого Духа. Чтобы пережить этот опыт нам было приказано «уступить Духу», «освободить силу Духа в нас», «почувствовать Его присутствие и помазание, исходящее на нас», «прислушиваться к Его голосу снова и снова». В наших попытках «испытать» силу Духа Иисус был отодвинут на второй план.

---

[5] Steven J. Lawson, *Men Who Win* (Colorado Springs: NavPress, 1992), 173.

[6] См. Lee E. Snook, *What in the World Is God Doing?* (Minneapolis: Augsburg Fortress, 1999), 28. Снук писал: «На практике эти церкви часто вытесняют Сына, воплощенное Слово Божье, на второй план, делая акцент на Духе, подразумевая, что, если человек не получил Духа, как они это понимают, значит, его вера во Христа – формальная, неискренняя и вряд ли может спасти».

[7] Kenneth D. Johns, *The Pentecostal Paradigm* [Bloomington, IN: Xlibris, 2007], 23. Об этом пишет Томас Эдгар, приводя мысли Дональда У. Дейтона: «Дейтон говорит, что это больше, чем просто изменение в терминологии, поскольку когда "христианское совершенство" становится "крещением Святого Духа", происходит серьезный богословский сдвиг. Вот несколько изменений, которые он упоминает: "переход от христоцентризма к акценту на Святом Духе, который действительно очень радикален по своему характеру", "новый акцент на власти" и смещение "акцента с назначения и природы" "святой" жизни к самому событию, в результате которого она начинается» (Thomas R. Edgar, *Satisfied by the Promise of the Spirit* [Grand Rapids: Kregel, 1996], 218). По словам Дейтона, сдвиг от «христоцентричного мышления к пневматоцентричному» берет начало с Джона Флетчера, методистского преемника Джона Уэсли (Donald W. Dayton, *Theological Roots of Pentecostalism* [Peabody, MA: Hendrickson, 1987], 52). Дейтон и Фаупель продолжают: «в пятидесятничестве произошел сдвиг от христологии к пневматологии, пятидесятники говорят больше о Духе, чем о Христе» (Peter Althouse, *Spirit of the Last Days* [London: T&T Clark, 2003], 63). Ср. Karla O. Poewe, "Rethinking the Relationship of Anthropology to Science and Religion," in *Charismatic Christianity as a Global Culture* [Columbia, SC: University of South Carolina Press, 1994], 239, где отмечено, что харизматические церкви акцентируют внимание скорее на Духе Святом, чем на Христе.

Нас призывали поставить в центр своего опыта Святого Духа, а не Иисуса. Результатом такой искаженный вести стало чрезмерное внимание к эмоциональным переживаниям и преувеличение ожиданий, как будто мы могли вести сверхъестественную жизнь, в которой чудеса перевешивали бы все негативные обстоятельства. Нам обещали, что в состоянии «духовной полноты» мы получим сверхъестественную силу.[8]

Другой автор также вспоминает, как «легко было упиваться Божьей властью – стать одержимым чудесами, зациклиться на духовных дарах и упустить из виду Иисуса Христа во всем этом».[9]

Рональд Бакстер верно заметил: «К какому союзу приводит харизматическое движение? К тому, который заменяет Христа средоточием на Святом Духе».[10] Даже некоторые харизматические авторы в минуты откровений признавали, что их движение нарушает баланс своей сосредоточенностью на «опыте» с Духом.[11] Например, пионер и патриарх пятидесятнического движения Дональд Ги в конце своей жизни выразил сожаление в связи с тем, что «спустя шестьдесят пять лет (1966) пятидесятники все еще одержимы эмоциональным и зрелищным опытом и до сих пор ищут только чудес и знамений».[12] Спустя полвека эта одержимость стала еще более необузданной.

Все это ставит под сомнение основополагающую предпосылку харизматического движения: если «Святой Дух должен привлекать внимание ни к Себе, ни к людям, но целиком и полностью к Господу Иисусу Христу и

---

[8] Johns, The Pentecostal Paradigm, 23.

[9] Frank Viola, *From Eternity to Here* (Colorado Springs: David C. Cook, 2009), 295.

[10] Ronald E. Baxter, *Charismatic Gift of Tongues* (Grand Rapids: Kregel, 1981), 125–26.

[11] Харизматический автор Тимоти Симс признает: «Если мы, члены харизматической общины, хотим вернуться к взвешенной позиции и вернуть доверие других христиан, мы должны осознать одно: чрезмерная фиксация в конечном итоге приводит к заблуждению! Поэтому мы должны снова обратить внимание на искупительную работу Христа и истинное богатство, доступное благодаря Его смерти, погребению и воскресению. Только тогда мы сможем надеяться восстановить и вернуть утраченное доверие, тем самым принеся исцеление тем, кто был сбит с толку нашими ложными словами» (Timothy Sims, *In Defense of the Word of Faith* [Bloomington, IN: AuthorHouse, 2008], 131). Дж. Ли Грэйди, редактор журнала «Харизма», признает ту же проблему: «Дух не пришел, чтобы возвысить Себя; Его послали возвеличить Христа. Будем осторожны в нашем акценте на служении и дарах Святого Духа, чтобы не забыть о Том, Кого Дух послан возвысить» (J. Lee Grady, *What Happened to the Fire?* [Grand Rapids: Chosen, 1994], 172).

[12] Rick M. Nañez, *Full Gospel, Fractured Minds?* (Grand Rapids: Zondervan, 2005), 76. По словам Наньеса, Ги критиковал и другие аспекты пятидесятнического движения, такие как «формирование доктрин на основании отдельных текстов, толкование Писания в лишь основании чьего-то поверхностного мнения, ошибочные суждения о вере на основании чувств и уклонение от ответственности во имя якобы духовного водительства – со всеми этими обвинениями он выступил в свое время против движения полного Евангелия».

Божьей работе через Него»,[13] почему же тогда *это самопровозглашенное движение Духа* не отличается этим?[14] Харизматы хотят акцентировать внимание на Святом Духе – или, по крайней мере, подражать Его делу.[15] Но Святой Дух желает направить внимание людей на истинную личность и деятельность Иисуса Христа. Как сказал Господь Своим ученикам в горнице, Дух будет послан *во имя Его*, чтобы напомнить им о *Его учении* и свидетельствовать о *Его работе* (Ин. 14:26; 15:26). Дух не говорит от Себя Самого и не обращает внимание на Себя – Он желает прославить Сына (Ин. 16:13-14). Известный пуританин Мэтью Генри выразил эту мысль так: «Дух пришел не для того, чтобы возвести новое царство, но чтобы прославить Христа».[16] Совсем недавно Кевин Деянг описал роль Духа следующим образом:

> Превознесение Христа свидетельствует о работе Духа! Церковь, которая возносит крест, а не голубя, на самом деле имеет Дух. Как пишет Джеймс. Пакер: «Дух никогда не скажет нам: "Посмотрите на Меня; придите ко Мне; слушайтесь Меня; познайте Меня". Но всегда будет говорить: "Посмотрите на *Него* и узрите *Его* славу; слушайте *Его* и повинуйтесь *Его* словам; придите к *Нему* и будете иметь жизнь; познакомьтесь с *Ним* и испытаете *Его* дар радости и мира"».[17]

Дух помогает людям узреть Иисуса Господом, осознавая Его власть и подчиняясь Его воле (1Кор. 12:3; Флп. 2:9-13).[18] Таким образом, истинная

---

[13] J. Hampton Keathley, *ABCs for Christian Growth* (Richardson, TX: Biblical Studies Foundation, 2002), 204. Дж. Кейтли писал: «Святой Дух не обращает внимания ни на Себя, ни на человека, но сосредотачивает все внимание на Господе Иисусе Христе и на том, что Бог сделал через Своего Сына. Его цель во всех Его проявлениях – укреплять нашу веру, надежду, любовь, благоговение, послушание, общительность и *посвященность* Христу. Эта истина и этот упор становятся критерием, позволяющим судить о любом духовном движении и его соответствии Библии» (Курсив автора).

[14] Как отмечает Флойд X. Баракман: «Нам нужно с подозрительностью относится к любому движению или служению, которое возвеличивает Святого Духа вместо Господа Иисуса, потому что цель Святого Духа – свидетельствовать о Христе и возвеличивать Его (Ин. 15:26; 16:14-15)» (Floyd H. Barackman, *Practical Christian Theology* [Grand Rapids: Kregel, 2001], 212).

[15] Следует отметить, что, сосредотачиваясь на Святом Духе, харизматы обычно подчеркивают только предполагаемые дары и силу Духа. Чаще всего они игнорируют плод Духа, а также работу Духа по возрождению, освящению, просвещению, запечатлению и т. д. Как замечает Майкл Катт, говоря о харизматах: «С начала XX века верующие стали одержимы дарами Духа, а не плодами Духа» (Michael Catt, *The Power of Surrender* [Nashville: B&H, 2005], 188).

[16] Matthew Henry, Matthew Henry's Commentary on the New Testament, comment on John 16:16–22.

[17] Kevin DeYoung, *The Holy Spirit* (Wheaton, IL: Crossway, 2011), 17. Цитаты из J. I. Packer, *Keep in Step with the Spirit* (Grand Rapids: Baker, 2005), 57 (курсив автора).

[18] Селвин Хьюз говорит: «Цель ниспослания Духа состояла в том, чтобы прославлять не Себя или человека, который его принимает, а прославлять Иисуса. ...Если Он должен прославлять Себя, то христианство стало бы Духо-центричным, а не Христо-центричным. Христианство, в котором нет воплощения, не имеет четкого представления

работа Духа побуждает людей возвеличивать Христа как Господа всего, привлекает все внимание к Нему и побуждает любить Его. Дух прославляется, когда мы чтим Сына.

Святой Дух не только направляет наше внимание на Господа Иисуса; Он также преображает нас в образ Христов. Как говорит богослов Брюс Уэр: «Очевидно, что основная и неизменная цель деятельности Духа – возвеличить и прославить Христа ... Дух действует в верующих с тем, чтобы исполнить волю Отца и сделать Своих детей все более похожими на Иисуса, Его Сына. Что же делает Дух, чтобы мы стали похожими на Христа? Согласно 2Кор. 3:18, Дух обращает наше внимание на величие славы Христа, что делает нас все более похожими на Него».[19] Силой Духа внимание верующих направляется на славу Господа Иисуса, в результате чего они преображаются в Его образ. Любое служение, которое отвлекает от Христа, не может по праву претендовать на работу Духа. На самом деле такое служение огорчает Его.

Наверное, никто не выразил это так четко, как известный британский проповедник начала двадцатого века Мартин Ллойд-Джонс. В одной из своих книг он пишет:

> Работа Духа – прославлять Сына. Каждое лицо Божества отражает славу другого лица... Для меня это одна из самых замечательных истин библейской доктрины о Святом Духе. Кажется, что Святой Дух скрывает Себя и остается в тени. Он всегда сосредотачивает внимание на Сыне, и поэтому у меня есть основания считать, что лучшим показателем, приняли мы Святого Духа или нет, является то, что мы думаем и знаем о Сыне. Реален ли Он для нас? Это работа Святого Духа. Он прославляется опосредовано и всегда указывает на Сына.
>
> *Теперь вы видите, как легко сбиться с пути и впасть в ересь, сосредотачиваясь сверх меры, вопреки Библии, на одном лишь Духе.* Да, мы должны признавать, что Он пребывает в нас, но Его задача – прославлять Сына и давать нам благословенные знания о Нем и Его чудесной любви к нам. Именно Дух укрепляет нашего внутреннего человека (Еф. 3:16), чтобы мы могли познать любовь Христа.[20]

К сожалению, именно в этом вопросе многие харизматы *на самом деле сбились с пути.* Они считают, что они возвышают Духа, делая Его дары и благословения центром своего христианского опыта. На самом деле – все наоборот. Чтобы по-настоящему почитать Духа, нужно возвеличивать Христа. Как сказал богослов Джеймс Бойс: «Если написано, что Святой

о том, каков Бог на самом деле. Духо-центричное христианство завело бы нас в дебри субъективности» (Selwyn Hughes, *Every Day with Jesus Bible* [Nashville: Holman Bible, 2003], 745).

[19] Bruce Ware, *Father, Son, and Holy Spirit* (Wheaton, IL: Crossway, 2005), 123.

[20] D. Martyn Lloyd-Jones, *Great Doctrines of the Bible: God the Holy Spirit* (Wheaton, IL: Crossway, 2003), 2:20; курсив мой.

Дух не будет говорить о себе, а об Иисусе, тогда мы можем заключить, что за любым акцентом на личности и работе Духа, умаляющем личность и деятельность Иисуса Христа, стоит не Святой Дух. На самом деле это работа другого духа, духа антихриста, чья работа заключается в том, чтобы свести к минимуму внимание к личности Христа (1Ин. 4:2-3). Святой Дух никогда не будет вытеснять Христа и претендовать на Его место в нашей жизни».[21]

Пастор Чак Свиндолл со свойственной ему прямотой говорит: «Обратите внимание: *Святой Дух прославляет Христа.* Я хочу пойти дальше и заявить: когда прославляется и возвеличивается Святой Дух, Его на самом деле там нет! Когда на самом деле действует Дух – прославляется *Христос.* Дух остается и делает Свою работу за кулисами».[22] Когда в центре служения и опыта оказываются духовные дары, чудодейственная сила или обещания здоровья и богатства, Иисус Христос уходит на второй план. За таким отклонением от курса не может стоять Дух Святой.

Пастор Дэн Филлипс коротко говорит об этом так:

Покажите мне человека, *зацикленного* на Святом Духе и Его дарах (реальных или воображаемых), и я уверенно могу вам сказать, что он *не* исполнен Святым Духом.

Покажите мне человека, сосредоточенного на личности и деятельности Иисуса Христа, – который никогда не устает познавать Его, думать о Нем, хвалится Им, говорить о Нем снова и снова, восхищаться и очаровываться Его совершенством и красотой, находить способы служить и прославлять Его, неустанно ищет возможности проводить с Ним время, становясь все более и более похожим на Него, – и я вам скажу: *вот* человек, который исполнен Святым Духом.

Мы должны исследовать учение Библии о Святом Духе. Мы должны учить других людей тому, что Библия говорит о Святом Духе. Мы должны стремиться к библейскому пониманию Духа и Его роли в нашей жизни.

Но мы никогда не должны забывать: чем больше мы живем и дышим личностью Иисуса Христа, тем больше мы исполнены Святым Духом.[23]

Быть исполненным Духом означает быть сосредоточенным на Христе (Евр. 12:2). Святой Дух направляет наш взор на Спасителя. Это Его главная миссия. Любое движение, которое отвлекает от Христа, само себя разоблачает – оно не движимо третьим лицом Троицы.

---

[21] James Montgomery Boice, *Foundations of the Christian Faith* (Downers Grove, IL: Inter-Varsity, 1986), 381.

[22] Charles R. Swindoll, *Growing Deep in the Christian Life* (Portland, OR: Multnomah, 1986), 188.

[23] Dan Phillips, *The World-Tilting Gospel* (Grand Rapids: Kregel, 2011), 272–73.

Истинный Дух подтверждает истину о Христе

Когда Святой Дух обращает наш взор на Господа Иисуса Христа, Он всегда дает истинное представление о Спасителе, которое согласуется с библейским откровением. Потому что Он есть *Дух истины* (Ин. 15:26). Его свидетельство о Господе Иисусе Христе всегда соответствует истине богодухновенного Слова Божьего. Именно Он вдохновил ветхозаветных пророков записать пророчества о пришествии Мессии (2Пет. 1:21). Как сказал апостол Петр в 1Пет. 1:10-11: «К сему-то спасению относились изыскания и исследования пророков, которые предсказывали о назначенной вам благодати, исследуя, на которое и на какое время указывал сущий в них Дух Христов, когда Он предвозвещал Христовы страдания и последующую за ними славу». Господь Иисус Христос – центральная тема всего Писания (Ин. 5:39), и Святой Дух использует Слово Божье, чтобы открыть нам истину об Иисусе Христе.

Любое служение или проповедь, в которых нет библейского Христа, не может быть вдохновлено Святым Духом. Об этом говорит апостол Иоанн, когда отвергает ложного «Христа» докетизма. Джонатан Эдвардс находит аналогичный критерий в 1Ин. 4:2-3.[24] Как отмечалось ранее, Эдвардс решительно отверг «мистические, фантастические "версии Христа", такие как "внутренний свет" квакеров». Такие фантазии не отражают истину о Спасителе. Всякое движение, несущее *искаженное* представление об Иисусе Христе, не является истинным творением Святого Духа, а исходит от духа антихриста.

В харизматических кругах довольно часто можно услышать рассказы о видениях, в которых являлся Христос, который: был одет как пожарный,[25] ростом около 300 метров,[26] может неожиданно появится в ванне,[27] танцует на мусорной свалке,[28] сидит в инвалидном кресле в реабилитационном

---

[24] Александр Макларен писал: «Испытывайте духов. Если какое-то учение называют христианским, а оно не прославляет Христа, оно изобличает таким образом само себя. В истинном учении Христос будет возвеличен и представлен как единый Спаситель и Жизнь всего человечества. Согласно нашему тексту, Дух должен наставить нас, "направить на всякую истину" – в этом и заключается прославление Христа и откровение о том, кто на самом деле принадлежит Ему: "Всякий дух, который не исповедует Иисуса Христа, пришедшего во плоти, не есть от Бога, но это дух антихриста, о котором вы слышали, что он придет и теперь есть уже в мире"» (Alexander MacLaren, *Expositions of St. John*, Chapters 15–21 [repr. Kessinger, n.d.], 81).

[25] Корейский пастор Дэвид Йонги Чо «умирал от туберкулеза перед своим обращением в христианство. Он выздоровел и хотел стать врачом, но Иисус явился ему посреди ночи в одежде пожарного, призвал его проповедовать и исполнил Святым Духом» (D. J. Wilson, "Cho, David Yonggi," *The New International Dictionary of Pentecostal and Charismatic Movements*, ed. Stanley M. Burgess [Grand Rapids: Zondervan, 2002], 521).

[26] "Oral Roberts tells of talking to 900-foot Jesus," *Tulsa World*, October 16, 1980, http://www.tulsaworld.com/news/article.aspx?articleid=20080326_222_67873.

[27] Linda Cannon, *Rapture* (Bloomington, IN: AuthorHouse, 2011), 16, 63, 107–8.

[28] Heidi and Rolland Baker, *Always Enough* (Grand Rapids: Chosen, 2003), chap. 4.

центре,[29] гуляет по пляжу,[30] является во множестве различных образов и символов. Но такие причудливые опыты не могут быть от Святого Духа, поскольку они искажают библейский образ Того, Кем на самом деле является Господь Иисус. Когда апостол Иоанн увидел в видении воскресшего Христа, он упал на землю, как мертвый (Откр. 1:17). Сравните эту картину с современными видением, например, тем, что рассказывает один харизматический автор: «Вскоре после того, как Святой Дух снизошел на меня, я увидел Иисуса и попросил перенести меня в Его укромное место. Лежа на траве, я спросил: "Иисус, ты ляжешь рядом со мной?" В мы лежали на траве, глядя друг другу в глаза. Отец тоже пришел и прилег рядом с Иисусом».[31] Подобные харизматические видения, где буйная фантазия может уступить место только сентиментальной эмоциональности, очень популярны в некоторых церквях, однако их источник – не Святой Дух. Они не представляют Господа, как Он описан в Библии, и не превозносят Его вечную славу. А вот подлинный Святой Дух всегда делает и то, и другое.

Более того, некоторые харизматические учители открыто поддерживают христологические ереси, в том числе странные богохульства: Иисус – это не Бог, пришедший во плоти,[32] Он якобы никогда не утверждал Своей божественности,[33] Он понес греховную природу сатаны на кресте,[34] Он умер

---

[29] Епископ Том Браун говорит, что видел, как Иисус «сидел в инвалидном кресле, укутав ноги в одеяло» (Tom Brown, "What Does Jesus Really Look Like?" [El Paso, TX: Tom Brown Ministries, n.d.], accessed September 2012, http://www.tbm.org/whatdoes.htm.

[30] Choo Thomas, *Heaven Is So Real!* (Lake Mary, FL: Charisma, 2006), 23.

[31] Jeff Parks, cited in Brenda Savoca, *The Water Walkers* (Maitland, FL: Xulon, 2010), 163.

[32] По словам Крэфло Доллара: «Если Иисус пришел как Бог, то почему Он нуждался в Божьем помазании? Помазание имеет смысл только в том случае, если Иисус пришел как человек. Бог не нуждается в помазании, Он и есть помазание. Иисус пришел как человек, и когда Ему исполнилось 30 лет, Бог был готов продемонстрировать нам, что может сделать человек с помазанием» (Creflo Dollar, "Jesus' Growth into Sonship," audio, December 8, 2002).

[33] Ср. Кеннет Коупленд: «Почему Иисус открыто не называл Себя Богом в течение 33 лет Своей жизни на земле? По одной единственной причине: Он не пришел на землю как Бог, но как человек» (Kenneth Copeland, cited in Jones and Woodbridge, *Health, Wealth, & Happiness*, 70).

[34] По словам Бенни Хинна: «Он [Иисус], который праведен по собственному волеизъявлению, сказал: "Единственный способ остановить грех – это стать им. Я не могу просто остановить его, позволив коснуться Меня; Я и грех должны стать одним. "Услышьте это! Тот, кто Бог по природе, стал природой сатаны, Он стал грехом! "» (Benny Hinn, *This Is Your Day*, TBN, December 1, 1990). Кеннет Коупленд так же учил: «Праведность Бога стала грехом. Он принял греховную природу сатаны в Своем собственном духе. И когда это случилось, Он воскликнул: "Боже мой, Боже мой, для чего ты Меня оставил?" Вы не знаете, что произошло на кресте. Как вы думаете, почему Моисей по указке Бога вознес змея на том шесте, а не ягненка? Это не давало мне покоя. Я сказал: "Почему, в конце концов, Ты хочешь, чтобы это был змей? Разве это не знак сатаны? Почему Ты не предложил ягненка?" И Господь ответил мне: "Потому что это символ сатаны, который висел на кресте". И затем он продолжил: "Я принял духовную смерть в Своем духе; и свет померк"» (Kenneth Copeland, "What Happened from the Cross to the Throne," 1990, audiotape #02-0017, side 2).

духовно в аду после физической смерти на кресте.[35] Проповедник евангелия процветания Кеннет Коупленд продвигает через «Слово веры» богохульный и небиблейский взгляд на Иисуса Христа:

> Почему Иисус на кресте произнес: «Боже мой, зачем ты оставил Меня»? Потому что Бог больше не был Ему Отцом. Он взял на Себя природу сатаны. И я уверяю вас, Иисус оказался на дне этой черной ямы. Он страдает от всего, от чего только можно страдать... Его изможденный, червеобразный дух опустился на самое дно, и дьявол думал, что уничтожил Его. Но Бог внезапно заговорил.[36]

Крэфло Доллар, еще один лидер «Слова веры», проявляет подобную непочтительность, открыто ставя под сомнение божественность Христа:

> Иисус не был совершенным, Он стал таковым. В Писании сказано, что после длительного путешествия Он устал. Но вам бы хотелось верить, что Бог не устает... Однако Иисус устал. Если Он пришел как Бог, а Писание говорит, что Он устал и сел у колодца, у нас с тобой проблемы дружок. Кто-то сейчас скажет: «Но Иисус пришел как Бог». Разве вы не читали в своих Библиях, что Бог никогда не изнемогает и не спит? И все же в Евангелии от Марка мы читаем о том, что Иисус спит на корме лодки.[37]

Иронично то, что, ставя под сомнение божественность Христа, учители «Слова веры» возносят себя до положения маленьких богов.[38] Кеннет Коупленд произносит богохульные слова, делая вид, что это Иисус говорит через него: «Не переживайте по поводу того, что люди обвинят вас в том, что вы думаете о себе, как о маленьких богах... Они распяли Меня за то, что я был Богом. Я не утверждал, что я Бог; Я просто говорил, что Я исполняю Его волю, и Он трудится через Меня. Аллилуйя! То же самое происходит и с вами».[39] У любого истинного верующего подобные высокомерные и лживые заявления вызовут лишь праведное негодование. Только дух антихриста мог вдохновить на столь откровенные небиблейские заявления. Напротив, истинный Святой Дух открывает людям истину о «великом Боге и Спасителе нашем Иисусе Христе» (Тит. 2:13).

---

[35] По словам Кеннета Хейгина, «Иисус пережил духовную смерть за каждого человека. И Его дух, и внутренний человек пошли в ад вместо меня. Как вы этого не понимаете? Физическая смерть не смоет ваши грехи. Он умер за каждого человека. Он вкусил духовную смерть» (cited in Jones and Woodbridge, *Health, Wealth, & Happiness*, 70). Подробное академическое исследование этого учения в движении «Слова веры» см. в книге: William P. Atkinson, *The 'Spiritual Death' of Jesus* (Leiden, Netherlands: Brill, 2009).

[36] Kenneth Copeland, *Believer's Voice of Victory*, TBN, April 21, 1991.

[37] Dollar, "Jesus' Growth into Sonship."

[38] Подробнее об этом см. в первой главе.

[39] Kenneth Copeland, "Take Time to Pray," *Believer's Voice of Victory* 15, no. 2 (February 1987): 9.

Точно так же Святой Дух открывает людям истину о *Евангелии Иисуса Христа*. Дух был послан, чтобы осудить мир в грехе и неправедности, чтобы грешники могли уверовать в Господа Иисуса (Ин. 16:7-11). Дух свидетельствует об исторической истине Евангелия (Деян. 5:30-32) и вдохновляет проповедовать его спасительную весть(1Пет. 1:12). Все, что отодвигает весть Евангелия на второй план, не может быть истинной работой Святого Духа.

Обесценивание истины Евангелия характерно для всей экуменической братии в харизматическом движении, включая харизматов-католиков, пятидесятников-единственников, учителей «Слова веры» и других. Харизматическое движение объединяет не истина Евангелия, а скорее экстатические духовные переживания и другие феномены, как например, говорение на языках. Как отмечает один автор: «Тот факт, что [харизматия] процветает в иерархической системе Католической церкви, а также в крайне неформальных независимых церквях, предполагает, что опыт даров Духа и доктрины, такие как рождение от Духа, достаточно гибкие, чтобы учесть многообразие богословских убеждений в различных христианских деноминациях».[40] Поскольку здравое учение подчинено духовному опыту, ложные формы Евангелия принимаются весьма радушно.

Католическое харизматическое обновление (или CCR) началось в 1967 году, когда группа студентов получила крещение Духом и заговорила на языках. Это движение вскоре было официально признано папой Иоанном Павлом II и быстро распространилось с благословения Католической Церкви. Согласно Аллану Андерсону, «к 2000 году насчитывалось около 120 миллионов харизматических католиков, это около 11 процентов от общего количества католиков и почти в два раза больше, чем всех традиционных пятидесятников».[41] Эти цифры говорят о том, что более одной пятой всех харизматиков в мире – католики. Они придерживаются римско-католического учения,[42] включая отказ Рима от оправдания только верой, веру в *ex opere operato* семи римских таинств,[43] идолопоклонство

---

[40] Jeremy Morris, *The Church in the Modern Age* (New York: I. B. Tauris, 2007), 197.

[41] Anderson, An Introduction to Pentecostalism, 152.

[42] «Исцеление, пророчества и говорение на языках – распространенные явления, которые можно увидеть на харизматических католических служениях. ...Харизматические католики ничем не отличаются от других католиков в том плане, что признают авторитет духовенства. Все смотрят на Ватикан в Италии и на всемирного лидера Римско-католической церкви папу римского» (Katie Meier, "Charismatic Catholics," *Same God, Different Churches* [Nashville: Thomas Nelson, 2005], n.p. Google Books edition. Online at: books.google.com/books?isbn=1418577685.

[43] Латинское выражение *ex opere* operato означает «из совершенного действия» или (согласно *Катехизису Католической церкви*) буквально: «в силу самого совершенного действия». В римско-католическом учении таинства – это не просто символы, свидетельства божественной благодати для верующих; это способы передачи благодати. Католическая доктрина рассматривает таинства как заслуживающие награды дела, которые необходимы для спасения. В Католической церкви семь таинств: крещение, конфирмация, евхаристия, епитимия, елеопомазание больных, рукоположение и брак.

католической мессы и почитание Марии[44] – все эти учения стали открыто признаваться многими пятидесятническими и харизматическими общинами.

Как говорит Т. П. Тигпен, «у харизматических католиков и пятидесятников есть общий знаменатель – один и тот же духовный опыт: переживание исполнения Духом, выражающееся в особенных дарах, которые обычно за этим следуют. Этот опыт объединил католиков и протестантов, теперь они могут вместе принимать участие в одних духовных мероприятиях и жить в одной заветной общине».[45] В качестве иллюстрации этого тезиса приведу следующий отчет:

> Десять тысяч харизматов и пятидесятников молились, пели, танцевали, хлопали и ободряли друг друга, исполнившись Святого Духа во время четырехдневного экуменического собрания прошлым летом ...Около половины участников съезда с 26 по 29 июля в Орландо, штат Флорида, посвященного теме Святого Духа и всемирной евангелизации, были католиками ... «Святой Дух желает разрушить стены между католиками и протестантами», – сказал Винсон Синан, богословский декан университета Regent Пэта Робертсона, который председательствовал на этот съезде.[46]

Как мы видим, голос здравого учения заглушается и игнорируется ради ложного единства, основанного на общих духовных переживаниях, а не на библейской истине.[47] Но поскольку Римско-католическая церковь учит искаженному Евангелию (о чем протестанты, утверждающие авторитет и достаточность Священного Писания, всегда решительно заявляли), дух католического харизматического обновления не может быть Святым Духом.

Это же относится и к пятидесятникам-единственникам – сегменту харизматического движения (с приблизительно 24 миллионами

Из этих семи только крещение и евхаристия – подлинные установления для Церкви. Но «Римско-католическая церковь утверждает, что для спасения верующим необходимы все [семь] таинств Нового Завета» (U.S. Catholic Church, *Catechism of the Catholic Church*, 2nd ed. [New York: Doubleday Religion, 2006], 319).

[44] Emilio Antonio Nunez, *Crisis and Hope in Latin America* (Pasadena, CA: William Carey Library, 1996), 306. Нуньес писал: «Похоже, большинство харизматических католиков не отказались от прежнего почитания Девы Марии. Они продолжают почитать ее, как никогда прежде».

[45] T. P. Thigpen, "Catholic Charismatic Renewal," *The New International Dictionary of Pentecostal and Charismatic Movements* (Grand Rapids: Zondervan, 2002), 465.

[46] National and International Religion Report, *Signswatch*, Winter 1996; cited in Walter J. Veith, *Truth Matters* (Delta, BC: Amazing Discoveries, 2007), 298.

[47] В этом же ключе Р. Эндрю Чеснат говорит, что «харизматический католицизм и пятидесятничество объединяет общий элемент – пневмацентризм; а одна из основных функций Духа, по их мнению, – избавлять верующих от земных страданий» (R. Andrew Chesnut, "Brazilian Charism," in *Introducing World Christianity*, ed. Charles E. Farhadian [Oxford: Wiley-Blackwell, 2012], 198).

последователей по всему миру),[48] в котором отвергается учение о Троице.[49] Как говорит Уильям Кей: «Среди традиционных пятидесятников в Соединенных Штатах около 25 % – единственники в своих богословских взглядах. Их богословие напоминает модализм, согласно которому Бог на протяжении истории явил себя в трех формах (как Отец, Сын и Дух); другими словами, Бог – это не три равных и сосуществующих божественных Личности, как утверждается в Афанасьевском символе веры».[50] В истории Церкви, модализм был решительно осужден как ересь, потому что в нем отвергается библейское учение о том, что существоБога включает три личности: Отца, Сына и Святого Духа. Вместо этого модалисты утверждали,

что есть один Бог, Который просто назван тремя разными именами: «Отец», «Сын» и «Святой Дух» – в разное время, но все три – это не отдельные личности, а разные модусы (отсюда «модализм») одного Бога. Таким образом, одного и того же Бога можно назвать «Отцом», Создателем мира и Законодателем; Его можно назвать «Сыном», Богом, воплощенным в Иисусе Христе; и Его можно назвать «Святым Духом», Богом в эпоху Церкви. Соответственно, Иисус Христос есть Бог, и Дух есть Бог, но они не являются отдельными личностями.[51]

Со времен решений Никейского (325) и Константинопольского соборов (381), модализм был повсеместно признан всеми конфессиями христианства как ересь, отклонением от ортодоксального учения. Что более важно, модализм противоречит учению Писания (см. Мф. 3:13-17; 28:19 и многие другие отрывки).

---

[48] David K. Bernard, "The Future of Oneness Pentecostalism," in *The Future of Pentecostalism in the United States*, eds. Eric Patterson and Edmund Rybarczyk (Lanham, MD: Lexington, 2007), 124.

[49] Как отмечает Петр Хокен, «хотя церкви единственников (например, белая Объединенная пятидесятническая церковь, черные Ассамблеи мирового пятидесятничества), как правило, не поддерживали общения с пятидесятниками-тринитариями, считая их доктрину заблуждением, их всегда считали частью пятидесятнического движения» (Peter Hocken, *The Challenges of the Pentecostal, Charismatic, and Messianic Jewish Movements* [Burlington, VT: Ashgate, 2009], 23).

[50] William K. Kay, *Pentecostalism* (London: SCM, 2009), 14. Джон Анкерберг и Джон Уэлдон также отмечают: «Пятидесятнические, харизматические, а также движения позитивного исповедания в этой стране могут даже не осознавать всей серьезности и плачевности своего духовного состояния. Христиане, которые присоединились к этим движениям, должны хорошенько взвесить и проанализировать учение своих лидеров (или то, о чем они умалчивают). Например, не менее четверти всех пятидесятников, представляющих более 5000 церквей и миллионы христиан, являются членами Объединенной пятидесятнической церкви, организации, которая наотрез отрицает Троицу и учит другим серьезным заблуждениям» (John Ankerberg and John Weldon, *Cult Watch* [Eugene, OR: Harvest House, 1991], viii).

[51] Gregg Allison, *Historical Theology* (Grand Rapids: Zondervan,), 235–36.

Другой случай харизматического экуменизма можно рассмотреть на примере популярного проповедника евангелия процветания Джоэла Остина. Учение Остина – это поверхностная, подслащенная разновидность универсализма, который резко противоречит всему, что говорится в Писании о превосходстве и исключительности Христа. Когда его спросили, считает ли он, что люди, которые отказываются принять Иисуса Христа, ошибаются, Остин ответил очень неопределенно и двусмысленно: «Ну, я не могу наверняка сказать, что они неправы. Я верю, что этому учит Библия и христианство. Однако я полагаю, что только Бог может судить человека, так как видит его сердце. Я много времени провел в Индии с отцом. Я не понимаю их религию. Но я знаю, что они любят Бога. Я видел их искренность. Поэтому я не могу сказать наверняка. Лично я хочу иметь отношения с Иисусом, как учит Библия».[52] Однажды Остину задали вопрос: можно ли считать мормонов истинными христианами? Его ответ был таким же разочаровывающим: «Ну, на мой взгляд, да. Митт Ромни сказал, что он верит в Христа как своего Спасителя, а это именно то, на мой взгляд, что определяет христианина... знаете, я не из тех, кто судит по мелочам. Поэтому я верю, что они христиане».[53]

Сбивающий с толку комментарий Остина о Церкви Иисуса Христа святых последних дней может быть не случайным, учитывая, что основатели мормонизма утверждали, что испытывают те же сверхъестественные явления, которые сегодня переживают пятидесятники и харизматы. При посвящении Киртландского храма в 1836 году Джозеф Смит заговорил о различных харизматических явлениях, в том числе о языках, пророчествах и видениях.[54] Другие свидетельства очевидцев того же события описывают подобный опыт: «Были великие проявления силы, такие как говорение на языках, видения и служение ангелов»;[55] и «Дух Господень снизошел обильно, как в день Пятидесятницы. Сотни старейшин заговорили на языках».[56] За полвека до того, как Чарльз Парэм и пятидесятники

[52] Interview with Joel Osteen, *Larry King Live*, CNN, aired June 20, 2005. Transcript available at http://transcripts.cnn.com/TRANSCRIPTS/0506/20/lkl.01.html.

[53] Interview with Joel Osteen, *Fox News Sunday with Chris Wallace*, FOX News, aired December 23, 2007. Partial transcript available at http://www.foxnews.com/story/0,2933,318054,00.html.

[54] Joseph Smith, *History of The Church of Jesus Christ of Latter-day Saints*, 7 vols., introduction and notes by B. H. Roberts (Salt Lake City: The Church of Jesus Christ of Latter-day Saints, 1932–1951), 2:428. Смит сказал: «Брат Джордж А. Смит встал и начал пророчествовать, когда раздался шум, похожий на шум от сильного порыва ветра, который заполнил Храм, и все собрание одновременно встало, движимое невидимой силой; многие заговорили на языках и пророчествовали; другие видели славные видения; и я увидел, что Храм был наполнен ангелами, о чем я поведал собранию».

[55] George A. Smith, cited in *Journal of Discourses*, 26 vols. (London: Latter-day Saints' Book Depot, 1854–1886), 11:10.

[56] Benjamin Brown, "Testimony for the Truth," *Gems for the Young Folks* (Salt Lake City: Juvenile Instructor Office, 1881), 65.

заговорили на языках, представители Церкви святых последних дней уже переживали подобные духовные опыты,[57] побудив некоторых историков искать корни пятидесятничества в мормонизме.[58]

Даже сегодня сходство между этими двумя деноминациями побуждает некоторых служителей призывать к широкому единству. Роб и Кэти Дацко в своей книге «Наводя мосты между исполненными Духом христианами и Святыми последних дней» говорят: «Несмотря на невероятный языковой и культурный барьер между LDS [Святыми последних дней] и SFC [исполненными Духом христианами], эти две деноминации верят во множество одних и те же основных доктрин».[59] Хотя пятидесятники традиционно отвергали учение Церкви святых последних дней,[60] комментарии, подобные тем, которые сделал Джоэл Остин, предполагают на горизонте новую волну экуменического инклюзивизма. Вовсе неслучайно Фуллеровская богословская семинария, вотчина движения третьей волны, в настоящее время ведет кампанию за единство между мормонами и евангельскими христианами.[61]

Еще одно существенное харизматическое искажение Евангелия можно увидеть в обещаниях благополучия и процветания движения «Слова веры», страшного заблуждения, которое стало визитной карточкой харизматического движения. Как мы отметили в предыдущей главе, богословие процветания стало «определяющей чертой всего пятидесятничества», так что «большинство пятидесятников, свыше 90 процентов в большинстве стран, придерживаются этих убеждений».[62] Ненасытный материализм евангелия процветания переворачивает

---

[57] Anderson, *An Introduction to Pentecostalism*, 24. Андерсон говорит, что «на заре своего становления мормоны практиковали говорение на языках, но впоследствии отказались от этой практики». Ср. Donald G. Bloesch, *The Holy Spirit* (Downers Grove, IL: InterVarsity, 2000), 180–81.

[58] Ср. Edgar, Satisfied by the Promise of the Spirit, 218, 108.

[59] Rob Datsko and Kathy Datsko, Building Bridges Between Spirit-Filled Christians and Latter-Day Saints (Mormons) (eBookIt, 2011), 16.

[60] Ср. Grant Wacker, *Heaven Below* (Cambridge, MA: Harvard University Press, 2003), 180.

[61] См. книгу президента Фуллеровской семинарии: Richard Mouw, *Talking with Mormons: An Invitation to Evangelicals* (Grand Rapids: Eerdmans, 2012). Как следует из названия, книга подталкивает евангельских христиан к диалогу с мормонами ради единства.

[62] John T. Allen, *The Future Church* (New York: Doubleday, 2009), 382–83. Аллен говорит: «Возможно, самое противоречивое учение в пятидесятническом мировоззрении – так называемое "евангелие процветания", когда люди верят в то, что Бог вознаградит тех, кто обладает достаточной верой, материальным достатком и физическим здоровьем. Некоторые аналитики различают "неопятидесятников", которые, по их мнению, сосредоточены на евангелии процветания, и традиционных пятидесятников, которые ориентированы на дары Духа, такие как исцеления и языки. Тем не менее, данные *Pew Forum* свидетельствуют о том, что евангелие процветания служит определяющей чертой всего пятидесятничества; большинство пятидесятников, свыше 90 процентов в большинстве стран, придерживаются этих убеждений».

библейское Евангелие с ног на голову. Истинное Евангелие – это предложение спасения от греха и духовной смерти. Евангелие процветания игнорирует эти вечные реалии и ложно обещает избавление от временных земных проблем, таких как нищета и физическая болезнь.

Иисус призвал Своих учеников отказаться от всего, взять крест и следовать за Ним (Лк. 9:23). А евангелие процветания предлагает исполнение плотских желаний, земные богатства и мирские успехи миллионам отчаявшихся людей, которые буквально покупают эту чушь.[63] В то время как истинное Евангелие сосредотачивается на славе Божьей, евангелие процветания делает сердцем духовного опыта человеческие желания и потребности. Как говорит один автор, «торговцы этим заблуждением понесут наказание за то, что продают Евангелие без Христа, Евангелие, в котором временное и земное превознесли над вечным».[64]

В ходе торговли своими еретическими изделиями проповедники процветания выставили христианство на посмешище в глазах мира. Возможно, Брюс Бикел и Стэн Янц выразили эту мысль лучше всего: «Евангелие процветания – это христианская версия профессионального реслинга: вы знаете, что это не по-настоящему, тем не менее, вы ее принимаете, потому что она вам нравится».[65] Но, в отличие от реслинга, нет ничего забавного о богословии процветания.[66] Это губительная и отвратительная ересь, в которой истина Божьего Слова постоянно искажается духовными мошенниками, которые однажды понесут наказание за свое богохульное тщеславие (Иуд. 13).

Если суммировать количество людей, связанных с еретическими группами, такими как католическое харизматическое обновление, пятидесятники-единственники и движение «Слово веры» (с его евангелием здоровья, богатства и процветания), мы могли получить

---

[63] Anderson, *An Introduction to Pentecostalism*, 221. Андерсон писал: «Помимо того, что это учение лелеет "американскую мечту" капитализма и этику успеха, среди его наиболее сомнительных черт – возможность превозношения человеческой веры над суверенитетом и благодатью Бога. Вера становится условием для Божьих действий, а сила веры измеряется результатами. Финансовое процветание и здоровье иногда воспринимаются как свидетельство духовности, а положительная и необходимая роль преследований и страданий часто игнорируется».

[64] Daniel J. Bennett, *A Passion for the Fatherless* (Grand Rapids: Kregel, 2011), 86.

[65] Bruce Bickel and Stan Jantz, *I'm Fine with God … It's Christians I Can't Stand* (Eugene, OR: Harvest House, 2008), 94.

[66] Ср. John Phillips, *Exploring the Pastoral Epistles* (Grand Rapids: Kregel, 2004), 349–50. Филлипс отмечает: «Никто в библейские времена не проповедовал того, что в наш избалованный век называют евангелием процветания. Это ложное евангелие продвигает философию "заяви об этом – получи это". Оно учит, что здоровье и богатство – это неотъемлемое право каждого верующего. Вся эта концепция чужда Новому Завету, христианскому опыту и церковной истории. Евангелие процветания основано на отказе отличать ветхозаветное благословение от новозаветного, народ Израиля от Церкви Божьей, Бога земной нации от Бога небесного народа».

цифру, превышающую сотни миллионов. Вместе эти группы составляют подавляющее большинство в современном харизматическом движении. И хотя они возвещают ложные евангелия, в большинстве своем они радушно принимаются в харизматическом мире на основе общих «духовных» переживаний.

ИСПЫТАНИЕ ПРОВАЛЕНО

Как мы увидели в этой главе, подлинный Святой Дух открывает людям истину о Христе. Джонатан Эдвардс применил этот критерий к духовному возрождению своего времени; и мы поступим благоразумно, если применим его к современному харизматическому движению. В результате мы убедились, что оно не проходит это испытание, по крайней мере, по двум важным причинам.

Во-первых, харизматическая зацикленность на предполагаемых дарах и силе Святого Духа отвлекает внимание людей от личности и дела Иисуса Христа. Святой Дух указывает на Христа, а не на Себя. Те, кто по-настоящему исполнены Духа, разделяют то же стремление. Во-вторых, движение позволило ложным версиям Евангелия открыто развиваться в его пределах, включая такие заблуждения, как католическое оправдание по делам и материализм евангелия процветания. Примечательно, что эти заблуждения не относятся к периферии движения. Они представляют собой его мейнстрим.

Все это заставляет нас серьезно задаться вопросом: может ли Святой Дух стоять за движением, которое отвлекает внимание людей от Христа и принимает ложные формы Евангелия? Джонатан Эдвардс ответил бы на этот вопрос решительным «нет!»[67] Основываясь на библейском принципе,

---

[67] В своем трактате «Отличительные признаки работы Духа Божьего» Эдвардс перечислил ряд критериев, которые, по его мнению, не доказывали, но и не опровергали участие Духа. Например, Эдвардс утверждал, что сама по себе необычайность и новизна какого-либо служения или опыта автоматически не означает, что за этим не может стоять Дух Божий. Сами по себе эмоции ничего не доказывают. И сам факт, что какое-то служение будоражит воображение людей, резко отличался от видений, которые испытывали библейские пророки. Эдвардс даже предположил, что только потому, что некоторые из вовлеченных людей ведут себя странно и неосторожно, или даже если некоторые из них впадают в различные заблуждения или замечены в сомнительных практиках, еще не доказывает, что работа в целом не от Духа. (Интересно, что Эдвардс включил внебиблейские харизматические акценты радикальных реформаторов во время протестантской реформации как пример ошибочной практики, которая тем не менее не поставила под сомнение подлинность Реформации.) В этих положениях Эдвардс явно говорит о неортодоксальных и нежелательных исключениях, а не правиле. Его обсуждение «позитивных признаков», обнаруженное им в 1Ин. 4:1-8, дает понять, что Эдвардс никогда не будет рассматривать движение, которое характеризуется ложным

обнаруженном в 1Ин. 4:2-3, я полностью согласен с такой оценкой. Святой Дух никогда не будет наделять Своими дарами тех, кто несут ложное евангелие или уводят людей от истины об Иисусе. В следующей главе мы рассмотрим оставшиеся тесты из 1Ин. 4:2-8 и продолжим исследовать вопрос: *является ли современное харизматическое движение истинной работой Святого Духа?*

учением или скандальным поведением, как наделенное Святым Духом. Точно так же, как он осуждал восторженные и мистические переживания квакеров и подобных им. Эдвардс, несомненно, выразил бы сожаление по поводу того, что происходит сегодня в харизматических кругах.

4

ИСПЫТАНИЕ ДУХОВ (ЧАСТЬ II)

В знаменитой пьесе Уильяма Шекспира «Венецианский купец» есть такие слова: «Не все то золото, что блестит». Два с половиной века спустя, во время золотой лихорадки в Калифорнии конца 1840-х годов, отважные охотники за сокровищами убедились в истинности этих слов. Золотоискатели обнаружили, что не все блестящее заслуживает внимания. В расселинах скал и в руслах рек часто можно увидеть золотые блики, но на самом деле там нет ничего ценного. Это обманчивое мерцание железного колчедана, распространенного минерала, который быстро получил название «золото глупца». И любой серьезный золотоискатель легко мог отличить его от блеска настоящего золота.

Подобно рекам и горам Калифорнии девятнадцатого века, современное христианство наполнено золотом глупца. Есть много того, что блестит, но не представляет никакой духовной ценности. В предыдущей главе мы говорили о пяти критериях испытания любого духовного движения на основании текста 1Ин. 4:1-8: (1) Возвеличивает ли оно истинного Христа? (2) Противостоит ли оно обмирщению? (3) Направляет ли людей к Писанию? (4) Возвышает ли истину? (5) Побуждает ли любить Бога и ближнего? Ранее мы уже рассмотрели первый из пяти критериев, а в этой главе поговорим об оставшихся четырех.

ВТОРОЙ КРИТЕРИЙ: ПРОТИВОСТОИТ ЛИ ДВИЖЕНИЕ ОБМИРЩЕНИЮ?

Попросите пятидесятника или харизмата описать влияние Святого Духа в его или ее жизни, и вы, скорее всего, получите один из следующих ответов. Традиционный пятидесятник, вероятно, заговорит об опыте говорения языками, исполнении Духом или каких-то других воображаемых проявлениях чудесных даров. Харизмат, пожалуй, выдаст заезженные фразы популярных телеевангелистов, рассказывая о чудесных исцелениях или о надежде на стремительный финансовый успех. Каждый из них мог бы вам рассказать о необыкновенном опыте с Богом, – например, что получил откровение, пророческое слово или испытал покалывающее влияние Его сверхъестественной силы. Все это служит для них основанием называть себя христианами, исполненными Духом. Но что это для них означает?

В харизматическом окружении почти любой субъективный опыт подается как свидетельство участия Духа. Харизматы *думают*, что исполняются Духом, производя бессмысленные (и часто повторяющиеся) звуки, падая на спину в бессмысленном оцепенении, провозглашая так называемые пророчества, испытывая эмоциональный подъем или жертвуя деньги своим любимым проповедникам евангелия процветания. Но *ничто* из вышеперечисленного на самом деле не свидетельствует о присутствии Святого Духа. Какой-то дух действительно может присутствовать в этих явлениях, но это не Дух Божий.

Несмотря на расхожее представление в харизматических кругах, убедительные доказательства влияния Святого Духа в жизни человека – это не материальное благополучие, бессмысленная эмоциональность или предполагаемые чудеса, а освящение: духовное возрастание верующего, повседневная святость и подражание Христу (Дух Святой помогает верующим воплотить библейскую истину в жизни). Истинная работа Духа включает обличение грехов, противостояние мирским похотям и взращивание духовных плодов в жизни Божьего народа.

В Рим. 8:5-11 апостол Павел разделил всех людей на два лагеря: живущие по плоти и живущие по Духу. Первые ищут преходящих радостей этого мира (Рим. 8:5; ср. 1Ин. 2:16-17). Они руководствуются плотским умом, который «не может угодить Богу» (Рим. 8:8). Нечестие их сердец проявляется в безбожном поведении, включая сексуальную распущенность, идолопоклонство, высокомерие и другие дела плоти, перечисленные в Гал. 5:19-21.

А вот живущие Духом устремляют свои мысли к горнему, где Христос (Кол. 3:1-2). Их радость заключается в служении Господу Иисусу, и их любовь к Нему выражается в послушании Его заповедям (ср. Ин. 14:15). Они руководствуются Духом, поэтому в их жизни виден плод Духа (Рим. 8:14; Гал. 5:22-23). Там, где действует Святой Дух, греховные устремления и страсти искореняются как «дела плотские» (Рим. 8:13). Служение Духа резко противостоит мирским желаниям плоти. Как говорит Павел в Гал. 5:16-17: «...поступайте по духу, и вы не будете исполнять вожделений плоти, ибо плоть желает противного духу, а дух – противного плоти: они друг другу противятся».

Говоря об испытании духов, апостол Иоанн повторил те же библейские истины. Рассуждая о лжепророках, он писал: «Дети! вы от Бога, и победили их; ибо Тот, Кто в вас, больше того, кто в мире. Они от мира, потому и говорят по-мирски, и мир слушает их» (1Ин. 4:4-5). Лжеучителя связаны с *миром* – духовным царством зла во главе с сатаной, которое противится Богу и предлагает временные удовольствия (см. Еф. 2:1-3; 1Ин. 5:19). Ранее в своем Послании Иоанн осуждал любовь к *мирскому*: «Не любите мира, ни того, что в мире: кто любит мир, в том нет любви Отчей. Ибо все, что в мире: похоть плоти, похоть очей и гордость житейская, не есть от Отца, но от мира сего» (1Ин. 2:15-16; ср. Иак. 4:4).

Когда движение характеризуется мирскими приоритетами и плотскими устремлениями, это очевидно должно вызывать сомнения по отношению к духовным силам, стоящим за ним. С другой стороны, как заметил Джонатан Эдвардс, «когда дух действует против интересов сатаны, который заинтересован в поощрении греха и культивировании мирских похотей, это верный признак того, что это истинный Дух».[1] Другими словами, Святой Дух никогда не соблазняет людей пустым обещаниями или плотскими желаниями; скорее, Дух противостоит мирским желаниям и содействует духовному возрастанию человека.

Тем не менее, наиболее очевидные постулаты современного харизматического богословия неуклонно поощряют стремление к *мирским ценностям*. И основная их прелесть заключается в исполнении плотских желаний. От телеевангелистов и целителей верой до проповедников евангелия процветания все харизматические знаменитости дерзко изображают похоти этого мира, как если бы они были истинной целью христианства. Их кричащие заявления и яркий образ жизни резко контрастируют с библейским описанием церковных служителей (1Тим. 3:1-7; Тит. 1:5-9).

Не нужно далеко ходить, просто сравните харизматических телеевангелистов со Христом и апостолами. Их кричащий и потворствующий плотским желаниям образ жизни не имеет ничего общего с «Сыном Человеческим, Который не имел, где преклонить голову» (Лк. 9:58). Их одержимость деньгами и откровенное надувательство слушателей (многие из которых живут в нищете) резко контрастируют с примером Иисуса, Который «не для того пришел, чтобы Ему служили, но чтобы послужить и отдать душу Свою для искупления многих» (Мф. 20:28). Их торговля чудесами и угождение публике прямо противоположны методам Иисуса. Он часто просил тех, кого исцелил, «не сказывать никому о происшедшем» (Лк. 8:56; Мф. 8:4; Мк. 7:36). Но самое главное, подмоченная репутация и моральные падения, столь распространенные среди харизматических шарлатанов, не имеют ничего общего с Иисусом, Который «свят, непричастен злу, непорочен, отделен от грешников и превознесен выше небес...» (Евр. 7:26).

В харизматическом учении истинные плоды Духа (такие как смирение, терпение, мир и посвященность Христу) часто затмеваются и подменяются порочной одержимостью физическим здоровьем, материальным богатством и временным счастьем. Этот акцент на богословии процветания объясняет феноменальный рост харизматического движения в последние десятилетия: харизматы обещают невозрожденным грешникам то, чего их сердца и так желали, а затем погружают их плотские похоти в христианскую одежку,

---

[1] Jonathan Edwards, "Distinguishing Marks," 250–51. В своем трактате «Религиозные чувства» Эдвардс говорит, что святая жизнь – единственный надежный признак возрожденного человека.

как будто они представляют благую весть об Иисусе Христе. Хотя почти девять из десяти пятидесятников живут в бедности,[2] евангелие процветания продолжает завлекать людей в движение. Чем беднее общество, тем легче проповеднику процветания обмануть таких людей:

> Более 90 процентов пятидесятников и харизматов в Нигерии, Южной Африке, Индии и на Филиппинах считают, что «Бог благословит материально христиан, у которых достаточно веры». И в каждой из этих стран пятидесятников гораздо больше, чем других христиан. ...Неудивительно, что на такую привлекательную весть слетаются все желающие быстро разбогатеть. Евангелие процветания – это такая себе христианизированная версия американской мечты: дом, работа и деньги в банке. И глобальный успех евангелия процветания – это по сути своей экспорт американской мечты.[3]

Проповедь о процветании бесстыдно призывает людей уповать на преходящие радости этого мира. Вместо осуждения плотских желаний, это учение прославляет мирской образ жизни, подпитывается греховной жадностью и несет пустые обещания отчаявшимся людям: «Примиритесь с Господом, и Он даст вам высокооплачиваемую работу, большой дом и новую машину».[4] Евангелие процветания достойно большего порицания, чем казино в Лас-Вегасе, потому что оно прячется в одежках религии и приходит во имя Христа. Но, как и казино, оно привлекает своих жертв мишурой и иллюзорным шансом быстро разбогатеть. И после того, как духовный игровой автомат сожрет их последний цент, они отправляются домой в худшем состоянии, чем пришли.

Субъективная и мистическая природа харизматического богословия – идеальный инкубатор для проповедников процветания, духовных мошенников, объявляющих себя пророками и претендующих на божественное помазание; они притворяются, что говорят от имени Бога, чтобы избежать библейской проверки, обманывая людей и продавая свои ложные учения. Как говорит Филип Дженкинс: «Хуже всего то, что евангелие процветания позволяет испорченному духовенству абсолютно все. Они могут побуждать верующих выполнять свои обязательства посредством своего рода духовного терроризма и злоупотреблять служебным положением».[5] Такие вопиющие злоупотребления создают очень неприглядный образ христианства в обществе. В результате свидетельство Церкви сталкиваются с серьезными

---

[2] Марк Дж. Картледж говорит о пятидесятничестве следующее: «По большей части это религия бедных, причем около 87% пятидесятников живут за чертой бедности (Barrett and Johnson 2002: 284). Тем не менее эту деноминацию, особенно в развивающихся странах, часто ассоциируют с евангелием процветания (Mark J. Cartledge, "Pentecostalism," in *The Wiley-Blackwell Companion to Practical Theology* [Chichester, West Sussex, UK: Blackwell, 2012], 587).

[3] Paul Alexander, *Signs and Wonders* (San Francisco: Jossey-Bass, 2009), 63–64.

[4] Steve Bruce, *God Is Dead* (Malden, MA: Blackwell, 2002), 182.

[5] Philip Jenkins, *The New Faces of Christianity* (New York: Oxford University Press, 2006), 93.

трудностями, поскольку мыслящие люди отвергают христианство не из-за истинной евангельскоой вести, а из-за её искаженного образа в харизматических масс-медиа.

Конечно, финансовые нарушения и нравственные падения происходят время от времени в любой церкви. Однако напрашивается логический вывод: такие ситуации должны случаться гораздо реже среди тех, кто утверждают, что достигли более высокого уровня духовности. В этом и заключается суть проблемы. Определяя «духовность» наличием знамений, чудес и эмоциональных переживаний – и позволяя материализму евангелия процветания цвести пышным цветом в своих церквях – харизматическое движение отвергло истинный путь духовного роста. Ложные стандарты духовности не могут сдерживать плоть.

Основатель пятидесятничества Чарльз Парэм (о котором мы говорили во второй главе) был отнюдь не единственным известным проповедником, чьи моральные качества оставляли желать лучшего. Залы пятидесятнической и харизматической истории вымощены скандалами.

В мае 1926 года Эйми Семпл Макферсон, знаменитая пророчица и основатель Международной церкви четырехстороннего евангелия, пропала без вести во время купания на пляже в Лос-Анджелесе. Ее внезапное исчезновение было на первых полосах всех американских газет. Ее последователи оплакивали утрату, думая, что она утонула. Однако «она появилась несколько недель спустя, заявив, что ее похитили и бросили в тюрьму в Мексике, но она освободилась, пересекла пустыню пешком, отважно ускользнув от своих похитителей. Следователи обнаружили дыры в этой истории почти сразу, особенно когда появились свидетели с городка Кармел, расположенного на побережье Калифорнии: как выяснилось, пропажа все это время наслаждалась любовных утехами с одним из работников собственной радиостанции».[6] Ее плохо продуманная история о похищении и побеге, «приправленная мотивом сексуальных приключений», сделала ее объектом шуток и насмешек. После года журналистских расследований и судебного разбирательства на репутации Эйми Семпл Макферсон было такое пятно позора, от которого ни один общественный деятель не смог бы отмыться».[7]

В 1970-х и 80-х годах пятидесятнический евангелист Лонни Фрисби стал одним из самых видных лиц lвижения Jesus Movement. Самопровозглашенный пророк, чья жизнь была показана в фильме, номинированном на премию Эмми: «Фрисби: жизнь и смерть проповедника-хиппи», был пионером и выдающейся фигурой в Jesus Movement в конце 1960-х и начале 1970-х годов. Позднее он был связан с Джоном Уимбером в Движении знамений и чудес. Он также сыграл важную роль (наряду с Чаком Смитом, а затем Уимбером) на ранних этапах в «Часовне на Голгофе» и движении «Виноградник». Служение Фрисби закончилось позором, когда стало известно о его гомосексуальных приключениях.

---

[6] Kevin Starr, *Material Dreams* (New York: Oxford University Press, 1991), 142–43.

[7] Там же

На самом деле об образе жизни Фрисби в течение уже многих лет знали практически все в харизматическом сообществе западного побережья. Он занимался сексуальным развратом вечером в субботу, а утром в воскресенье выходил за кафедру.[8] Постепенно разврат Фрисби стал выходить из-под контроля и угрожать репутации движения. Джон Уимбер, «обеспокоенный тем, что Фрисби может бросить тень на Виноградник»,[9] отстранил его от общественного служения. В конечном итоге Фрисби умер от СПИДа в 1993 году.[10]

В 1983 году Невилл Джонсон, известный пастор Ассамблей Бога в Новой Зеландии, подал в отставку из-за аморального поведения. Его случай служит примером харизматического богословия, доведенного до полного абсурда: Джонсон утверждал, что получил особое откровение от Бога – его жена скоро умрет, и он может вступить в повторный брак. Впоследствии Джонсон утверждал, что удостоен особой милости, позволявшей ему участвовать во внебрачных связях.[11]

В 1986 году служение христианского целителя Питера Попова было развенчано по национальному телевидению. Иллюзионист и научный скептик Джеймс Рэнди заметил, что самопровозглашенный пророк использовал незаметный беспроводной наушник, чтобы получить нужную информацию о людях в аудитории. «Жена Попова ходила среди слушателей и ненавязчиво выведывала у них разную информацию, которую передавала своему мужу, используя портативный радиопередатчик. Затем Попов называл тысячам восторженных поклонников конкретное имя, болезнь и адрес одного из присутствующих».[12] Рэнди использовал цифровой сканер, чтобы перехватить секретные переговоры пары, а затем рассказал об этом мошенничестве на «Вечернем шоу Джонни Карсона». В течение года Попов должен был объявить себя банкротом.

Несмотря на библейское требование к служителям «иметь доброе свидетельство от внешних, чтобы не впасть в нарекание», в харизматическом мире серьезные моральные проступки не обязательно влекут за собой отстранение от общественного служения. Кроме того,

---

[8] Тайная жизнь Фрисби была хорошо известна его друзьям и другим харизматическим служителям. Это неоднократно показано в документальном фильме «Фрисби: жизнь и смерть проповедника-хиппи». На тридцать девятой минуте фильма близкий друг Фрисби говорит: «После церемонии бракосочетания он сказал мне, что задержится допоздна в гей-баре. Мне было трудно понять, как он может веселиться в субботу вечером и проповедовать в воскресенье утром». Следующие слова в фильме просто шокируют: «Дух Божий трудился через него, и в этом не было никаких сомнений».

[9] Там же, 41:19.

10 Matt Coker, "The First Jesus Freak," OC Weekly, March 3, 2005, http://www.ocweekly.com/2005-03-03/features/the-first-jesus-freak/.

11 Ср. Ian G. Clark, Pentecost at the Ends of the Earth: The History of the Assemblies of God in New Zealand (1927–2003) (Blenheim, NZ: Christian Road Ministries, 2007), 186.

12 Jonathan C. Smith, *Pseudoscience and Extraordinary Claims of the Paranormal* (Malden, MA: John Wiley & Sons, 2010), 290.

у харизматов слишком короткая память в отношении таких проступков. Питер Попов продолжил спокойно совершать свое общественное служение и дальше. Он преодолел финансовый кризис. В 1998 году в «Вашингтон пост» сообщалось, что он «переориентировал свое служение на афроамериканскую аудиторию», и «снова вернулся в строй и надежно стоит на ногах в финансовом плане».[13] Сегодня, спустя более двадцати пяти лет после разоблачения в прямом эфире на национальном телевидении (и несмотря на ряд менее известных, но подобных откровений), служение Питера Попова, похоже, снова процветает. На его веб-сайте есть отзывы о неожиданных финансовых подъемах и чудесных исцелениях.[14] В 2007 году прибыль его организации составила 23 миллиона долларов, а Попов преспокойно продает пакеты с чудодейственной родниковой водой на своем вечернем телешоу.[15]

В 1986 и 1987 годах Джимми Сваггерт попал во все заголовки американских газет, когда публично разоблачил прелюбодеяние двух коллег-телеведущих Марвина Гормана и Джима Бэйккера. Согласно свидетельским показаниям, Джим Бэйккер заплатил церковному секретарю 265 000 долларов, чтобы тот никому не рассказал о его грязных сексуальных делишках. Бэйккера посадили в тюрьму по обвинению в растрате 158 миллионов долларов пожертвований. Ирония в том, что вскоре после разоблачения Гормана и Бэйккера сам Сваггерт был пойман во время визита к проститутке. Слезливое признание Сваггерта стало одним из знаковых моментов на телевидении 80-х годов. С заплаканным лицом и дрожащим подбородком он произнес: «Я согрешил против Тебя, мой Господь, и я прошу, чтобы Твоя драгоценная кровь омыла и очистила каждый мой грех, пока он не окажется в пучине забвения Твоего и никогда больше не будет воспоминаем».[16]

Однако он не ушел из общественного служения. В 1991 году Сваггерт был задержан калифорнийским дорожным патрулем, за то, что ехал по встречной полосе – снова в компании проститутки. На этот раз он сказал своим последователям: «Господь сказал мне, что это не ваше дело», и велел ему и дальше совершать служение проповедника.[17] На сегодняшний день Сваггерт и Бэйккер – все еще телеевангелисты, которых смотрят множество людей.

В 1991 году пророк из движения «Пророки Канзас-Сити» Боб Джонс был публично разоблачен: используя свое «пророческое помазание»,

---

[13] Hanna Rosin, "White Preachers Born Again on Black Network; TV Evangelists Seek to Resurrect Ministries," *Washington Post*, September 3, 1998.

[14] Ср. "Testimonials," Peter Popoff Ministries website, accessed October 2012, http://peterpopoff.org/testimonials.

[15] Smith, Pseudoscience and Extraordinary Claims of the Paranormal, 290.

[16] Susan Wise Bauer, The Art of the Public Grovel: Sexual Sin and Public Confession in America (Princeton, NJ: Princeton University, 2008), 238.

[17] Mark Silk, *Unsecular Media* (Champaign, IL: University of Illinois, 1998), 83.

он убеждал женщину раздеться.[18] В том же году программа «ABC News» расследовала служение Роберта Тилтона, доход которого в те годы составлял более 80 миллионов долларов в год. В результате расследования выяснилось, что конверты с молитвенными просьбами и пожертвованиями вскрывались только для того, чтобы извлечь из них банкноты.[19]

В 2000 году епископ Кларенс МакКлендон повторно вступил в брак через семь дней после развода с женой, с которой состоял в браке шестнадцать лет, на фоне подозрений, что его новая пассия забеременела от него. МакКлендон был видным членом Международного общества харизматических церквей и пастором церкви пятидесятников в Лос-Анджелесе. Несмотря на скандал, МакКлендон отказался уйти в отставку. Комментируя свой развод, он сказал: «У меня есть призвание проповедовать, а не состоять в браке ... Одно с другим никак не связано».[20]

В начале 2002 года калифорнийский пастор пятидесятников Робертс Лиардон шокировал своих последователей, признавшись в гомосексуальной связи с молодежным руководителем своей церкви Джоном Кареттом. Но что действительно шокирует в этой истории, так это то, что он вернулся на служение через очень короткое время после инцидента.[21] В 2004 году Инок Лонни Форд, бывший сотрудник TBN (*Trinity Broadcasting Network*), пригрозил обнародовать свою гомосексуальную связь с Полом Краучем в 1990-х годах. «Лос-Анджелес таймс» сообщала, что Крауч ранее заплатил Форду 425 000 долларов, чтобы избежать огласки.[22]

В 2005 году известный харизматический пророк Пол Кейн признался, что «боролся с гомосексуализмом и алкоголизмом в течение длительного времени».[23] В том же году было возбуждено дело против Эрла Полка, основателя Международного харизматического библейского служения. Замужняя женщина из церкви Полка призналась, что у нее роман с

---

[18] David Cloud, "Recent Pentecostal Scandals," Fundamental Baptist Information Service, Way of Life Literature, December 29, 2008, http://www.wayoflife.org/database/pentecostalscandals.html. Ср. Pam Sollner, "Minister Removed After Confession of Sexual Misconduct," *Olathe News*, November 30, 1991, http://www.religionnewsblog.com/16929/minister-removed-after-confession-of-sexual-misconduct.

[19] ABC News, Primetime Live, November 21, 1991.

[20] "Clarence McClendon Cuts Ties with Foursquare after Divorce News," *Charisma*, July 31, 2000, http://www.charismamag.com/component/content/article/134-j15/peopleevents/people-events/92-clarence-mcclendon-cuts-ties-with-foursquare-after-divorce-news. Ср. Lee Grady, "Sin in the Camp," *Charisma*, February 2002, http://www.charismamag.com/site-archives/130-departments/first-word/560-sin-in-the-camp.

[21] Steven Lawson, "Most Students, Church Members Defend Liardon After Confession," *Charisma*, February 28, 2002, http://www.charismamag.com/site-archives/134-peopleevents/people-events/568-most-students-church-members-defend-liardon-after-confession.

[22] William Lobdell, "Televangelist Paul Crouch Attempts to Keep Accuser Quiet," *Los Angeles Times*, September 12, 2004, http://articles.latimes.com/2004/sep/12/local/me-lonnie12.

[23] Paul Cain, "A Letter of Confession," retrieved February 2005, accessed October 2012, http://web.archive.org/web/20050225053035/http://www.paulcain.org/news.html.

пастором уже на протяжении четырнадцати лет. По словам этой женщины, Полк убедил ее, что духовно сильные люди могут вступать во внебрачные связи, и это не будет прелюбодеянием; он назвал эти порочные связи «взаимоотношениями царства».[24]

В 2006 году Тед Хаггард, пастор Евангельской харизматической церкви в Колорадо-Спрингс, ушел в отставку после того, как стало известно о том, что он пользовался услугами гомосексуального эскорта и употреблял наркотики в течение трех лет. В феврале 2011 года Хаггард дал интервью журналу *GQ*, где пояснил: «Я думаю, что, если бы мне было 21 в этом обществе, я бы назвал себя бисексуалом».[25] В 2010 году он создал новую церковь в Колорадо.[26]

В 2008 году пятидесятнический епископ Томас Уэсли Уикс III признался, что избивал свою жену, харизматическую «пророчицу» Хуаниту Байнум, которая впоследствии рассказывала, что ее муж душил ее, бросал на землю и бил ногами на парковке возле отеля. Он признал себя виновным и был приговорен к трем годам заключения условно.[27] Позднее сама Байнум призналась, что борется с лесбийскими наклонностями и в течение многих лет вступала в интимную связь с разными женщинами.[28]

В 2008 году христианский целитель Тодд Бентли признался в незаконных отношениях с женщиной-сотрудницей. После развода Бентли женился на своей любовнице.[29] В том же году австралийский пятидесятнический евангелист Майкл Гульельмуччи сделал ложное заявление, что борется с раком, чтобы скрыть свою депрессию по поводу зависимости от порнографии. Стремясь убедить мир в своей болезни, Гульельмуччи побрил голову, носил кислородный баллон и подделал заключения врачей. Он также написал хит с названием «Целитель», где поется о том, как Господь помогал ему справиться с болезнью.[30]

В 2009 году республиканский сенатор Чак Грассли начал официальное расследование финансовой стороны служения Кеннета Коупленда,

[24] CNN, *Paula Zahn Now*, January 19, 2006.

[25] Kevin Roose, "The Last Temptation of Ted," *GQ*, February 2011, http://www.gq.com/news-politics/newsmakers/201102/pastor-ted-haggard.

[26] Lillian Kwon, "Ted Haggard Aims for Simplicity with New Church," *Christian Post*, July 26, 2010, http://www.christianpost.com/news/ted-haggard-aims-for-simplicity-with-new-church-46055/.

[27] Ср. Audrey Barrick, "Evangelist's Husband Apologizes, Pleads Guilty to Assault," *Christian Post*, March 12, 2008, http://www.christianpost.com/news/evangelist-s-husband-apologizes-pleads-guilty-to-assault-31498/.

[28] Tracy Scott, "Juanita Bynum shares 'lesbian' testimony," *S2S Magazine*, July 17, 2012, http://s2smagazine.com/18050/juanita-bynum-shares-lesbian-testimony/.

[29] David Roach, "Faith Healer Todd Bentley Separates from Wife, Draws Criticism from Charismatics," *Baptist Press News*, August 19, 2008, http://www.sbcbaptistpress.net/BPnews.asp?ID=28727.

[30] Elissa Lawrence, "Disgraced Pastor Michael Guglielmucci a Porn Addict," *The Australian*, August 24, 2008, http://www.theaustralian.com.au/news/fraud-pastor-a-porn-addict-says-shocked-dad/story-e6frg6n6-1111117284239.

Крэфло Доллара, Бенни Хинн, Эдди Лонга, Джойс Майер и Полы Уайт. Причиной для расследования стал роскошный образ жизни этих известных телеевангелистов.[31] Но подозрительная финансовая деятельность – не единственная причина скандалов в этих служениях. В 2010 году против Эдди Лонга было подано множество судебных исков за гомосексуальные домогательства подростков в своей церкви в обмен на деньги и другие преимущества.[32] В 2011 году Крэфло Доллар был арестован по обвинению в том, что душил свою пятнадцатилетнюю дочь.[33]

В 2010 году в «Нэшнл Инквайерер» были опубликованы фотографии, на которых разведенные телеевангелисты Бенни Хинн и Пола Уайт держались за руки, покидая отель в Риме.[34] «В статье за 23 июля утверждалось, что эти двое провели три ночи в пятизвездочном отеле, в котором Хинн забронировал номера под фальшивыми именами».[35] Быстро распространились слухи, что у них роман, однако они опровергли эти обвинения. Они утверждали, что приехали в Рим сделать финансовые пожертвования в Ватикан, – как будто это могло потушить разгорающийся скандал. Два года спустя, в 2012 году, Хинн объявил, что он и его жена Сюзанна заключат повторный брак, и венчать их будет пятидесятнический патриарх Джек Хейфорд. Сюзанна подала на развод в феврале 2010 года, сославшись на непримиримые различия с мужем. Бенни позже заявил, что их разделение связано с зависимостью его жены от медицинских препаратов.[36]

Приведенные выше примеры – это лишь капля в море внутренних и международных скандалов в харизматическом движении.[37] Но они

---

[31] Ср. Laura Strickler, "Senate Panel Probes 6 Top Televangelists," *CBS News*, February 11, 2009, http://www.cbsnews.com/8301-500690_162-3456977.html.

[32] Naimah Jabali-Nash, "Bishop Eddie Long Hit with Third Sex Lawsuit, Ga. Church Has Not Made Statement," *CBS News*, September 22, 2010, http://www.cbsnews.com/8301-504083_162-20017328-504083.html.

[33] Jim Gold, "Televangelist Creflo Dollar Arrested in Alleged Choking Attack on Daughter" *NBC News*, June 8, 2012, http://usnews.nbcnews.com/_news/2012/06/08/12126777-televangelist-creflo-dollar-arrested-in-alleged-choking-attack-on-daughter.

[34] "Evangelists Hinn, White Deny Affair Allegations," *CBN News*, July 26, 2010, http://www.cbn.com/cbnnews/us/2010/July/Evangelists-Hinn-White-Deny-Affair-Allegations/.

[35] Adrienne S. Gaines, "Benny Hinn Admits 'Friendship' with Paula White but Tells TV Audience It's Over," *Charisma*, August 10, 2010, http://www.charismamag.com/site-archives/570-news/featured-news/11683-benny-hinn-admits-friendship-with-paula-white-but-tells-tv-audience-its-over.

[36] Stoyan Zaimov, "Benny Hinn Says Wife's Drug Problems Led to Divorce, Praises God's Reconciling Power," *Christian Post*, June 13, 2012, http://global.christianpost.com/news/benny-hinn-says-wifes-drug-problems-led-to-divorce-praises-gods-reconciling-power-76585/.

[37] Можно привести и другие примеры. Например, в 2010 году телеевангелист Маркус Лэмб, основатель телевизионной сети Дэйстар, публично признался, что несколько лет назад у него была внебрачная связь. В 2011 году лондонский пятидесятнический пастор Альберт Одулеле признался в сексуальном домогательстве четырнадцатилетнего

хорошо демонстрируют слова в журнале «Тайм»: «между знаменитыми пятидесятническими проповедниками и скандалами существует магнетическая связь».[38] Комментируя подобные инциденты, Дж. Ли Грэйди, редактор журнала «Харизма», вынужден признать: «Я не испытываю личной неприязни к этим людям, но могу с легкостью их назвать современными последователями Надава и Авиуда. Это духовные шарлатаны. Они заигрывают с чуждым огнем. Их служение не созидает, они ответят перед Богом за причиненный вред».[39]

Грэйди не зря обеспокоен, однако считает эти скандалы второстепенной проблемой. На самом деле это симптомы серьезных внутренних проблем. Харизматическая история пропитана подобными скандалами. Попытайтесь найти их источник, и вы обнаружите, что они уходят корнями в ложное учение. Другими словами, моральные и духовные неудачи, о которых мы говорили в этой главе, – это неизбежное следствие испорченной пневматологии, фальшивого учения о Святом Духе.

Нельзя игнорировать одну характерную особенность всего этого длинного списка скандалов: независимо от того, насколько серьезным было нарушение или насколько широким был публичный резонанс, разоблаченные пасторы обычно очень скоро возвращаются на свой трон-кафедру, иногда в течение нескольких недель (а в некоторых случаях вообще не прекращают свое служение). По большей части это связано с тем, как харизматические церкви учат своих прихожан относиться к служителям – как трансцендентным душам, которые имеют уникальную личную связь с Богом и потому не подотчетны никому другому на местном уровне.

Как говорит преподаватель богословия Чед Брэнд: «Ввиду того, что такой человек воспринимается как наделенный духовной властью или помазанием, его или ее падение... часто легко прощают и закрывают на него глаза».[40] В свете разводов Джона Хейги в 1975 году, Ричарда

мальчика, а также молодого человека двадцати одного года. В 2012 году Ира Парментер – молодежный пастор пятидесятнической церкви в Колвуде – был арестован за сексуальную связь с шестнадцатилетней девочкой (Sam Hodges, "Former Employee Sues Daystar Founder Marcus Lamb over His Extramarital Affair with Another Employee," *Dallas Morning News*, December 3, 2010, http://www.dallasnews.com/incoming/20101203-exclusive-former-employee-sues-daystar-founder-marcus-lamb-over-his-extramarital-affair-with-another-employee.ece; Janet Shan, "London-Based Pastor Albert Odulele Pleads Guilty to Sexual Assault of 14 Year Old Boy, Says He 'Battled' Sexuality for Years," *Hinterland Gazette*, March 11, 2011, http://hinterlandgazette.com/2011/03/london-based-pastor-albert-odulele.html; Markham Hislop, "Former BC Youth Pastor Ira Parmenter Arrested for Sexual Exploitation of Young Girl," *Calgary Beacon*, May 15, 2012, http://beaconnews.ca/calgary/2012/05/former-bc-youth-pastor-ira-parmenter-arrested-for-sexual-exploitation-of-young-girl/).

[38] David Van Biema, "Are Mega-Preachers Scandal-Prone?" *Time*, September 28, 2007, http://www.time.com/time/nation/article/0,8599,1666552,00.html.

[39] J. Lee Grady, *The Holy Spirit Is Not for Sale* (Grand Rapids: Baker, 2010), 87.

[40] Chad Brand, as cited in Roach, "Faith Healer Todd Bentley Separates from Wife."

Робертса (сын Орала Робертса) в 1979 году и Полы и Рэнди Уайт в 2007 Брэнд добавляет: «Хотя эти разводы отразились на их служениях, однако в каждом из этих случаев их служения процветали. В большинстве других евангельских традиций разводы серьезно сказываются на служении тех, кто через это прошел».[41]

Как я уже отмечал выше: очень иронично, что движение, претендующее на руководство Святого Духа, не столь требовательно, как Писание, к моральным качествам своих проповедников и учителей. Поскольку паства не поднимается выше своих служителей, собрание наполнено теми же грехами.

Истинная работа Духа характеризуется святостью в жизни людей. Когда руководство движения постоянно замешано в каких-то скандалах, это заставляет сомневаться в духовных силах, которые стоят за ним. Святой Дух активно участвует в освящении Божьего народа, дает верующим силы противостоять плоти и возрастать во Христе. А вот для лжеучителей характерны безудержные плотские желания (2Пет. 2:10,19).

ТРЕТИЙ КРИТЕРИЙ:
НАПРАВЛЯЕТ ЛИ ДВИЖЕНИЕ ЛЮДЕЙ К ПИСАНИЮ?

Третья отличительная черта истинной работы Святого Духа: Он всегда направляет людей к Слову Божьему. Как писал Джонатан Эдвардс: «Тот дух, который пробуждает благоговейное отношение к Священному Писанию и утверждает в истинности и божественности Слова, безусловно, является Духом Божьим».[42] Эдвардс обнаружил это принцип в 1Ин. 4:6, где апостол Иоанн говорит своим читателям: «Мы от Бога; знающий Бога слушает нас; кто не от Бога, тот не слушает нас. Посему-то узнаем духа истины и духа заблуждения». Истинная работа Духа побуждает верующих подчиняться апостольскому учению (т. е. Новому Завету) и всей Библии. Люди, ведомые Духом, ценят и любят Писание. А лжепророки, наоборот, умаляют Божье Слово, добавляя к нему свои собственные идеи и искажая его смысл (см. 2Пет. 3:16).

Библия показывает неразрывную связь между Святым Духом и Писаниями, которые Он вдохновил (2Пет. 1:20-21). Ветхозаветные пророки с помощью Духа предсказывали пришествие Господа Иисуса Христа (1Пет. 1:10-11; ср. Деян. 1:16; 3:18). Апостолы были также движимы Духом на написание Евангелий и других книг Нового Завета (Ин. 14:25-26; 15:26). Говоря об откровении, которое Святой Дух даст апостолам, Господь Иисус сказал: «Еще многое имею сказать вам; но вы теперь не можете

---

[41] Там же

[42] Jonathan Edwards, "The Distinguishing Marks of a Work of the Spirit of God," *The Great Awakening* (New Haven: Yale, 1972), 253.

вместить. Когда же придет Он, Дух истины, то наставит вас на всякую истину; ибо не от Себя говорить будет, но будет говорить, что услышит, и будущее возвестит вам. Он прославит Меня, потому что от Моего возьмет и возвестит вам. Все, что имеет Отец, есть Мое; потому Я сказал, что от Моего возьмет и возвестит вам» (Ин. 16:12-15). Из этих слов мы видим, что Святой Дух не говорит от Себя, но раскрывает слово Христа. Это обетование было исполнено в написании Нового Завета.

Библия – это книга Святого Духа; Он вдохновил на ее написание; Он наделяет ее божественным авторитетом. Это основной инструмент, с помощью которого Он осуждает мир в грехе (Ин. 16:8-11; Деян. 2:37); указывает грешникам на Спасителя (Ин. 5:39; 1Ин. 5:6); и преображает верующих в образ Господа Иисуса (2Кор. 3:18; 1Пет. 2:2). Писание названо «мечом Духа». Для верующих этот меч наряду с силой Духа служит защитой от искушений (Еф. 6:17); это орудие, с помощью которого Святой Дух пронзает неверующие сердца (Евр. 4:12). Сравнение Еф. 5:18 с Кол. 3:16 показывает: повеление «исполняйтесь Духом» параллельно наставлению «Слово Христово да вселяется в вас обильно», поскольку результат один и тот же (см. Еф. 5:18 – 6:9; Кол. 3:16 – 4:1).

Как говорит один комментатор: «Невозможно, чтобы Слово Божье пребывало в верующих, если они не исполнены Духа; и наоборот, христиане не могут быть исполнены Духом, не говоря о Слове Христовом, обитающем в них».[43] Исполнение Духом начинается с наполненности Писанием; поскольку верующие подчиняются Слову Христа, они движимы Святым Духом. Именно Дух просвещает и укрепляет в вере их сердца: возрастая в познании Господа Иисуса, их любовь к Спасителю с каждым днем становится все глубже (см. 1Кор. 2:12-16).

Святой Дух никогда не стал бы удерживать людей от чтения, изучения и применения Священного Писания – книги, которую Он вдохновлял и дал нам для спасения и освящения. Тем не менее, современное харизматическое движение вставляет клин между Библией и ее божественным Автором, утверждая *небиблейские* переживания и поддерживая *внебиблейские* откровения – как будто Святой Дух говорит от Себя или действует в Церкви сегодня таким образом, который противоречит истине Его Слова. Установив свою собственную версию Духа, харизматы ожидают, что Он будет говорить и действовать как-то по-новому, совсем не так, как сказано в Писании. В результате библейское откровение отодвигается на задний план, обесценивается и умаляется.

К своему удивлению вы можете услышать во многих харизматических кругах следующее: серьезное исследование Божьего Слова ограничивает

---

[43] Earl Radmacher, *Salvation* (Nashville: Thomas Nelson, 2000), 150. Радмачер добавляет: «Без Духа Святого Слово Божье безжизненно. А Дух Божий без Слова немой. Другими словами, внимание на Слове Божьем без Духа ведет к формализму, а внимание на Духе без Слова ведет к фанатизму. Но объедините их, и вы получите возрастание в образ Христов».

или препятствует работе Духа.[44] Ничто так не далеко от истины. Обращение к тексту не происходит *в обход* Святого Духа; наоборот, обращение к тексту с молитвой о водительстве Духа выражает *почтение* к Нему (ср. Деян. 17:11). Исследовать Писания и понимать их правильное значение – значит слышать слова Святого Духа, поскольку Он – Тот, Кто вдохновил каждое его слово.

Вместо того чтобы высоко ценить данное Духом Писание, которое Бог превозносит наряду со Своим именем (Пс. 138:2), харизматическое движение побуждает людей искать божественное откровение *где угодно, но только не* в Библии. Такая ошибочная предпосылка подрывает учение о достаточности Писания и игнорирует закрытие канона. Самопровозглашенный апостол и зодчий третьей волны Питер Вагнер ставит под сомнение исключительную уникальность библейского откровения, настаивая на том, что божественное откровение продолжается и сегодня. Он пишет:

> Некоторые возражают против того, что Бог общается с нами напрямую, утверждая, что все, что Он хотел открыть, уже есть в Библии. Это не может быть правдой, поскольку в Библии нет текста, который говорит, что Библия должна состоять из 66 книг. Богу понадобилась пара сотен лет, чтобы открыть церкви, какие книги должны быть включены в Библию, а какие – нет. Это внебиблейское откровение. И это при том, что католики и протестанты по-прежнему спорят по этому вопросу. Я же считаю, что молитва – это двусторонне движение, мы говорим с Богом и ожидаем, что Он будет говорить с нами. Мы слышим голос Бога. Он также дает новые откровения пророкам, как мы видели.[45]

Когда такой фундаментальный постулат, как закрытый канон Писания, открыто подвергается сомнению и без колебаний отрицается, мы оказываемся на очень скользком пути. Неудивительно, что сам Вагнер известен как распространитель всевозможных ересей, дрейфуя все дальше и дальше в безбрежный океан заблуждений, снявшись с якоря библейского откровения.[46]

Харизматический автор Джек Дир зашел настолько далеко, что назвал постулат о достаточности Писания *дьявольской* доктриной. По его словам,

чтобы исполнить высшее Божье предназначение для нашей жизни, мы должны научиться слышать Его голос как в записанном Слове, так и в

---

[44] Мартин Перси писал: «Часто повторяемая колкость в адрес евангельских верующих, что они верят в другую Троицу, отличную от традиционной: Отец, Сын и Священное Писание» ("Whose Time Is It Anyway," in *Christian Millennnarianism*, ed. Stephen Hunt [Bloomington, IN: Indiana University Press, 2001], 33).

[45] C. Peter Wagner, "The New Apostolic Reformation Is Not a Cult," *Charisma News*, August 24, 2011, http://www.charismanews.com/opinion/31851-the-new-apostolic-reformation-is-not-a-cult.

[46] Подробнее о служении Питера Вагнера см. в пятой главе.

слове, недавно сказанном с небес... Сатана понимает, насколько важно, чтобы христиане слышали голос Бога, поэтому делает все возможное, чтобы воспрепятствовать этому. Одна из его наиболее страшных уловок – заставить людей думать, что Бог больше не говорит с нами, кроме как через записанное Слово. В конечном счете, эта доктрина является дьявольской, несмотря на то, что именно христианские богословы довели ее до совершенства.[47]

Дир настаивает, что христиане *должны* искать божественное откровение за пределами страниц Писания. Тем не менее он признает, что пророчества харизматических пророков полны ошибок и их нельзя принимать за чистую монету. Дир даже признает: «Мы можем выдать собственные мысли за Божье откровение».[48] Как мы увидим в шестой главе, надуманные откровения и ошибочные «пророчества» – это обычные уловки харизматического движения.

Несмотря на серьезное заблуждение и потенциальный вред предполагаемого нового «откровения», некоторые харизматические церкви продолжают превозносить современное пророчество над Библией. Как отмечает один автор: «Церкви, которые ищут новых откровений, редко обращаются к Библии, как например, Церковь Живого Слова, основанная Джоном Робертом Стивенсом, и Объединенный Дом молитвы для всех народов. Стивенс учит, что Библия устарела и нуждается в дополнении пророчествами, вдохновленными Духом для нашего времени».[49] Большинство церквей, конечно, отказываются поддерживать такой крайний взгляд. Однако такие примеры – это логическое завершение харизматической настойчивости на новом откровении для современных христиан. Если Дух продолжает давать новые откровения, почему бы нам не собрать их и не добавить в наши Библии?

Современное харизматическое движение ложно приписывает себя к евангельскому христианству, однако подрывает авторитет и достаточность Писания. Превозносить духовные переживания или надуманные откровения выше Библии – не является ни ортодоксальным, ни истинно евангельским. Говоря о собственном опыте, как очевидца преображения Христа на горе, апостол Петр говорит:

Ибо мы возвестили вам силу и пришествие Господа нашего Иисуса Христа, не хитросплетенным басням последуя, но быв очевидцами Его величия. Ибо Он принял от Бога Отца честь и славу, когда от велелепной славы принесся к Нему такой глас: «Сей есть Сын Мой возлюбленный, в Котором Мое благоволение». И этот глас, принесшийся с небес, мы слышали,

---

[47] Jack Deere, cited in Mark Thompson, "Spiritual Warfare: What Happens When I Contradict Myself," *The Briefing* no. 45/46 (April 24, 1990): 11. Эти слова Джек Дир произнес на конференции в 1990 году.

[48] Jack Deere, *The Gift of Prophecy* (Ventura, CA: Gospel Light, 2008), 141.

[49] Donald G. Bloesch, *The Holy Spirit* (Downers Grove, IL: InterVarsity, 2000), 187–88.

будучи с Ним на святой горе. И притом мы имеем вернейшее пророческое слово; и вы хорошо делаете, что обращаетесь к нему, как к светильнику, сияющему в темном месте, доколе не начнет рассветать день и не взойдет утренняя звезда в сердцах ваших... (1Пет. 1:16-19).

Петр был свидетелем беспрецедентного сверхъестественного богоявления на горе Преображения. У него был подлинный божественный, небесный опыт. Тем не менее, апостол знал, что Писание («пророческое слово») является «вернейшим», по сравнению с самыми возвышенными переживаниями. Петр говорит здесь о проблеме, которую многие харизматы отказываются признавать. Человеческий опыт субъективен и ошибочен; только Слово Божье – неизменное и безошибочное, потому что совершенен его Автор.

Как и у Петра, у апостола Павла также были свои невероятные духовные опыты. Он был взят на небеса, «восхищен в рай и слышал неизреченные слова, которых человеку нельзя пересказать» (2Кор. 12:4). В отличие от тех, кто сегодня сплетает фантастические рассказы о жизни после смерти и даже делает на этом карьеру, Павел считал, что хвалиться своим опытом «не полезно» для него (ст. 1). Почему? Потому что даже этот истинный опыт не может быть проверен или повторен. Если бы Павел собирался похвастаться, он хвалился бы истиной Евангелия и чудом собственного спасения (Гал. 6:14). Более того, чтобы Павел не превозносился чрезвычайностью видений и откровений, Господь дал ему «жало во плоти, ангела сатаны, удручать [его], чтобы не превозносился» (2Кор. 12:7). Вместо того чтобы хвалиться своими духовными переживаниями, Павел призван проповедовать Слово Божье (2Тим. 4:2), поскольку библейское Евангелие – это «сила Божья ко спасению всякому верующему» (Рим. 1:16).

Кто стоит за библейским откровением и его авторитетом? Если мы еще раз посмотрим на рассказ Петра о преображении на горе, мы найдем ответ на этот вопрос двумя стихами ниже: «Ибо никогда пророчество не было произносимо по воле человеческой, но изрекали его святые Божии человеки, будучи движимы Духом Святым» (2Пет. 1:21). Когда мы подчиняемся авторитетному Слову Божьему, мы подчиняемся самому Духу, поскольку Он вдохновил каждое слово в нем. Дух Святой не может противоречить, обесценивать или добавлять новое откровение к Писанию (см. Откр. 22:17-19). Вместо этого он возвышает библейскую истину в сердцах и умах верующих.

ЧЕТВЕРТЫЙ КРИТЕРИЙ: ВОЗВЫШАЕТ ЛИ ДВИЖЕНИЕ ИСТИНУ?

Четвертый критерий, в свете которого необходимо испытать любую предполагаемую работу Святого Духа следующий: акцентирует ли это служение внимание на духовной истине и доктринальной чистоте или же ведет к замешательству и заблуждениям?

В 1Ин. 4:6 апостол Иоанн сказал просто: «Посему-то узнаем духа истины и духа заблуждения». Святой Дух, который ведет к истине, резко контрастирует с ложными духами, которые ведут к заблуждениям и ложным учениям. Когда мы знаем, что духовное движение защищает здравое богословие, осуждая ложное учение и поверхностное единство, – это серьезные признаки подлинной работы Святого Духа.[50] И наоборот, верующие должны настороженно относится к любому религиозному движению, которое игнорирует здравое учение, пропагандирует заблуждения или открыто поддерживает экуменический компромисс.

Печальный факт заключается в том, что библейская истина никогда не была отличительной чертой харизматического движения, где духовный опыт всегда возвышался над здравым учением. Как говорит богослов Фредерик Дейл Брунер: «Пятидесятничество хочет, чтобы его воспринимали, как эмпирическое христианство, с его опытом, кульминация которого – в крещении верующего Святым Духом, как на Пятидесятницу, когда ученики заговорили на других языках... Важно заметить, что пятидесятники постоянно подчеркивают не *учение*, это *ощущение* Святого Духа. = ».[51]

Пример этого можно увидеть в истории пятидесятничества, движение, в котором говорение на языках стало центральной частью его богословия (основанное на ошибочном взгляде на крещение Духом). Как мы видели во второй главе, когда первые пятидесятники изучали Писание, они были убеждены, что языки в Библии являются *подлинными иностранными языками*. Но что случилось, когда стало очевидно, что их современная версия «дара» не имеет никакого отношения к реальным языкам? Если бы Писание было их высшим авторитетом, они бы полностью отказались от этой практики – признав, что их опыт не имеет библейского прецедента. Вместо этого они радикально изменили свое толкование Нового Завета, манипулируя текстом, чтобы оправдать и утвердить подделку. Таким образом, ясное учение Писания о языках было искажено, чтобы

---

[50] Как пишет Джонатан Эдвардс: «Еще одно правило, по которому можно выяснить источник духа... наблюдая за манерой поведения духа, который трудится в людях... Если он действует, как дух истины, ведет к истине, убеждая их в том, что истинно, мы можем уверенно сказать, что это верный и истинный Дух» (*The Works of President Edwards in Four Volumes* [New York: Robert Carter & Brothers, 1879], I:542).

[51] Frederick Dale Bruner, A Theology of the Holy Spirit: The Pentecostal Experience and the New Testament Witness (Grand Rapids: Eerdmans, 1970), 21.

соответствовать современному явлению, теперь языки – это *бессмысленная тарабарщина*.

Церкви пятидесятников постоянно возвышают опыт над истиной. Небиблейские практики, такие как сокрушение Духом, поощряются не потому, что у них есть библейское основание, а потому, что они дарят людям яркие эмоции и чувства. Женщины могут быть пасторами в церкви не потому, что это разрешает Новый Завет (1Тим. 2:12), но потому, что так принято в харизматическом движении. Бессмысленные и неконтролируемые движения во время богослужения поощряются не потому, что Библия учит об этом (1Кор. 14:33), а потому, что такой эмоциональный восторг просто необходим, чтобы войти в состояние экстаза. Можно было бы привести еще множество примеров, иллюстрирующих тот факт, что духовный опыт в пятидесятничестве постоянно превозносится над библейским авторитетом.

Как мы уже видели, харизматическое движение обновления, начавшееся в 1960-х годах, несет в себе один существенный недостаток – готовность жертвовать основными доктринальными различиями ради поверхностного единства, которое зиждется исключительно на общности опыта.[52] Самый яркий пример такой инклюзивности, основанной на опыте, как отмечалось выше, было принятие харизматических католиков в лоно основного харизматического движения. В результате исторические особенности протестантской доктрины были отброшены (или отошли на второй план) многими харизматами просто потому, что их католические соратники говорили на языках или принимали другие харизматические *проявления*. Сегодня есть даже харизматические мормоны.[53] Независимо от того, чему они учат, если у них был такой опыт, они принимаются.

Даже поверхностный просмотр харизматического телевидения ясно свидетельствует о том, что для многих харизматов личный опыт превосходит Библейскую истину. Я жду уже много лет, чтобы услышать, как телеведущий прервет гостя и скажет: «Это неправда. Этого нет в Слове Божьем. Мы этого не примем. Вы не можете подтвердить этого на основании Писания». Но такого никогда не происходит, какую чушь бы там не несли. Даже если звучит странное богословское утверждение или просто смехотворное толкование Писания, где текст вырван из контекста, а его смысл полностью перевернут, никто никогда не останавливает и не говорит: «Так, стоп; это ересь. Это неправда».

Отсутствие доктринального контроля и богословской ответственности в харизматических кругах побудило некоторых наблюдателей выразить

---

[52] Джек Коттрелл писал: «Несмотря на все возражения, если не на теоретическом, то на практическом уровне, харизматы превозносят опыт над Словом Божьим как окончательную норму для веры и практики» (*The Holy Spirit* [Joplin, MO: College Press, 2007], 445).

[53] См., например, "Hi. I'm Kathy, I'm a born again, Spirit-filled, Charismatic Mormon" at Mormon.org, accessed March 2013, http://mormon.org/me/6kpv.

серьезную обеспокоенность этим: «Харизматическое движение в целом пока не интегрировало великие доктринальные истины Писания в жизни своих церквей. Акцентируя все внимание на опыте со Святым Духом, они часто игнорируют ценность прилежного изучения богословия».[54] Это еще мягко сказано. Доктринально харизматическое движение отражает период израильских судей – время в истории Израиля, когда «каждый делал то, что ему казалось справедливым» (Суд. 21:25). В результате почти невозможно определить четкие доктринальные черты харизматического движения, за исключением, конечно, его заблуждений. Это движение не поддается богословской классификации, потому что в нем огромное количество точек зрения, каждая из которых основана на личной интуиции или воображении.

Даже харизматические авторы иногда признают, что обеспокоены тем, что люди в их движении «сначала что-то переживают на опыте, а затем спешат к Писанию, чтобы обосновать то, что с ними случилось».[55] Один из них пишет: «Не контролируйте, не сопротивляйтесь, не анализируйте; просто сдайтесь в объятия Его любви. Вы можете проанализировать этот опыт позже; просто позвольте этому случиться».[56] Но все должно быть с точностью до наоборот. Мы должны начать с Слова Божьего, позволяя правильному толкованию текста направлять наш опыт. Истинная работа Духа процветает, когда ее корень – здравое учение. Дух всегда направляет внимание к библейской истине; он не отклоняет ее и не видит в ней угрозы. Как только опыт становится лакмусовой бумажкой для истины, субъективизм оказывается у руля, тогда ни учение, ни практика не сверяются с божественным стандартом Писания.

Харизматы не придают должного значения доктринам по той же причине, по которой отодвигают Библию на второй план: они думают, что любые заявления о вневременной, объективной истине заглушают работу Духа. Они полагают, что служение Духа является чем-то совершенно свободным, бесконечно гибким, настолько субъективным, что не поддается определению. Кредо, исповедания веры и систематическое богословие рассматриваются как узкие, ограниченные, недостаточно гибкие рамки, чтобы Дух мог трудиться в них. Признавая эту тенденцию внутри харизматических кругов, один автор писал: «Однажды студент колледжа предупредил меня об "опасной дьявольской доктрине", которую он усматривал в систематическом богословии. "Господь дал нам Святой Дух, чтобы истолковать Писание", – сказал он. "Доктринальное учение – это

---

[54] John Ankerberg and John Weldon, *Cult Watch* (Eugene, OR: Harvest House, 1991), viii.

[55] William Menzies, cited in Stephen Eugene Parker, *Led by the Spirit* (Sheffield, UK: Sheffield Academic, 1996), 21.

[56] John Arnott, *The Father's Blessing* (Lake Mary, FL: Charisma House, 1995), 127. На странице 119 Арнотт говорит: «Если вы боитесь сотрясания, смеха или падения на пол, поговорите с Богом об этом ... Покайтесь и позвольте себе стать уязвимыми... Вы можете проанализировать и проверить это позднее».

искушение, посылаемое сатаной, полагаться на свой разум для понимания Библии, а не полагаться на Святого Духа"».[57]

Он меня шокировал этими словами. На самом деле хорошее богословие всегда искореняет заблуждения, поэтому здравое учение – единственное противоядие от харизматических ошибок. Помните, что Святой Дух – это Дух *истины* (Ин. 16:13). Его работа всегда возвышает библейскую истину и здравое учение в сердцах и умах Его народа.

ПЯТЫЙ КРИТЕРИЙ: ПОБУЖДАЕТ ЛИ ЭТО ДВИЖЕНИЕ ЛЮБИТЬ БОГА И БЛИЖНЕГО?

Джонатан Эдвардс сформулировал пятый и последний критерий для оценки любого духовного движения: истинная работа Духа пробуждает и углубляет в людях любовь к Богу и ближним. Эдвардс взял этот принцип из 1Ин. 4:7-8, где апостол Иоанн писал: «Возлюбленные! будем любить друг друга, потому что любовь от Бога, и всякий любящий рожден от Бога и знает Бога. Кто не любит, тот не познал Бога, потому что Бог есть любовь». Первый плод Духа – это *любовь* (Гал. 5:21), и там, где царит настоящая любовь, пребывает и трудится Святой Дух.

Истинная работа Духа производит любовь к Богу, которая выражается в здравых благоговении и похвале. *Это определение библейского поклонения.* Поклонение – это выражение любви к Богу, и поэтому по своей природе оно включает и страсти души. Большинство христиан в той или иной степени признают это.

Но многие, похоже, думают, что мы не можем по-настоящему поклоняться Богу, пока не отключим каким-то образом свой разум. Я слышал, как харизматические проповедники призывали людей отключить их рациональные способности, потому что Дух якобы не может работать, если мы слишком много думаем. Это совершенно небиблейский взгляд. В истинном поклонении и мысли, и чувства – вместе со *всеми* нашими человеческими способностями – устремляются к Богу в подлинном благоговении. Этот принцип подразумевается в первой великой заповеди: «Возлюби Господа Бога твоего всем сердцем твоим, и всею душою твоей и всем *разумением* твоим» (Мф. 22:37).

Подлинное прославление Отца – это не какофония бессмысленного столпотворения. Поклонение – это не просто неистовство и эмоции. «Поклоняющиеся Ему должны поклоняться в духе и *истине*» (Ин. 4:24). Бог «возлюбил истину в сердце» (Пс. 50:8). Поэтому истинное поклонение

---

[57] William E. Brown, *Making Sense of Your Faith* (Wheaton, IL: Victor, 1989), 55.

(как и подлинное освящение) не может исключать разум; наш разум должен *обновиться* (Рим. 12:1-2; ср. Еф. 4:23-24). Как сказал Джонатан Эдвардс, подлинный библейский мир должен пробуждать в людях «возвышенные мысли о Боге, и его дивные совершенства и дела отзовутся в их сердцах благодарностью и осознанием превосходства Иисуса Христа».[58] Суть в том, что мы становимся новыми людьми во всей полноте – «обновленными в познании» (Кол. 3:10). Писание ничего не говорит о духовности, которая исключает разум и задействует только чувства.

Но харизматическое богослужение часто характеризуется беспорядком и хаосом, что явно не выражает почтения к Господу (1Кор. 14:33). Как говорит пятидесятнический преподаватель богословия, «я люблю называть харизматическое поклонение "полным богослужением", поклонением сердца и разума, души и сил. Мы сходим с ума, когда думаем обо всем, что Бог сделал для нас и в нас. Это даже больше сводит с ума, чем победа любимой баскетбольной команды!».[59] Включите TBN или любой другой харизматический канал и вам не придется заставлять себя долго ждать, чтобы увидеть примеры иррациональных и экстатических явлений: от потока бессвязных звуков и отключений в трансе до безудержного смеха и лая, подобно собакам.[60]

Очень часто харизматы участвуют в поклонении и молитве, отключая свой ум. Их лидеры говорят им следующее: «Найди укромное место. Ни о чем не думай. Слушай свое дыхание, сосредоточившись на одном слове, например, "Господь", или слушай тихую, духовную музыку, позволяя Святому Духу говорить с тобой».[61] Они приходят, чтобы исполниться Духом и бездумной одержимостью. По словам одной пятидесятницы, «я всегда смущалась, когда Святой Дух касался меня. Мне казалось, что люди вокруг думают, что я сумасшедшая. Это был очень сильный опыт. Я словно полностью потеряла контроль над своим телом, и какая-то другая сила управляла им, я не могла ничего сделать, чтобы остановить это».[62]

Один из самых ярких случаев хаотического харизматического богослужения произошел в середине 1990-х в Торонто. Профессор социологии Маргарет М. Полома описывает свой опыт участия в богослужении одной харизматической церкви в Торонто в 1995 году:

---

[58] Edwards, "The Distinguishing Marks of a Work of the Spirit of God," 256.

[59] Telford C. Work, "Theological FAQ: You Describe Yourself as Pentecostal. What Is Pentecostalism About?" March 7, 2003, http://www.westmont.edu/~work/faq/pentecostal.html.

[60] Ср. Гордон Фи, харизматический комментатор, который считает, что «Павел верил в непосредственное общение с Богом с помощью Д/духа, который иногда не задействует разум» (Gordon Fee, *God's Empowering Presence* [Peabody, MA: Hendrickson, 2009], 219).

[61] Cf. C. J. Knieper, *I Am … in Charge!* (Summersville, SC: Holy Fire, 2008), 8. Тони Камполо и Мэри Альберт предлагают подобный метод молитвенного созерцания без участия разума в своей книге: *Connecting Like Jesus* (San Francisco: Wiley, 2010), 59.

[62] Annette Ware-Malone, *Life's Achievements After a Death of a Child* (Bloomington, IN: AuthorHouse, 2007), 5–6.

Вспышки смеха усиливались с каждой минутой. [Евангелист Байрон] Мот провозгласил: «Бог закатил здесь большую вечеринку». Затем он открыл первую главу Евангелия от Луки и, похоже, начал проповедь о Марии, матери Иисуса. Люди продолжали смеяться, а речь Мота стала невнятной... Он сел, пытаясь сохранить самообладание, он был похож на пьяницу, который изо всех сил старается не упасть со стула. Вскоре он все же упал на пол, «опьяненный в Духе», а люди смеялись и аплодировали. Затем Джен Мот подменила своего мужа за кафедрой, обратившись к отрывку из Книги Песни Песней Соломона: «Да лобзает он меня лобзанием уст своих! Ибо ласки твои лучше вина». Хотя Джен Мот тоже изо всех сил старалась держать себя в руках (и в какой-то момент присела, потому что ее «колени дрожали»), она рассказала о том, как смех открывает сердца людей навстречу Божьей любви. Те, кто не лежали на полу, духовно опьяненные в безудержном смехе, стали подпевать ей: «Мой Иисус, я люблю тебя».[63]

Такое странное поведение идет в разрез с библейским поклонением. Это издевка на тем, что свято, и грубая непочтительность к Богу. Хотя «Благословение Торонто» постепенно забыли, оно служит примером очень странного поведения, которое может возникнуть, когда в поклонении поощряется безудержный эмоциональный подход. Подобные выходки характеризовали ранних пятидесятников возрождения Азуза-стрит.[64] Даже Чарльз Парэм, основатель пятидесятников, в ужасе отстранился от некоторых выходок, которые он там наблюдал: «Дикие, странные молитвенные богослужения, где тела мечутся в безудержных и вызывающих движениях, как в танцевальном зале, ведут к свободной любви, сумасбродству и спариванию душ».[65]

Питер Мастерс, пастор лондонской «Метрополиан Табернакл», объясняет, почему безудержная эмоциональность и потеря рационального анализа – ключевые компоненты харизматического богослужения:

Харизматы утверждают, что, сохраняя контроль над мыслями и действиями, они противодействуют и угашают работу Святого Духа. Они говорят, что верующие должны быть готовы уступить контроль над разумом, чтобы открыться прямому божественному влиянию как во время богослужения, так и в личном христианском служении. Джон Уимбер с беспокойством отмечает, что «страх потерять контроль угрожает большинству западных христиан». Он настаивает на том, что мы должны преодолеть наши страхи, потому что разум должен быть отключен: для говорения языками; для

---

[63] Margaret M. Poloma, *Main Street Mystics* (Oxford: AltaMira, 2003), 5.

[64] Отмечая, как богослужение на Азуза-стрит воспринималось окружающими, один автор приводит заголовки в «Лос-Анджелес таймс» о встречах на Азуза-стрит: «Странное вавилонское столпотворение», «Появилась новая секта фанатиков», «Дикая сцена прошлой ночью на Азуза-стрит» (May Ling Tan-Chow, *Pentecostal Theology for the Twenty-First Century* [Burlington, VT: Ashgate, 2007], 43).

[65] Charles Parham, cited in Grant Wacker, *Heaven Below*, 125.

восторженных чувств в поклонении; для принятия посланий от Бога и для чудесных явлений, таких как исцеления.[66]

Но потеря такого контроля во время поклонения – серьезная и трагическая ошибка. Это самовольный, корыстный и нечестивый подход к поклонению, поскольку он отражает либо беспечное пренебрежение, либо прямой отказ поклоняться, как велел Бог, в духе и *истине* (Ин. 4:24).[67]

Как же нам относится к поклонению, в котором требуется отключить разум? Вот хороший ответ: «Такая идея безучастного разума чужда христианской мысли. Скорее, она ближе к языческим практикам, таким как трансцендентальная медитация, мистические ритуалы, гипноз и другие методы, которые часто открывают двери для демонических влияний. Человек, ищущий духовных переживаний, которые при этом исключают участие разума, может открыть себя злым духовным существам... Когда человек ищет кратчайший путь к духовности в мистицизме или сверхъестественных переживаниях, он становится уязвимым для сатанинского обмана».[68]

Мистицизм харизматического богослужения становится еще более привлекательным, когда добавляется *материализм* богословия процветания. Как мы уже говорили, в харизматическом движении к Богу относятся так, как если бы Он был космическим Санта-Клаусом, Который с радостью удовлетворяет все материальные желания. Другие относятся к Святому Духу так, как будто он некая энергия – искра электричества и духовной силы, которая производит экстатическое жужжание. В том и другом случае, харизматов учат приближаться к Богу, мотивируя себя тем, что ты можешь от Него что-то получить. Как объясняет один автор: «Евангелие процветания – это бессердечный материализм в религиозной маске. Его подкрепляют отдельными стихами из Библии, но в нем нет любви к Богу. Эта теория использует Бога для эгоистических и инфантильных целей».[69] Напротив, настоящая любовь к Богу выражается в жизни самоотверженного послушания и жертвенного служения Ему (Рим. 12:1).

Помимо любви к Богу, истинная работа Духа пробуждает в верующих искреннюю и жертвенную любовь друг ко другу. Такая любовь «радуется истине» (1Кор. 13:6), то есть она не терпит ложного учения ради

---

[66] Peter Masters, "The Law of a Sound Mind," *Trinity Review* no. 272 (Nov/ Dec 2007), http://www.trinityfoundation.org/PDF/The%20Trinity%20Review%2000246%20Review272masters.pdf.

[67] В своем трактате «Разум» Джонатан Эдвардс четко отмечает, что Бог не идет в обход разума человека для достижения его сердца истиной. Ср. Jonathan Edwards, "The Mind," in *The Philosophy of Jonathan Edwards from His Private Notebooks*, ed. Harvey G. Townsend (Eugene: University of Oregon, 1955), 21ff.

[68] Mark E. Moore, "Eyeing the Tongue," in *Fanning the Flame* (Joplin, MO: College Press, 2003), 218.

[69] Raymond C. Ortlund Jr., *Proverbs* (Wheaton, IL: Crossway, 2012), 60.

поверхностного единства. Более того, она стремится назидать других в Теле Христа. Это, безусловно, основная мысль Павла в отрывке о духовных дарах в 1Кор. 12 – 14: дары должны использоваться в Церкви для созидания других верующих. Об этом же говорит 1Кор. 12:7: «каждому дается проявление Духа на пользу». В 1Кор. 13:5 Павел говорит, что истинная любовь «не ищет своего».

Но харизматы перевернули все с ног на голову, утверждая, что некоторые дары (в частности, дар языков) даны человеку для *назидания самого себя*.[70] Именно эту ситуацию Павел хотел исправить: эгоистичное и самодовольное использование духовных даров коринфянами. Сегодня харизматическое движение сделало коринфскую ошибку отличительной чертой своего движения. Но такое эгоцентричное отношение ведет к разрушительным последствиям: «Невозможно переоценить тот непоправимый вред, который приносит учение, что духовные дары даются для само-назидания... Безусловно, это небиблейское учение. Дары даются не для назидания человеком самого себя, а для назидания других».[71]

Хуже того, этот эгоцентричный подход к духовным дарам часто сочетается с корыстными идеями евангелия процветания. Богословие процветания заменяет истинное поклонение плотскими устремлениями, а подлинную любовь к ближнему – эгоистичным желанием материальной выгоды.

Конечно, харизматы заявляют, что их движение характеризуется подлинной любовью к ближним. Но Джонатан Эдвардс предупредил о существовании поддельной формы любви, которая часто встречается в ложных движениях. Его осторожные взгляды попадают в точку, если мы говорим о современном харизматическом движении:

Существует подделка любви, которую часто можно встретить среди отко-ловшихся групп. Обычно у самых фанатичных приверженцев есть нечто общее, что связывает их друг с другом и питает их любовь к самим себе; оно обусловлено их согласием друг с другом в каких-то вопросах, в которых они сильно отличаются от всех остальных, для которых они являются объ-ектом насмешек; что, естественно, сплотит их, они будут ценить друг друга и уважать за те особенности, которые делают их объектами презрения для

---

[70] Это мнение основано на неверном толковании 1Кор. 14:4. Как я писал в своей книге «Харизматический хаос», «Павел не говорил об использовании языков для назидания самого себя, а наоборот, порицал верующих, которые использовали этот дар не по назначению и без любви... Коринфяне использовали языки, чтобы назидать себя, то есть в эгоистических целях. Они искали своего, а не блага для всей общины. Их страсть к языкам была движима желанием произвести впечатление эффектными дарами на других верующих. Павел утверждал, что никому от этого не будет пользы, кроме самого человека, говорящего на языках, – и все, что приобретает в этом, – это созидание собственного эго» (John MacArthur, *Charismatic Chaos* [Grand Rapids: Zondervan, 1992], 279). Мы обсудим дар языков подробнее в седьмой главе.

[71] William J. McRae, *The Dynamics of Spiritual Gifts* (Grand Rapids: Zondervan, 1976), 33.

окружающих: поэтому древние гностики и безумные фанатики, появившиеся на раннем этапе Реформации, хвастались своей большой любовью друг к другу: одна секта даже называлась «Семья любви». Но это не та христианская любовь, которую я только что описал. Эта поддельная любовь питается естественным самолюбием, в ней нет никакой искренности и подлинной доброжелательности, это не больше, чем союз или дружба, как например, у пиратов, которые воюют со всем остальным миром.[72]

«Самые фанатичные приверженцы» и «безумные фанатики» современного харизматического движения наверняка встретили бы неодобрение Эдвардса. Фанатики периода Реформации тоже напоминают современных харизматов своими восторженными опытами и заявлениями о новом откровении от Святого Духа. Выступая против их небиблейских взглядов, Мартин Лютер саркастически называл этих богословских радикалов теми, кто «съели Святого Духа с потрохами».[73]

Конечно, Джонатан Эдвардс не является окончательным авторитетом для оценки данного служения или духовного движения. Только Писание – единственный стандарт, которым нужно измерять все. Но когда мы принимаем учение Писания о важной роли *истины* в почитании Бога и применяем этот стандарт с хаотичному и безудержному харизматическому богослужению или когда сравниваем библейскую любовь с эгоизмом в харизматическом богословии, возникают серьезные вопросы. Харизматическое движение можно сравнить с великим пробуждением времен Эдвардса.[74] Однако применяя критерии из 1Ин. 4, различия становятся очевидными.

ДУХОВНОЕ СОКРОВИЩЕ ИЛИ ЗОЛОТО ДУРАКА?

Когда Джонатан Эдвардс применил критерии 1Ин. 4:1-8 к великому пробуждению в первой половине восемнадцатого века, он пришел к выводу, что несмотря на некоторые крайности и плотские проявления, Дух Божий действительно трудился в этом пробуждении: проповедовался истинный Христос, мир и грех были разоблачаемы, Писание было возвеличено, евангельская истина была возвышена и в результате была продемонстрирована искренняя любовь к Богу и к ближним.

---

[72] Ср. Harry Loewen, *Luther and the Radicals* (Waterloo, ON: Wilfrid Laurier University Press, 1974), 32.

[73] Edwards, "The Distinguishing Marks of a Work of the Spirit of God," 256–57.

[74] Например, Джон Уимбер, основатель движения «Виноградник», когда впервые столкнулся с видимыми проявлениями силы Духа, оправдывал их, вспоминая «события, описанные Джонатаном Эдвардсом, Джоном Уэсли и Джорджем Уайтфилдом» – то есть великое пробуждение (John White, *When the Spirit Comes with Power* [Downers Grove, IL: InterVarsity, 1988], 159).

Современное харизматическое движение демонстрирует обратное. Истина о Христе искажена – средоточие часто смещается с личности и деятельности Господа Иисуса на предполагаемую силу и благословение Святого Духа. Мирские желания открыто пропагандируются проповедниками процветания (которые составляют самый влиятельный и быстро растущий сегмент движения), а скандалы лидеров стали слишком частым пятном на тех, кто утверждает, что «исполнен Духом». Вместо того, чтобы почитать Писание, вдохновленное Духом, харизматы не верят в самодостаточность Библии и ждут дополнительного «персонального» откровения. В результате библейская истина угашается, с радостью приветствуется неразборчивый экуменизм, а здравое учение высмеивается как «мертвое» и «вызывающее разногласия». Любовь к Богу должна проявляться в трезвом поклонении и искреннем послушании; любовь к ближнему должна отражаться в бескорыстном служении и стремлении назидать других. Однако харизматы – как в своем стремлении к духовным дарам, так и в возвеличивании богословия процветания – идут к Богу ради удовлетворения своих эгоистичных желаний

Итак, какой мы можем сделать вывод на основании библейских текстов? Ответ очевиден. В харизматическом движении бразды правления держат лжеучители, которые активно проповедуют ложное евангелие. Это особенно верно в отношении необузданного движения «Слово веры» и евангелия процветания, которое оно продвигает. Новый Завет неоднократно предупреждает против лжеучителей, который вносят заблуждения в церковь ради собственной выгоды; христианские целители, проповедники евангелия процветания, телеевангелисты, которые представляют и популяризируют харизматическое движение, как никто другой подходят под это описание. Истинно верующие должны избегать таких духовных мошенников любой ценой. Как предупреждал апостол Иоанн в 2Ин. 7-11:

> Ибо многие обольстители вошли в мир, не исповедующие Иисуса Христа, пришедшего во плоти: такой человек есть обольститель и антихрист. Наблюдайте за собою, чтобы нам не потерять того, над чем мы трудились, но чтобы получить полную награду. Всякий, преступающий учение Христово и не пребывающий в нем, не имеет Бога; пребывающий в учении Христовом имеет и Отца и Сына. Кто приходит к вам и не приносит сего учения, того не принимайте в дом и не приветствуйте его. Ибо приветствующий его участвует в злых делах его.

Я верю, что в харизматическом движении есть искренние люди, которые, несмотря на системную коррупцию и путаницу, пришли к пониманию важных истин Евангелия. Они принимают заместительное искупление, истинную природу Христа, тринитарную природу Бога, библейское покаяние и уникальный авторитет Библии. Они признают, что спасение относится в первую очередь не к здоровью и богатству и искренне желают быть спасенными от греха, духовной смерти и вечного ада. Тем не менее, они по-прежнему сбиты с толку в вопросах служения Святого Духа и природы духовных даров.

В результате они заигрывают с чуждым огнем. Постоянно питаясь ложным учением и поддельной духовностью, харизматы сами поставили себя (и любого, кто находится под их духовной опекой) под угрозу вечного осуждения. Для истинных верующих харизматическое движение – это большой камень преткновения для истинного духовного роста, служения и пригодности. Его странные учения о Святом Духе и вдохновленных Духом Писаниях распространяют незрелость, духовную слабость и бесконечную борьбу с грехом.

Есть нечто общее между христианами, которые оказались в ловушке современного харизматического движения, и настоящими верующими в коринфской церкви первого века. Церковь в Коринфе характеризовалась моральным компромиссом, плотскими желаниями и путаницей в вопросе духовных даров. Тем не менее, как это ни парадоксально, эта община состояла из многих истинных верующих. Очевидно, что Святой Дух не несет ответственности за заблуждения, которые проникли в коринфскую церковь. Точно так же Он не является источником современной харизматической путаницы в Евангельской Церкви. Для истинных верующих в Коринфе Святой Дух продолжал работать в жизни их церкви, *несмотря на* вопиющие недостатки.[75] То же самое справедливо и сегодня, хотя это не отрицает серьезности искажения здравого учения.

Харизматический поиск внебиблейского откровения, экстатических переживаний, субъективного руководства, безудержной эмоциональности и материального процветания представляет собой огромную опасность. Точно так же, как ребенку лучше быть подальше от спичек, верующие должны избегать чуждого огня неприемлемого харизматического богослужения и практики. В лучшем случае оно представляет коринфское замешательство, которое Павел пытался исправить. В худшем случае оно состоит из губительных ересей лжеучителей. О таких шарлатанах в Писании сказано следующее: «Ибо многие, о которых я часто говорил вам, а теперь даже со слезами говорю, поступают как враги креста Христова. Их конец – погибель, их бог – чрево, и слава их – в сраме, они мыслят о земном» (Флп. 3:18-19).

---

[75] О том, что Святой Дух трудился в коринфском церкви, несмотря на ошибочное представление о духовных дарах, видно в таких отрывках, как 1Кор. 2:12; 3:16; 6:11,19.

Часть вторая

РАЗОБЛАЧЕНИЕ ПОДДЕЛЬНЫХ ДАРОВ

5

АПОСТОЛЫ СРЕДИ НАС?

Если 1901 год был значимым годом для харизматического движения, 2001 год потенциально еще более важная веха. Первая дата знаменует начало современного пятидесятнического движения, когда Агнес Озман, как считается, заговорила на языках во время молитвенного собрания в Топике, штат Канзас. Но последняя дата, ровно через столетие после первой, еще более грандиозная в сознании некоторых харизматических лидеров, утверждающих, что 2001 год «ознаменовал начало второго апостольского века».[1] Это название использует Питер Вагнер, миссиолог, популярный автор и летописец недавних харизматических событий. Он считает, что в начале двадцать первого века произошли важные изменения в искупительном плане Бога.

Вагнер считает, что «сейчас на наших глазах происходят радикальные перемены в церкви со времен протестантской Реформации. На самом деле, я думаю, что не ошибусь, если скажу, что *даже более радикальные*».[2] Рассвет двадцатого века, возможно, ознаменовал новый интерес к чудотворным дарам, но новое тысячелетие принесло что-то еще более значительное: возвращение апостолов.[3] По словам Вагнера, в настоящее время «широко признано, что апостольство —это служение не только для первых нескольких столетий церковной истории, но продолжает функционировать в Теле Христовом и сегодня».[4]

Вагнер называет эту современную волну апостольства «Новой апостольской реформацией». Он описывает движение следующим образом:

> Название, которое я выбрал для этого движения, – «Новая апостольская реформация». Я использую термин «реформация» потому, как я уже сказал, что это явление сродни протестантской Реформации в своем влия-

---

[1] C. Peter Wagner, *The Changing Church* (Ventura, CA: Gospel Light, 2004), 9.

[2] Там же, 10.

[3] По словам историка пятидесятников Винсона Синана: «В 2004 году в своей книге "Новый толчок", посвященной изменениям в Церкви во второй апостольский век, Вагнер сделал грандиозные заявления об этом новом движении. Он утверждал, что харизматическое движение было "не исполнившемся видением" и что новое движение за апостольское возрождение стало "новой волной"» (Vinson Synan, *An Eyewitness Remembers the Century of the Spirit*, repr. [Grand Rapids: Chosen Books, 2011], 185).

[4] C. Peter Wagner, *The Changing Church*, 12.

нии; «апостольский» – потому что самое радикальное изменение касается широкораспространенного признания дара и служения апостола в современных церквях; и «Новое» – чтобы отличить движение от целого ряда деноминаций, которые используют слово «апостольский» в своих официальных названиях, но больше похожи на традиционные церкви, а не на новые.[5]

Решив, что в Церкви сегодня все еще есть апостолы – исходя из нескольких современных «пророчеств», а также консенсуса участников дискуссии на национальном симпозиуме 1996 года по постконфессиональной церкви, организованном Фуллеровской богословской семинарией – Вагнер приступил к миссии вернуть апостольство в современную церковь. Он полагает, что в каждом поколении церковной истории всегда были люди, которые обладали даром апостольства, но только недавно, «в 2001 назрела критическая необходимость заявить об этом открыто, поэтому этот год стал началом второго апостольского века».[6] По мнению Вагнера, современные христиане «могут возродить духовную жизнь и силу Церкви первого века, только если признают, примут, получат и будут служить всеми духовными дарами, включая дар апостольства».[7]

Исторически именование «апостол Петр» приписывалось лишь одному человеку: Симону Петру, глашатаю и лидеру двенадцати учеников, чье апостольское служение представлено в Деян. 1 – 12. Но в Новой апостольской реформации это имя присвоил себе не кто иной, как сам Питер Вагнер.[8] Вагнер заявил о своем «апостольстве» еще в 1995 году, когда две пророчицы объявили о его апостольском помазании. В 1998 году его апостольское призвание было подтверждено другим пророческим словом на конференции в Далласе. Вагнер рассказывает о странных обстоятельствах, связанных с этим событием:

Я сидел в первом ряду... и вот я уже стою коленях на сцене, и Джим Стивенс из Крисчен Интернешнл готов пророчествовать надо мной публично. Как я оказался там, до сих пор не знаю! Я поднял глаза и увидел рядом Чарльза Дулиттла, одного из наших признанных ходатаев. Этот шестидесятифутовый мускулистый афроамериканский офицер полиции Глендейла, штат Калифорния, решительно занес над моей головой огромный трехфутовый меч! Я быстро сообразил, что мне лучше покориться и внимательно слушать, [что] говорит Джим Стивенс... С тех пор я считаю это событие моим пророческим рукоположением на апостольство.[9]

---

[5] Там же, 10.

[6] Там же, 12.

[7] C. Peter Wagner as cited in David Cannistraci, *Apostles and the Emerging Apostolic Movement* (Ventura, CA: Renew, 1996), 12.

[8] C. Peter Wagner, *Wrestling with Alligators, Prophets and Theologians* (Ventura, CA: Gospel Light, 2010), 207.

[9] Там же, 208.

Через какое-то время, по словам Вагнера, он остановил в Европе болезнь коровьего бешенства, что стало еще одним доказательством его апостольского назначения:

Я знал, что Бог хочет, чтобы я воспользовался своей апостольской властью, которую Он дал мне, и запретил апостольским постановлением раз и навсегда коровье бешенство в Европе и Великобритании, что я и сделал... Это было 1 октября 2001 года. Через месяц мой друг отправил мне статью из английской газеты, в которой говорилось, что эпидемия прошла и что последний случай болезни коровьего бешенства был зафиксирован 30 сентября 2001 года, накануне апостольского постановления![10]

По-видимому, Вагнер не знает, что болезнь никуда не исчезла, и только в 2009 году в Европе было зарегистрировано шестьдесят семь случаев инфицированных коров.[11] В 2001 году эпидемия действительно прекратилась, но благодаря своевременным усилиям и контролю европейских правительств, а апостольское постановление Вагнера к этому не имеет никакого отношения.

В 2000 году Вагнер возглавил новообразованную Международную коалицию апостолов как председательствующий апостол – должность, которую он занимал до 2009 года, когда его титул изменился на заслуженный председательствующий апостол.[12] По словам историка Винсона Синана, когда коалиция начала свою работу, «новые апостолы, присоединяющиеся к коалиции, должны были платить 69 долларов в месяц в качестве членских взносов».[13] Синан был приглашен самим Вагнером присоединиться к ним, но позже отказался. Вот как он объяснил это: «Я не считал себя апостолом и написал Вагнеру, что не могу себе позволить апостольские 69 долларов в месяц».[14] Членские взносы в конце 2012 года несколько варьировались, в зависимости от гражданства апостола. Базовый взнос составлял 350 долларов за «международное апостольство». А вот для апостолов, проживающих в Северной Америке, сумма взноса начиналась с 450 долларов в год, и 650 долларов – для семьи апостолов (по-видимому, когда в семье и муж, и жена считают себя апостолами). Американские индейцы («коренная нация апостолов») могли присоединиться за ту же плату, что и «международный апостол».[15]

---

[10] Там же, 243.

[11] "Europe Nearly Free of Mad Cow Disease," *EUbusiness*, July 16, 2010, http://www.eubusiness.com/news-eu/madcow-food-safety.5l7.

[12] "History of ICA," International Coalition of Apostles website, accessed November 2012, http://www.coalitionofapostles.com/about-ica/history-of-ica/.

[13] Synan, An Eyewitness Remembers the Century of the Holy Spirit, 183.

[14] Там же, 184.

[15] "Rates," International Coalition of Apostles website, accessed November 2012, http://www.coalitionofapostles.com/membership/rates/.

В своем Новом апостольском движении Вагнер выделяет две основные категории «апостолов» наряду с несколькими подкатегориями. «Вертикальные апостолы» служат лидерами различных служений или христианских сфер, тогда как «горизонтальные апостолы» помогают объединить лидеров одного уровня для различных целей. Вагнер предполагает, что Петр и Павел были новозаветными примерами «вертикальных апостолов» из-за характера своих служений и церковных сфер, которые подпадали под их ответственность. Иаков же, брат нашего Господа, был примером «горизонтального апостола», потому что он успешно созвал других апостолов и руководил на Иерусалимском соборе.[16]

Были и другие подкатегории апостолов: экклезиастические; функциональные; члены апостольских групп; конгрегационалистские апостолы; созывающие апостолы; апостолы-посланники; мобилизирующие и территориальные апостолы; апостолы-предприниматели; призывающие апостолы.[17] Попробуйте найти хоть какую из этих подкатегорий в Новом Завете!

Тем не менее, Новая апостольская реформация быстро проникла в основные харизматические движения и церкви. Как объясняет один автор, «эти новые церкви объединяет убежденность, что Святой Дух восстанавливает сегодня пять служений из Еф. 4:11: апостолы, пророки, евангелисты, пастыри и учителя. Но основное внимание уделяется служениям апостола и пророка, потому что в евангельском мире уже привыкли к служениям евангелистов, пасторов и учителей».[18] Вагнер рад тому, что его Новое апостольское движение нашло отклик в первую очередь в самом быстрорастущем направлении в христианстве, и видит в этом знак божественного подтверждения.[19]

С оглядкой на этот стремительный рост Вагнер утверждает, что в Церкви происходит огромный фундаментальный сдвиг, который он сравнивает с переходом от Ветхого Завета к Новому.[20] Он заходит так далеко, что сравнивает Новую апостольскую реформацию с «новыми мехами», заявив: «Сегодня мы свидетельствуем о наступлении эпохи новых мехов, я называю ее вторым апостольским веком. Радикальные изменения в Церкви не в ближайшем будущем; они уже начались».[21]

Отвергающие Новую апостольскую реформацию, по мнению Вагнера, подобны фарисеям: «вместо того чтобы приветствовать и благословлять

---

[16] C. Peter Wagner, *Apostles Today* (Ventura, CA: Gospel Light, 2007), 79.

[17] Ср. Synan, An Eyewitness Remembers the Century of the Holy Spirit, 183.

[18] Peter Hocken, The Challenges of the Pentecostal, Charismatic, and Messianic Jewish Movements (Cornwall, UK: MPG, 2009), 43.

[19] C. Peter Wagner, *The Changing Church*, 15.

[20] Там же

[21] Там же, 17.

новые мехи Бога, они сопротивляются новой эпохе».[22] Он также утверждает, что те, кто выступает против этого нового движения, находятся под демоническим влиянием: «Сатана пытается помешать наступлению нового Божьего века, посылая злых демонов и ослепляя людские умы. Их успех станет очевидным, когда мы начнем препятствовать новым мехам, которые Бог благословил».[23] Таким образом, все, кто не разделяют исходную предпосылку Вагнера – что он и другие современные харизматические служители на самом деле облечены властью апостолов – высмеиваются как законники, одержимые бесами или просто слишком слабы и напуганы, чтобы принять радикально новую эпоху в истории Церкви.

РЕФОРМАЦИЯ ИЛИ ДЕФОРМАЦИЯ?

Несмотря на нападки *касающийся личных качеств, а не доводов*, с которыми Вагнер набросился на своих критиков, настало время разоблачить Новую апостольскую реформацию и показать ее истинное *мошенническое* лицо.

Трудно переоценить смесь вопиющего высокомерия и библейского невежества, которое пронизывает Новую апостольскую реформацию. В рассуждениях Вагнера об этом движении есть, пожалуй, только одно[24] предложение, с которым я бы согласился: «Я хорошо понимаю, что заявление об апостольской власти можно расценить как дерзость». Я бы сказал даже больше. Это не только верх гордыни; это полный фарс. Пятидесятник Винсон Синан очень настороженно отнесся к новому движению Вагнера: «Любое движение, которое утверждает, что восстанавливает апостольские полномочия, чтобы осуществлять исключительную и беспрепятственную власть в церквях, вызывает опасения. Потенциал для злоупотреблений огромен. В церковной истории такие претензии на апостольскую власть часто несли с собой ереси и приводили к очень печальным последствиям».[25]

Вагнер назвал свое движение Новой апостольской реформацией. Но на самом деле это не что-то *новое*, вовсе не *реформация* и, конечно же, не *апостольская*. Это уже не первый случай в истории Церкви, когда жаждущие власти лжеучителя претендовали на звание апостолов ради неограниченного духовного влияния на других. Ложные апостолы были известны уже в новозаветные времена, и Павел осуждал их как «лжеапостолов», которые «принимают вид Апостолов Христовых. И неудивительно: потому что сам сатана принимает вид Ангела света...» (2Кор. 11:13-14). В Средние

---

[22] Там же, 18.

[23] Там же

[24] Там же, 9.

[25] Synan, An Eyewitness Remembers the Century of the Holy Spirit, 183.

века римско-католическое папство превратилось в коррумпированную, диктаторскую и тоталитарную систему, утверждая апостольскую власть через предполагаемую преемственность, которая идет еще от апостола Петра. Даже Вагнер признает, что в ранних харизматических группах предпринимались попытки возродить апостольскую власть. Питер Хокен по этому вопросу говорит:

> В начале пятидесятнического движения несколько групп провозгласили восстановление апостольского и пророческого служений, особенно в Апостольской Церкви, организованной в Уэльсе в 1916 году, которая затем узаконила эти служения. Эти служения, отвергнутые большинством пятидесятнических церквей, вновь появились в движении «Поздний дождь», которое родилось в Норт-Бетлфорд, провинция Саскачеван, Канада, в 1948 году. Приверженцы «Позднего дождя» верили в восстановление служений из Еф. 4:11... [которые впоследствии] оказали сильное влияние на растущее харизматическое движение.[26]

Вагнер просто заимствовал апостольский акцент богословия «Позднего дождя» и включил его в свое учение третьей волны. Таким образом, было бы неверным называть это современное движение «новым».

В равной степени было бы ошибочным связывать его с Реформацией.[27] На самом деле Реформация была прежде всего реакцией на самопровозглашенную апостольскую власть папы.[28] Более того, фундаментальный принцип Реформации провозглашал Писание единственным авторитетом в вопросах веры – постулат, который Вагнер явно не разделяет. Он считает демоническим «дух, который заставляет служителей сосредоточиться не на том, что говорит Дух (в настоящее время), а на том, что Дух сказал (в прошедшее время) ранее».[29] Другими словами, по мнению Вагнера, те, кто смотрят исключительно на то, что *сказал Дух в былые времена* (т. е. в Библии), находятся под демоническим влиянием!

---

[26] Peter Hocken, The Challenges of the Pentecostal, Charismatic, and Messianic Jewish Movements, 43–44.

[27] Как пишет Фредерик Дейл Брунер: «Пятидесятники часто называют свое движение достойным и, возможно, даже превосходнейшим преемником Реформации шестнадцатого века и евангельского пробуждения восемнадцатого века и почти всегда считают его самым верным возрождением апостольского движения первого века» (Frederick Dale Bruner, *A Theology of the Holy Spirit* [Grand Rapids: Eerdmans, 1970], 27).

[28] В своих «Застольных беседах» Мартин Лютер писал: «Главной причиной, по которой я выступил против папства, было то, что папа похвалялся тем, что он был главой Церкви, и осудил все, на чем не стоит печать его власти и авторитета... Он возвысил себя над христианской церковью и Священным Писанием, Словом Божьим, [утверждая, что] никто не должен толковать Писания, но только он, в своем безумном тщеславии он объявил себя господином Церкви» (Martin Luther, *The Table Talk of Martin Luther*, trans. and ed. by William Hazlitt [London: Bell & Daldy, 1872], 203–4).

[29] C. Peter Wagner, *The Changing Church*, 21.

Деятели Реформации высмеяли бы такое представление и были бы абсолютно правы. Они утверждали, что только Писание может быть авторитетом во всех вопросах, связанных с верой и практикой (см. 2Тим. 3:16-17). Конечно, постулат *sola Scriptura* не оставляет места для надуманных пророчеств современных харизматов, так что неудивительно, что Вагнер отвергает его (Мы уже упоминали в четвертой главе, что Вагнер открыто ставил вопрос о закрытии библейского канона).

И самое важное – Новая апостольская реформация никоим образом не является *апостольской*. Это можно продемонстрировать легко и убедительно, рассматривая библейские требования к истинным апостолам. В свете новозаветных критериев так называемые апостолы Новой апостольской реформации оказываются мошенниками и лицемерами.

БИБЛЕЙСКИЙ КРИТЕРИЙ АПОСТОЛЬСТВА

Харизматическое движение исходит из следующей предпосылки: *все, что происходило в ранней Церкви, должно быть и сегодня*. Один из самых известных пятидесятнических лидеров прошлого поколения Дэвид дю Плесси сказал по этому поводу следующее: «Новый Завет – это не запись того, что произошло в одном поколении, это план того, что должно происходить в каждом поколении до тех пор, пока не придет Иисус».[30] Такое заключение привело к тому, что Вагнер и другие стали утверждать, что в Церкви все еще есть апостолы. В конце концов, как они полагают, если в ранней Церкви были апостолы, значит, должны быть и в наше время.

Но в этом подходе есть роковой изъян. Библейские критерии апостольства исключают наличие апостолов в наше время. После смерти Иоанна, последнего оставшегося в живых апостола (который умер около 100 г. н. э.), никто в истории Церкви не мог законно претендовать на апостольство, исходя из конкретных критериев, оговоренных в Новом Завете. Согласно Библии, есть по крайней мере шесть причин, по которым дар и положение апостольства были уникальными и ограничивались исключительно периодом ранней Церкви. Библия говорит не о тех апостолах, которых сегодня можно увидеть в современных церквях.

Каким должен быть апостол

Во-первых, и, пожалуй, это самое главное, требования для апостольства в первом веке исключают возможность для современных христиан занять это положение. Согласно Новому Завету, апостол должен соответствовать

---

30 David du Plessis, "Pentecost Outside Pentecost," pamphlet, 1960, 6.

следующим трем требованиям: (1) воочию видеть воскресшего Христа (Деян. 1:22; 10:39-41; 1Кор. 9:1; 15:7-8); (2) быть поставленным на это служение самим Иисусом Христом (Мк. 3:14; Лк. 6:13; Деян. 1:2,24; 10:41; Гал. 1:1); и (3) должен подтвердить свое призвание и служение чудодейственными знамениями (Мф. 10:1-2; Деян. 1:5-8; 2:43; 4:33; 5:12; 8:14; 2Кор. 12:12; Евр. 2:3-4).

Эти требования убедительно показывают, что сегодня в Церкви нет и не может быть апостолов. Ни один живой человек не видел воскресшего Христа своими глазами; никто не может совершать чудесные знамения, подобные тем, которые совершались апостолами в Книге Деяний (ср. Деян. 3:3-11; 5:15-16; 9:36-42; 20:6-12; 28:1-6); и – несмотря на самонадеянное утверждение об обратном – никто в современной Церкви не был назначен апостолом лично и непосредственно Самим Господом Иисусом. Конечно, некоторые харизматы утверждают, что видели в видениях воскресшего Господа. Такие заявления не могут быть проверены, следовательно, они ничего не подтверждают; более того, апостол должен был видеть воскресшего Христа во плоти *собственными глазами*. Как говорит Сэмюел Уолдрон:

> Видения и сны – даже если они подлинные – не дают права человеку объявить себя апостолом Христовым. Конечно, Библия подчеркивает различие между внутренним видением и внешним и считает откровение для внешнего видения знаком высшего звания. Современные видения или сны об Иисусе никому не дают права претендовать на апостольство Христа.[31]

Уэйн Грудем, популярный автор и преподаватель богословия и библейских исследований в семинарии г. Финикс (штат Аризона), – возможно, лучший богослов и апологет харизматического движения. Но даже он признает: «Вне всякого сомнения, в наши дни апостолов не существует, поскольку сегодня никто не может сказать, что собственными глазами видел воскресшего Христа».[32]

Питер Вагнер хорошо знает об этих требованиях. Он не может им соответствовать, поэтому просто игнорирует их! Создав собственную версию апостольства, Вагнер признает, что он намеренно не учитывает библейские требования. По его словам,

> есть три библейские требования к апостолам, и некоторые из них я решил не включать в собственное определение апостола: (1) знамения и чудеса (2Кор. 12:12), (2) видеть воочию Иисуса (1Кор. 9:1) и (3) насаждение церквей (1Кор. 3:10). Я не считаю эти три требования такими уж незыблемы-

---

[31] Samuel Waldron, *To Be Continued?* (Amityville, NY: Calvary, 2007), 27.

[32] Wayne Grudem, *Systematic Theology* (Grand Rapids: Zondervan, 1994), 911. Издано на русском языка как Грудем, Уэйн. Систематическое богословие: Введение в библейское учение. СПб.: Мирт, 2004.

ми… Если какой-то человек не удовлетворяет одному или нескольким из этих требований, на мой взгляд, это не лишает его помазания и законного права называться апостолом.[33]

Не стану спорить о том, является ли «насаждение церквей» одним из библейских критериев апостольства. Тем не менее, две другие характеристики, безусловно, есть в Библии. Но Вагнер не считает их *незыблемыми* или *нерушимыми*. Более того, он полагает, что они неактуальные и спорные, и причина этому очевидна: эти библейские критерии ставят под сомнение его собственное апостольское положение. Объявив себя апостолом, он решил, что наделён правом игнорировать ясное учение Писания, если оно неудобное или угрожает его положению. Такое бесцеремонное и пренебрежительное отношение к Писанию пронизывает всё движение Новой апостольской реформации. В конце концов, единственный способ, с помощью которого Вагнер и его сторонники могут защитить современное апостольство, – это закрыть уши и не слышать того, чему ясно учит Библия.

Павел был последним апостолом

Хотя Павел соответствует всем трём из перечисленных выше критериев, его апостольское назначение явно не было нормой. Сам Павел подчёркивал это в 1Кор. 15:5-9, ссылаясь на традицию явления воскресшего Господа Иисуса. В отличие от одиннадцати апостолов, Павел не был одним из учеников Иисуса во время Его земного служения. Он не присутствовал в горнице, когда явился Господь, и он не был среди пятисот свидетелей, которые видели воскресшего Христа. На самом деле Господь явился Павлу не просто после Своего воскресения, но уже после Своего вознесения! И это произошло, когда Павел (который тогда назывался «Савлом») шёл в Дамаск преследовать учеников Христа (Деян. 9:1-8).

Но чтобы кто-нибудь не подумал, что он также назначен апостолом необычным способом, как это было с Павлом, важно отметить две существенные детали об уникальном призвании апостола язычников. Во-первых, в 1Кор. 15:8 Павел утверждает, что он был *последним* человеком, которому лично и в физическом теле явился воскресший Христос. Таким образом, всякий, кто претендует на апостольство после Павла, лжёт, так как увидеть воочию воскресшего Господа является необходимым требованием, а он назвал себя последним человеком, у которого был такой опыт.

Во-вторых, важно отметить, что Павел считал своё апостольство уникальным и необычным. Он был как «преждевременно рождённый» (стих 8),[34] считая себя «наименьшим из Апостолов» (ст. 9) из-за враждебности и преследований христиан до своего обращения. Хотя

---

[33] Ernest L. Vermont, *Tactics of Truth* (Maitland, FL: Xulon, 2006), 94n19.

[34] В Синодальном переводе «изверг». – *Прим. перев.*

Павел никогда не сомневался в законности своего апостольства, он считал свой опыт уникальным, поэтому мы не можем говорить, что он будет повторяться в современной Церкви.

Апостолы наделены уникальной властью

Апостолы Нового Завета были признаны вестниками Бога, и поэтому обладали непревзойденным уровнем авторитета в истории Церкви – власти, которую они получили от самого Христа. Быть *апостолом* Иисуса Христа означает быть Его представителем. Если говорить современными юридическими терминами, то апостолы – это доверенные лица Господа. Это люди, которым Он даровал Свою власть.

В действительности термин «апостол» иногда используется в Новом Завете в общем значении и обозначает просто «посланников церквей» (2Кор. 8:23), однако применительно к Двенадцати или Павлу это слово несет более специфический смысл. Быть *апостолом Господа Иисуса Христа* – это конкретное призвание и большая честь – нечто гораздо большее, чем просто быть посланником поместной общины. Апостол Господа Иисуса должен был быть лично назначен Им. Это наивысшее возможное положение в Церкви, уникальное призвание, которое включает непередаваемое поручение Христово провозглашать открытое Богом учение, закладывая основание Церкви.

В горнице Господь лично доверил Своим апостолам руководить церковью в Его отсутствие, обещая им, что Святой Дух наделит их силой открывать Божью истину (см. Ин. 14:26; 15:26-27; 16:12-15). Первые христиане признавали в апостольском наставлении власть Самого Христа. Апостольские писания были богодухновенным безошибочным откровением, их принимали и повиновались им как Слову Божьему (1Фес. 2:13). Послание, написанное апостолом, было столь же авторитетным, как ветхозаветное Писание (см. 1Кор. 14:37; Гал.1:9; 2Пет. 3:16). Иуда хорошо иллюстрирует такое отношение в своем Послании: «Но вы, возлюбленные, помните предсказанное Апостолами Господа нашего Иисуса Христа» (Иуд. 17).

Вопрос об апостольской власти особенно важен в контексте обсуждения канона. Апостолам было доверено Самим Господом Иисусом написать богодухновенное Писание. Их авторитет был основным требованием, которое ранняя Церковь применяла к книгам, претендующим быть в каноне: если книга или послание, претендующее на пророческую власть, было написано апостолом или под апостольским руководством, оно признавалось богодухновенным и авторитетным. А писания, которые были лишены апостольского авторитета, не признавались частью Писания, независимо от того, на что претендовал сам автор.[35] Уже в ранней Церкви

---

[35] В первые века истории христианской Церкви верующие считали учение апостолов тем, к чему нужно прислушиваться и повиноваться (ср. Игнатий, Послание к Магнезийцам,

было множество трудов, которые не обладали апостольским авторитетом, но претендовали на богодухновенность (см. 2Фес. 2:2; 2Кор. 11:13; 2Пет. 2:1-3).

Все это ставит серьезные вопросы для современных харизматов, которые хотят возродить институт апостольства в современной Церкви. Большинство этих самозваных «апостолов» утверждают, что были призваны через особое непосредственное откровение от Бога. Если они действительно наделены апостольской властью, что может помешать им дополнить Библию собственными трудами? Если же современные апостолы не желают дополнять Писание, тогда что говорит о законности их апостольства? Как справедливо замечает Уэйн Грудем: «Этот факт сам по себе должен навести нас на мысль о том, что в апостольском служении заключалось нечто уникальное, то, что в наши дни мы не можем видеть, ибо в наши дни никто не может добавить к Библии какие-либо слова и считать их словами Самого Бога и частью Писания».[36]

Это глубокое признание ведущего харизматического богослова. Важная предпосылка для харизматического учения — все чудеса и духовные дары, описанные в Книге Деяний и Первом послании к Коринфянам, по-прежнему доступны для христиан сегодня: пророчества, знамения и чудеса не были уникальными для апостольской эпохи, и нет повода полагать, что какое-либо из этих служений прекратилось. Эта позиция называется *континуационизмом.** Уэйн Грудем же называет себя *цессационистом** (в противоположность континуационисту), когда речь идет о таких вопросах, как апостольские полномочия и канон Писания. Фактически он отказался от фундаментального положения в харизматическом учении. Мы обсудим этот вопрос позже, но на данный момент важно отметить: даже ведущие апологеты континуационизма в конечном счете вынуждены признать *существенные отличия* деятельности Церкви в наше время и в апостольский период.

Самое важное изменение, которое *должны* признать все верные христиане, заключается в том, что канон Писания закрыт. И закрыт именно потому, что апостольская эпоха закончилась в конце первого века. Единственный авторитет сегодня, — это письменное свидетельство апостолов — богодухновенные труды их авторитетного учения в Библии. Следовательно, книги Нового Завета составляют *единственную истинную апостольскую власть в Церкви сегодня.*

---

[13]; Послание к Антиохийцам, 1). Таким образом, «писания апостолов» считались в ранней Церкви каноничными и авторитетными (ср. Ириней, Против ересей, 2.2.5; Иустин, Первая апология, 67; Викторин Петавский, Об Апокалипсисе от Иоанна, 10.9).

[36] Grudem, Systematic Theology, 905–6.

Апостолы положили основание Церкви

В своем Послании к Ефесянам Павел говорит, что его читатели составляют Божий дом – «утверждены на основании Апостолов и пророков, имея Самого Иисуса Христа краеугольным камнем» (Еф. 2:19-20). Здесь Павел говорит об апостолах как основании Церкви. Таким образом, он решительно ограничивает апостольство ранним периодом церковной истории. В конце концов, фундамент нельзя перестроить, когда нам это вздумается, на любом этапе строительства. Фундамент – это уникальная часть, он всегда закладывается в начале строительства, а все здание крепко держится на нем.

Когда мы читаем труды Отцов Церкви – христианских служителей, которые жили вскоре после апостолов, – для нас становится очевидным, что они видели основополагающий период Церкви в прошлом.[37] Игнатий Антиохийский (около 35–115 от Р.Х.) в своем *Послании к Магнезийцам* употреблял глаголы прошедшего времени, говоря об основополагающей роли Петра и Павла в Церкви. Обращаясь к Книге Деяний, он писал: «Это и произошло в Сирии, ибо "ученики в Антиохии в первый раз стали называться Христианами", в месте, где *Павел и Петр заложили основание Церкви*».[38]

Ириней (ок. 130–202 гг.) писал, что двенадцать апостолов суть «двенадцатистолповое основание Церкви».[39] Тертуллиан (ок. 155–230 гг.) также писал, что «после апостольских времен» единственная традиция истинных христиан «не должна считаться отличающейся от той, которая объявляется существующей у *апостольских Церквей*».[40] Лактанций (ок. 240–320 гг.) в своих «Божественных установлениях» также говорит о былых временах, когда закладывались апостольские основания Церкви. Комментируя роль двенадцати апостолов, он писал: «Ученики же, разойдясь по провинциям, *заложили повсюду фундамент Церкви*, совершая во имя Учителя, великого Бога, почти невероятные чудеса, ибо, вознесшись, Он вооружил их добродетелью и властью, что могло заложить и упрочить учение нового благовещения».[41]

Этот список примеров можно было бы продолжать. Современные харизматы могут утверждать, что *апостольское основание* продолжает закладываться и по сей день. Но это учение противоречит как ясным словам Писания, так и христианской традиции в послеапостольский период: Отцы Церкви ясно учили, что апостольское основание Церкви было заложено в первом веке. Представление о современных апостолах просто перечеркивает суть метафоры Павла в Еф. 2:20. Если апостолы – это фундамент Церкви, то было бы безумием пытаться переместить его на крышу.

---

[37] Ср. Nathan Busenitz, "Are There Still Apostles Today," *The Cripplegate*, July 21, 2011, http://thecripplegate.com/are-there-still-apostles-today/.

[38] Игнатий, Послание к Магнезийцам; курсив мой.

[39] Ириней, Против ересей, 4.21.3.

[40] Тертуллиан, Против Маркиона, 21; курсив мой.

[41] Лактанций, «Божественные установления», 4.21.

Послеапостольская церковь была руководима пресвитерами и диаконами

Когда апостолы наставляли верующих относительно будущего Церкви и ее организации, они не предлагали назначать новых апостолов. Вместо этого они говорили о пасторах, пресвитерах и дьяконах. Таким образом, Петр поручил пресвитерам «пасти Божье стадо» (1Пет. 5:2). И Павел писал Титу, чтобы тот «поставил по всем городам пресвитеров» (Тит. 1:5); в третьей главе Первого послания к Тимофею он описал, каким должен быть пресвитер и диакон. Нигде в Пастырских посланиях Павел не говорит о продолжении института апостольства, но он много говорит об организации Церкви под руководством достойных пресвитеров и диаконов. Когда верные люди займут эти должности, церковь будет процветать. Павел писал Тимофею: «...и что слышал от меня при многих свидетелях, то передай верным людям, которые были бы способны и других научить» (2Тим. 2:2).

Обратившись снова к истории Церкви, то есть к свидетельствам тех церковных служителей, которые жили вскоре после написания Нового Завета, мы обнаруживаем, что самые ранние Отцы Церкви не называли себя апостолами, а «учениками апостолов».[42] Они понимали, что служение апостолов было уникальным, и после апостолов церковью руководят пресвитеры (включая пасторов или епископов) и дьяконы. Климент Римский писал в 90-х годах, что апостолы «назначили первенцев» своих трудов «епископами и дьяконами для будущих верующих».[43] Игнатий (ок. 35–115 гг.) аналогичным образом разъяснил в своем *Послании к Антиохийцам*, что он не был апостолом. Он писал: «Не приказываю вам о сем, как апостол, ибо *я лишь равный вам раб*, но прошу помнить о них».[44]

Это не какие-то редкие утверждения, которые я долго и тщательно отбирал, чтобы доказать свою точку зрения. Это единодушное мнение Отцов Церкви: апостольский век был уникальным, неповторимым и ограниченным первым веком церковной истории. И Августин, и Иоанн Златоуст говорили о «временах апостолов» как о прошедшей эпохе, которая уже в прошлом.[45] В четвертом веке историк Церкви Евсевий рассматривал весь ход церковной истории как развитие Церкви от времен апостолов до настоящего времени.[46] Василий Кесарийский вспоминает былых руководителей Церкви и говорит, что они «жили вскоре после

---

42 Послание к Диогнету, 11; Фрагменты трудов Папия, 5; ср. Поликарп, Послание к филиппийцам, 6; Ириней, Против ересей, 1.10.

43 Климент, Первое послание к коринфянам, 42.

44 Игнатий, Послание к Антиохийцам, 11; курсив мой.

45 Ср. Августин, О христианской науке, 3.36.54; Против Фауста Манихея, 32.13; О крещении, 14.16; Иоанн Златоуст, Гомилии на 1Фес. 1:8-10; Гомилии на Евр. 1:6-8.

46 Евсевий, Церковная история, том 8, введение.

времени апостолов».[47] Тертуллиан также вспоминает события, которые произошли «после апостольских времен».[48]

Опять же, этот список примеров можно продолжить. Важно подчеркнуть еще раз: ранняя Церковь была едина в том, что апостольский период закончился со смертью последнего апостола. Последователи и ученики апостолов ясно заявили, что они *не* апостолы. Вместо этого они называли себя пасторами, пресвитерами и дьяконами. Мы снова процитируем Уэйна Грудема в защиту цессационизма:

> Немаловажно, что ни один выдающийся деятель Церкви – ни Афанасий, ни Августин, ни Лютер, ни Кальвин, ни Уэсли, ни Уитфилд – не называл себя апостолом и не позволял этого делать другим. Если кто-то сегодня хочет принять титул апостола, то это немедленно вызывает подозрение, что таким человеком движет неуместная гордыня, стремление к самовозвеличиванию, а также желание получить в Церкви власть гораздо большую, чем на то имеет право любой человек.[49]

Апостол – это уникальное почетное положение

Апостолы не только занимали уникальное место в истории Церкви, но и имеют также уникальное почетное место в вечности. Описывая Новый Иерусалим, апостол Иоанн говорит, что «стена города имеет двенадцать оснований, и на них имена двенадцати Апостолов Агнца» (Откр. 21:14). На протяжении всей вечности эти камни будут свидетельствовать об отношениях Бога с церковью, основанием которой стали апостолы. Имена двенадцати апостолов будут навсегда запечатлены в стене Нового Иерусалима.

Верят ли современные апостолы, что они заслуживают такой же чести в вечности, что и новозаветные апостолы? Похоже, некоторые из их последователей действительно в это верят. Согласно одному самопровозглашенному пророку: «Сейчас Апостолы, такие как д-р Питер Вагнер, закладывают основание, на котором можно бороться и побеждать в духовной войне на небесах... Апостолы возвращаются, Бог воздвиг этих людей, и поставил их на видное место. Мы знаем много о немногих апостолах в Новом Завете. Мы узнаем много о немногих апостолах в Новом Иерусалиме. У нас есть выбор, сделать вид, что нас оскорбляют подобные заявления, или принять их».[50]

---

[47] Василий Кесарийский, О Духе, 29.72.

[48] Тертуллиан, Против Маркиона, 21.

[49] Grudem, Systematic Theology, 911.

[50] "Finding Your Place in the Apostolic Vision," February 1999, cited in "A 'Christian Seer' Speaks Out," *Delusion and Apostasy Watch News*, accessed April 2013, http://www.cephas-library.com/apostasy/facilitators_of_change_1.html.

Это дерзкое утверждение, потому что оно говорит о том, что Вагнер и подобные ему будут вечно почитаться так же, как двенадцать апостолов и Павел. Все истинные верующие должны быть *чрезвычайно оскорблены* таким откровенным высокомерием. Честь, оказанная апостолам Нового Иерусалима, уникальна. Апостольство ограничено теми, кто был назначен Самим Христом в Новом Завете. Только ложные учители будут заявлять о вечной апостольской чести для наших современников.

КАК ЖЕ БЫТЬ С ТЕКСТОМ ЕФ. 4:11-13?

Сторонники современного апостольства часто приводят текст Еф. 4:11-13 в защиту своей позиции. Поэтому для нас важно внимательно изучить этот отрывок. После описания вознесения Христа Павел писал:

> И Он поставил одних Апостолами, других – пророками, иных – Евангелистами, иных – пастырями и учителями, к совершению святых, на дело служения, для созидания Тела Христова, доколе все придем в единство веры и познания Сына Божия, в мужа совершенного, в меру полного возраста Христова.

Защитники современного апостольства исходят из двух неверных предпосылок, рассуждая над этим текстом. Во-первых, они утверждают, что единство, познание и совершенство, описанные в стихе 13, относятся ко второму пришествию Христа. Во-вторых, они считают, что все пять служений в стихе 11 (апостолы, пророки, евангелисты, пасторы и учителя) должны пребывать в Церкви до второго пришествия. Но ни одна из этих предпосылок не утверждается в самом тексте.

Рассмотрим сначала вторую предпосылку. Говорит ли этот отрывок о том, что служения, перечисленные в стихе 11, будут продолжаться, *доколе* не будут выполнены условия, описанные в стихе 13? Это можно было бы допустить, если выбросить стих 12. Грамматически слово «доколе» в стихе 13 указывает на ближайшее причастие в стихе 12 («созидание»), а не на отдаленный глагол «поставил» в стихе 11. Таким образом, Павел говорит, что служения в стихе 11 были даны Христом, так что, согласно стиху 12, у святых есть все необходимое для созидания Тела Христова (ст. 12).

Так, *созидание* Тела Христова святыми продолжится до тех пор, пока не будут исполнены условия в стихе 13. Ничто в тексте не указывает на то, что *апостолы* и *пророки* будут присутствовать на протяжении всей церковной истории, но только то, что начатая ими работа (совершение святых для создания Тела Христова) будет продолжаться. Этот грамматический вывод усиливается контекстом Послания к Ефесянам, поскольку Павел уже объяснил, что служение *апостолов* и *пророков* сводится к основанию Церкви (Еф. 2:20).

Теперь мы можем рассмотреть единство и познание в стихе 13. Некоторые ученые настаивают на том, что такая конечная цель не достижима в этой жизни. Поэтому, как они считают, Павел описывает небесное единство Церкви и познание, которые будут достигнуты только в вечности. Но эта идея не вписывается в ход мысли Павла; он рассматривает результаты созидания святыми Церкви. Его внимание сосредоточено не на конечной славе на небесах, а на служении верующих в Церкви здесь, на земле. В Церкви верующие могут иметь глубокое единство, основанное на общей приверженности библейской истине, глубоком познании Господа Иисуса Христа и духовной зрелости. Павел также добавляет здравое учение (ст. 14) и возрастание в подобие Христу (ст. 15) в качестве дополнительных преимуществ, которые вытекают из того, что святые во всеоружии для создания Тела Христова (ст. 12).

Очевидно, что в Еф. 4:11-13 не говорится о том, что все пять видов служения (включая апостолов и пророков) будут всегда в Церкви вплоть до второго пришествия Христа. Скорее, здесь Павел говорит о цели, ради которой Господь Иисус поставил одних апостолами, пророками, евангелистами, пасторами и учителями в Церкви, – усовершенствование святых. Когда святые во всеоружии, они могут созидать друг друга в Теле Христовом. В результате церковь укрепляется в вере, возрастает в единстве, познании, здравом учении и освящении.

Поскольку Павел уже сказал, что апостолы и пророки были основанием Церкви, не было необходимости повторять, что их функция была ограничена во времени. Хотя эти два служения ограничены первым веком церковной истории, апостолы и пророки по-прежнему укрепляют святых через вдохновленные Духом Писания, которые они оставили для нас (т. е. Библию). Остальные три служения – евангелист, пастор и учитель – пребывали в Церкви на протяжении всей ее истории. Таким образом, они продолжают укреплять святых в каждом поколении с целью созидания Церкви.

ВАЖНОСТЬ ПРЕКРАЩЕНИЯ АПОСТОЛЬСТВА

Современные харизматические лидеры, такие как Питер Вагнер, могут доказывать *продолжение* существования дара и должности апостолов в Церкви; Римские католики могут также настаивать на апостольской *преемственности*, которую они видят в папском престоле. Но оба утверждения абсолютно ошибочные. Тщательное исследование новозаветных свидетельств показывает, что апостолы были уникальной группой людей, призванной и уполномоченной лично Самим Господом Иисусом, чтобы заложить доктринальную основу для Церкви, краеугольным камнем которой является Христос. Сегодня никто не может соответствовать библейским критериям апостольства. И даже в первом веке, когда не было необходимости кому-то в Церкви доказывать подлинность служения апостолов, только избранная группа духовных руководителей считалась апостолами.

В последующие века никто из Отцов Церкви не претендовал на апостольство; христианские руководители, начиная со второго столетия, рассматривали апостольский период как уникальный и неповторимый. Таково было мнение большинства верующих вплоть до XXI века, когда внезапно нам заявили, что служение апостольства возрождается. С чисто библейской точки зрения (и с любой исторической точки зрения) такие современные притязания столь же ошибочны, сколько и тщеславны.

Реальность такова, что дар и служение апостольства прекратились после первого столетия. Когда апостол Иоанн отправился на небеса, апостолов больше не осталось. Конечно, апостольское влияние продолжалось через богодухновенные Писания, написанные апостолами. Но это не дает повода думать, что апостольский фундамент постоянно перестраивается в процессе созидания Церкви. Он был закончен на протяжении жизни апостолов, и нет никакой необходимости закладывать его снова.

Подумайте еще раз, что означает цессационизм апостольства для харизматического учения континуационизма. Очевидно, не всё, что происходило в новозаветной Церкви, продолжается и сегодня. Это очень неудобное признание для любого харизмата, потому что само апостольство было даром. В Еф. 4:11 об этом сказано прямо. Если это служение выполнит свое предназначение, мы не можем настаивать, как харизматы, на том, что все духовные дары, представленные в книге Деяний и Первом послании к Коринфянах, продолжаются. По мнению Томаса Эдгара: «Тот факт, что дар апостольства прекратился с апостольским веком, является разрушительным ударом по основному предположению, лежащему в основе всей харизматической системы, а именно предположению, что все дары будут действовать в течение всей истории Церкви. Мы знаем, что по крайней мере один дар прекратился; поэтому их основополагающее предположение ошибочное».[51]

Некоторые харизматы, признавая ограниченность апостольства первым веком, нашли лазейку и стали утверждать, что больше нет такой *должности*, но *дар* остался. Эта изворотливая попытка защитить харизматическое учение в конечном счете не выдерживает критики, поскольку *апостольство* находится в списке духовных даров в 1Кор. 12:28-29 наряду с дарами чудотворения, пророчества и языков. В контексте это, несомненно, один из тех даров, о которых Павел начал говорить еще в стихах 4-5 и закончил в стихе 31 (где Павел использует термин *charisma* для обозначения того, что он только что перечислил в стихах 28-30). Кроме того, мысль Павла в Еф. 4:11 заключается в том, что *апостолы* поставлены Христом для Его Церкви. Хотя верно, что *апостольство* также было

---

[51] Edgar, Satisfied by the Promise of the Spirit, 232.

должностью, это не мешало ему оставаться при этом и даром. Например, пророчество было и должностью, и даром, как и дар учительства.

В конце концов, несмотря на протесты некоторых континуационистов, одно из самых значимых служений, описанных в 1Кор. 12 (то есть апостольство), больше не действует в Церкви. Оно прекратилось. Чтобы признать это, нужно согласиться с основополагающей предпосылкой цессационизма. Если апостолов больше нет, это означает, что не всё, что было в новозаветной Церкви, остается в Церкви сегодня. Более того, такой вывод предполагает, что и некоторые другие дары, перечисленные в 1Кор. 12 – 14, также прекратились. Подробнее мы поговорим об этом в следующих главах.

6

ОСТОРОЖНО! ОШИБАЮЩИЕСЯ ПРОРОКИ

Безводные источники, бесплодные деревья, свирепые морские волны, блуждающие звезды, бессловесные животные, собаки, возвращающиеся на свою блевотину, свиньи, любящие валяться в грязи – вот как Библия описывает лжепророков (см. 2Пет. 2; Иуда). Новый Завет выносит очень суровый вердикт в адрес тех, кто ложно заявляет о полученном откровении от Бога. А то, что осуждает Библия, должны осудить и мы – с той же решительностью и строгостью. Но если вы примените эти библейские эпитеты к современным лжеучителям, то вас, скорее всего, обвинят в *жестокости* и *нехристианском* поведении. Экуменический дух нашего времени не поощряет решительное обличение заблуждений, даже когда Писание прямо об этом говорит.

Харизматическое движение усугубляет эту проблему, предлагая кафедру людям с нелепыми внебиблейскими откровениями (и часто явно *небиблейскими*) во имя Святого Духа. Пришло время для верных христиан пробудится ото сна и смело выступить против потока ложных пророчеств, которые наводнили церковь через харизматическое движение.

Новый Завет неоднократно предупреждает, что самые опасные лжепророки – это волки, которые приходят в овечьей шкуре или принимают вид ангелов света, чтобы насаждать свою ложь. Они никогда не будут открыто отвергать Христа или выступать против Святого Духа. Скорее, они приходят во имя Христа и утверждают, что действуют от имени Святого Духа. Они проникают в церковь через притворство и лукавство. И именно они наносят серьезный ущерб Церкви.

Говоря о последних временах, Господь Иисус предупреждал: «...и многие лжепророки восстанут, и прельстят многих... Ибо восстанут лжехристы и лжепророки, и дадут великие знамения и чудеса, чтобы прельстить, если возможно, и избранных» (Мф. 24:11,24). Апостол Павел предупреждал пресвитеров ефесской церкви: «Итак, внимайте себе и всему стаду... Ибо я знаю, что, по отшествии моем, войдут к вам лютые волки, не щадящие стада; и из вас самих восстанут люди, которые будут говорить превратно, дабы увлечь учеников за собою» (Деян. 20:28-30). Петр тоже предостерегал о лжепророках, которые объявятся в Церкви, ложно заявляя, что искуплены Христом: «Были и лжепророки в народе, как *и у вас* будут лжеучители, которые введут пагубные ереси и, отвергаясь искупившего их Господа, навлекут сами на себя скорую погибель» (2Пет. 2:1). Можно привести и другие отрывки (например, 1Ин. 4:1 и Иуд. 4), однако весть

Нового Завета и без того предельно ясна: лжепророки представляют собой реальную угрозу для Тела Христова.

Конечно, лжепророки не заявляют о себе, что они лукавые еретики. Они приходят в овечьей одежде, прикидываются ангелами света и обещают свободу другим, хотя сами порабощены греховными похотями. Все же лжепророков не так сложно выявить. Библия предлагает три критерия для определения этих духовных лицемеров.

Во-первых, пророк, который уводит людей в *лжеучение и ересь*, является лжепророком. Во Втор. 13:1-5 Моисей сказал израильтянам:

> Если восстанет среди тебя пророк, или сновидец, и представит тебе знамение или чудо, и сбудется то знамение или чудо, о котором он говорил тебе, и скажет при том: «пойдем вслед богов иных, которых ты не знаешь, и будем служить им», – то не слушай слов пророка сего, или сновидца сего; ибо чрез сие искушает вас Господь, Бог ваш, чтобы узнать, любите ли вы Господа, Бога вашего, от всего сердца вашего и от всей души вашей; Господу, Богу вашему, последуйте и Его бойтесь, заповеди Его соблюдайте и гласа Его слушайте, и Ему служите, и к Нему прилепляйтесь; а пророка того или сновидца того должно предать смерти за то, что он уговаривал вас отступить от Господа, Бога вашего, выведшего вас из земли Египетской и избавившего тебя из дома рабства, желая совратить тебя с пути, по которому заповедал тебе идти Господь, Бог твой; и так истреби зло из среды себя.

Новый Завет неустанно повторяет такое же предупреждение. Любой, кто утверждает, что говорит от имени Бога, а сам уводит людей от истины Слова Божьего, – лжепророк и обманщик. Даже если такой человек делает точные предсказания или творит чудеса, его следует игнорировать, поскольку сам сатана может совершать поддельные чудеса (см. 2Фес. 2:9). История полна примеров разрушительного влияния лжепророков. Монтан был лжеучителем второго века, который больше внимания уделял ошибочным пророчествам двух женщин, чем Писанию. В седьмом веке Мухаммед утверждал, что был пророком, который получил откровение якобы от ангела Гавриила. В девятнадцатом веке Джозеф Смит основал мормонизм на фантастических заявлениях об ангельских посещениях и внебиблейских откровениях. Это лишь малая толика исторических иллюстраций того, сколько вреда лжепророки могут причинить тем, кто поверит им.

Во-вторых, пророк, живущий в *безудержной похоти и нераскаянном грехе*, на самом деле лжепророк. Сам Господь Иисус учил, что лжепророки могут быть узнаны по плодам их жизни (Мф. 7:20). Второе послание Петра и Послание Иуды подробно раскрывают тему лжепророков, которые порабощены своими похотями – полны гордости, жадности, блуда, похоти, бунта и разврата. Они движимы любовью к деньгам, принесли свои вечные души на алтарь мимолетных удовольствий. Рано или поздно лжепророки показывают свою истинную суть. Хотя они заявляют, что представляют Господа Иисуса Христа, на самом деле они далеки от подлинной веры.

Даже точное предсказание не может быть доказательством дара пророчества или даже подлинного обращения, о чем свидетельствуют примеры людей в Писании, которые изрекали верные пророчества (Чис. 22 – 23; Ин. 11:49-52). Господь Иисус предупредил: «Многие скажут Мне в тот день: "Господи! Господи! не от Твоего ли имени мы пророчествовали? и не Твоим ли именем бесов изгоняли? и не Твоим ли именем многие чудеса творили?". И тогда объявлю им: "Я никогда не знал вас; отойдите от Меня, делающие беззаконие"» (Мф. 7:22-23). Можно себе только представить, сколько самозваных современных пророков или телеевангелистов со свободной моралью и развязным образом жизни окажутся на их месте в последний день.

В-третьих, если объявивший себя пророком провозглашает *какое-либо «откровение от Бога», которое оказывается неточным или неверным,* он должен быть тут же отвергнут. Библия ясно учит: пророк, который выдает собственное откровение за Божье, – мошенник. Во Втор. 18:20-22 Сам Господь сказал израильтянам:

> Но пророка, который дерзнет говорить Моим именем то, чего Я не повелел ему говорить, и который будет говорить именем богов иных, такого пророка предайте смерти. И если скажешь в сердце твоем: «как мы узнаем слово, которое не Господь говорил?» Если пророк скажет именем Господа, но слово то не сбудется и не исполнится, то не Господь говорил сие слово, но говорил сие пророк по дерзости своей, – не бойся его (Втор. 18:20-22).

Всякое неточное предсказание или заявление, претендующее на откровение от Господа, представляет собой серьезное преступление. Оно не просто показывает, что пророк – мошенник, но и приговаривает его, согласно закону Ветхого Завета, к смертной казни. Бог не смотрит сквозь пальцы на такие *оплошности* и велит истребить всякого, кто прикрывает свою ложь словами «так говорит Господь». Все, кто потворствуют или поощряют такие непроверенные пророчества, виновны в греховной самонадеянности и халатном отношении к своему духовному долгу. Мы не должны принимать все пророчества за чистую монету, но все испытывать (см. 1Фес. 5:21).

Несмотря на ясные предостережения Писания и бесчестие Духа Божьего, харизматы сделали *самонадеянное пророчество* отличительным признаком своего движения. Они стали плодородной почвой для лжепророков, предоставляя возможность любому, кто достаточно наглый, чтобы встать и заявить о прямом откровении от Бога, каким бы нелепым или кощунственным оно ни было. В предыдущих главах мы уже рассмотрели некоторые ереси, к которым относятся терпимо в харизматических кругах и даже поощряют их (обычно называя это «пророческим словом»). И мы коротко отметили многочисленные скандалы в жизни наиболее видных харизматических лидеров (в том числе тех, кто называют себя современными «пророками»). Уже этих двух причин достаточно, чтобы отнестись с подозрением к так называемым пророчествам в харизматическом мире и признать их *ложными*.

В этой главе мы поговорим подробнее о третьем признаке лжепророка: неточные предсказания. То, что Библия осуждает как страшное преступление, харизматическое движение лелеет как духовный дар! На самом деле ошибки, неточности и явные ложные утверждения, которые характеризуют современные пророчества, настолько вопиющие и хорошо задокументированы, что харизматические богословы даже не пытаются отрицать их. Харизматический пророк Билл Хамон, вопреки Втор. 18, утверждает: «Мы не должны поспешно называть кого-то лжепророком просто потому, что его весть была неточной... Несколько ошибок еще не делают его лжепророком. Пророки тоже люди и не претендуют на непогрешимость; все могут ошибаться».[1]

Джек Дир вторит этой мысли, утверждая, что даже если пророк «серьезно промахнулся», и его пророчество «имело губительные последствия» для людей, это еще не делает его лжепророком.[2] Но эта мысль явно противоречит Писанию. Пророк определяется не количеством точных предсказаний (поскольку даже одержимые демоном люди могут иногда делать точные предсказания – Деян. 16:16), но по ошибкам и неточностям. Истинные пророки, передающие откровения от Бога, должны делать это без ошибок; в противном случае они – лжецы.

Вероятно, самое причудливое признание современной склонности пророков к ошибкам произошло во время длительной дискуссии между самопровозглашенными пророками Майком Биклом и Бобом Джонсом – двумя самыми известными фигурами в сообществе «Пророки Канзас-Сити». Обсуждая тему видений и откровений, Бикл спросил Джонса о том, как часто он провозглашал ошибочные пророчества. Вот их диалог:

Майк Бикл: «Расскажи нам о своих ошибках; как часто ты ошибаешься, и насколько точны твои пророчества, я хочу, чтобы люди немного больше узнали об этом».

Боб Джонс: «Что ж, я нередко ошибаюсь. Я припоминаю, что был пойман в своей же гордыне. Каждый раз, когда гордость одолевает меня, маленького мальчика, мой Папа [Бог] всегда знает, как проколоть мой мыльный пузырь. В своем высокомерии я призвал церковь к трехдневному посту, убедив прихожан в том, что после этого должно случиться что-то невероятное. И они послушали меня. Это было ужасно. И после этого трехдневного поста... это ужасно... Дух так и не явился в ту ночь...»

Майк Бикл: «Ты призвал людей поститься?»

Боб Джонс: «Именно, но это было не от Господа; это было результатом моей гордости. Я думал, что могу заставить Господа сделать что-то

---

[1] Bill Hamon, *Prophets and Personal Prophecy* (Shippensburg, PA: Destiny Image, 1987), 176.

[2] Jack Deere, *The Beginner's Guide to the Gift of Prophecy* (Ventura, CA: Regal, 2008), 131–32.

через пост – и очень быстро понял, как же я сильно ошибался. Среди участвующих прихожан было много пожилых святых, которые были готовы меня побить камнями, и поэтому я поспешил убраться оттуда, а после, как любой хороший пророк, ушел в отставку. В тот вечер я рыдал и вопил, пока наконец не уснул, и во сне Господь пришел и взял меня за руку. В своем видении я был похож вот на эту маленькую девочку... только у меня произошла небольшая авария, на мне был Памперс [подгузники], и я обделался. Детская неожиданность стекала по моим ногам. Господь держал меня за руку, а я горланил во все горло ... И тут я услышал голос, который озадаченно спросил: «Что произошло с Бобом?» И мой [небесный] защитник ответил: «Он оплошал».

Майк Бикл: «Сказал что-то не то».

Боб Джонс: «Да. Я оплошал. Я обгадил свои подгузники. «И я подумал: "Сейчас начнётся". Но дальше был сюрприз. Нежный, ненавязчивый голос сказал: "Этот мальчик нуждается в большей страховке. Скажи ему, что мы дадим ему больший страховой полис, который покрывает такие инциденты".Это было не то, о чем я просил, потому что я ушел в отставку. "Очисти его, скажи ему, чтобы он вернулся в тело и пророчествовал в два раза больше. На этот раз он сделает то, что Я ему скажу". Я очутился снова в своей кровати, пот градом стекал с моего лица».

Майк Бикл: «Ясно, так значит были ошибки; много ошибок».

Боб Джонс: «О, их сотни».[3]

Слова Джонса иллюстрируют две основные проблемы, связанные с современными пророчествами: они полны ошибок и неточностей, а также кощунственного безумия, которое, безусловно, исходит не от Бога. Все, за что можно похвалить Джонса, так это за хорошую аналогию, сравнение своих пророческих ошибок с загаженными подгузниками. Его пророческий дар не что иное, как подделка. И Бог, конечно же, не давал ему никакой «страховки», которая покрывает *сотни его ошибок*, как будто ничего страшного не произошло.

Менее чем через три года после этого интервью Боб Джонс был временно отстранен от общественного служения в «Метро виньярд фелоушип» в Канзасе, где старшим пастором был не кто иной, как Майк Бикл. Как оказалось, Джонс использовал ложные «пророчества» чтобы добиться расположения женщин, с которыми впоследствии вступал в интимную связь. «Он был отстранен от служения за следующие грехи: использование духовных даров с целью манипулирования людьми для удовлетворения своих личными желаний, сексуальные грехи, противление пастырскому авторитету, клевета на служителей и распространение злобы в Теле Христовом».[4] Тем

---

[3] Mike Bickle and Bob Jones, "Visions and Revelations," audiotape #5. MP3 title: "4-Vision and Revelations – 1988," timestamp: 10:32– 15:58, http://archive.org/details/VisionsAndRevelations-MikeBickleWithBobJones1988.

[4] Pam Sollner, "Minister Removed After Confession of Sexual Misconduct," *Olathe News* (Kansas), November 30, 1991, http://www.religionnewsblog.com/16929/minister-removed-after-confession-of-sexual-misconduct.

не менее он вернулся на харизматическую сцену после короткого перерыва, и, по его словам, он все еще проповедует в харизматических церквях, представляя себя помазанным Божьим пророком, и провозглашает ложные и нелепые пророчества.[5] Тысячи доверчивых харизматов все еще ловят каждое слово из его уст — как будто не было никакого скандала или ложных пророчеств. В онлайн-автобиографии Джонс без зазрений совести сравнивает себя с пророком Даниилом.[6]

ОШИБОЧНОЕ ПРОРОЧЕСТВО
И НЕПОГРЕШИМОЕ СЛОВО

Нетрудно найти и другие примеры нелепой лжи и вопиющих богохульств в харизматических пророчествах. В декабре 1989 года Бенни Хинн сделал серию знаменитых пророчеств, из которых ни одно не сбылось. Он уверенно заявил об откровении Божьем своей церкви в Христианском центре Орландо: Фидель Кастро умрет в 1990-х годах, гомосексуальное сообщество в Америке сгорит в огне до 1995 года, а крупное землетрясение приведет к хаосу на Восточном побережье за год до 2000 года. Он ошибался по всем пунктам, однако это не остановило пророка-самозванца, он продолжал провозглашать новые несбывшиеся пророчества.

В начале нового тысячелетия он объявил своей телевизионной аудитории о вести пророчицы, которая открыла ему, что Иисус вскоре явится физически на некоторых встречах Хинна. Хинн был убежден в

---

[5] В течение более двадцати пяти лет Джонс публиковал ежегодный пророческий выпуск, который он называл «Посох пастуха». Большинство его пророчеств туманные и неоднозначные, а части, которые понятны, в большинстве своем ошибочные. Единственные высказывания, которые не были явно ошибочными, – это либо общие предсказания, которые может сделать любой человек, либо двусмысленные прогнозы, открытые для множественных интерпретаций, как предсказания гороскопов. Ниже я приведу пример типичного ошибочного предсказания Джонса. Следующая цитата взята из его «Посоха пастуха» за 2012 год. Умаляя роль разума в откровении божественной истины, он говорит: «Вот что делает Святой Дух в самом начале: вы должны буквально стать рабами любви, ум должен подчиниться любви к Духу Божьему, который в вас. Каждый из вас, от самого зачатия, – частичка Бога Отца. По замыслу Бога вы родились, чтобы жить вечно, и так оно и будет. И вы сами определяете, где вы окажетесь. И когда это семя в вас даст всходы, вы начнете видеть Христа. Вы увидите Его сначала в написанном Слове, но придет время, когда вы вырастете, и Святой Дух будет открывать вашему духу будущее. И когда это [показывает на голову] станет рабом любви, оно будет выполнять только то, что вы слышите здесь [показывает на грудь]». From Bob Jones's 2012 "Shepherd's Rod" predictions, delivered at Morningstar Ministries on October 2, 2011. Video online at: http://www.youtube.com/watch?v=CYJmgmbSHPo (excerpt starts at 4:23).

[6] "Bob Jones," Morningstar Ministries website, Harvest Festival 2012, accessed December 2012, http://www.morningstarministries.org/biographies/bob-jones.

том, что ее пророчество было подлинным, и 2 апреля 2000 года на канале TBN он подтвердил это собственным пророчеством: «Послушайте меня: *я пророчествую это*! Иисус Христос, Сын Божий, скоро явится физически в некоторых церквях и собраниях, а также многим верующим, чтобы сказать: Я близко! Пробудитесь! Я гряду скоро с тьмами ангелов!».[7]

Ложные пророчества Хинна были не менее диковинные, но не столь примечательные, как печально известные утверждения Орала Робертса несколько десятилетий назад. В 1977 году Робертс сказал, что видел в видении трехсотметрового Иисуса, который поручил ему построить «Город веры», больницу в шестьдесят этажей на юге Талсы. Бог открыл ему, что он будет использовать этот центр, чтобы объединить медицинские технологии с исцелением верой, реформировать здравоохранение и помочь врачам найти лекарство от рака.

Здание, построенное в начале 1980-х годов, с самого начала было слишком дорогим проектом. Когда «Город веры» открылся, в огромном здании были заполнены лишь два этажа. К январю 1987 года здание погрязло в долгах, и Робертс заявил о новом откровении от Господа: он умрет, если не привлечет восемь миллионов долларов для погашения долга до 1 марта. По-видимому, испугавшись пророчества о смертельной угрозе, спонсоры послушно принесли Роберту необходимые средства (в последний момент были пожертвованы 1,3 миллиона долларов организатором собачьих забегов во Флориде). Тем не менее, в течение двух лет Робертс был вынужден закрыть медицинский центр и продать здание, чтобы покрыть долги. Более 80 процентов здания пустовали. Обещанное лекарство от рака так и не было найдено.

Рик Джойнер, еще один участник «Пророков Канзас-Сити» и основатель служения «Утренней звезды», предсказал в 1990-х годах землетрясение в Южной Калифорнии такой силы, что большая часть штата окажется под водной толщей Тихого океана. Хотя предсказание не сбылось, Джойнер продолжает настаивать на том, что рано или поздно это случится. В 2011 году после девятибалльного землетрясения в Японии Джойнер пророчествовал: те же демонические силы, которые стояли за нацистской Германией и запустили глобальные процессы через землетрясение в Японии, хотят проникнуть в Соединенные Штаты.[8]

Понадобилось бы несколько томов, чтобы вместить все примеры ложных харизматических пророчеств. Казалось бы, такие лжепророки должны жить в смертельном страхе перед божественным судом, но на удивление, они просто продолжают извергать все более и более нелепые пророчества. Их влияние продолжает расти – даже среди традиционных евангельских христиан. И мысль о том, что Бог чаще говорит напрямую со

---

[7] Benny Hinn, *This Is Your Day*, TBN, April 2, 2000.

[8] Video of Rick Joyner, available at Kyle Mantyla, "Joyner: Japan Earthquake Will Unleash Demonic Nazism on America," Right Wing Watch, March 16, 2011, http://www.rightwingwatch. org/content/joyner-japan-earthquake-will-unleash-demonic-nazism-america.

Своим народом, сегодня получила более широкое признание, чем когда-либо в истории Церкви.

Харизматическое движение зародилось около ста лет назад, и его влияние на евангельское христианство вряд ли можно переоценить. Начиная с Чарльза Парэма и заканчивая известнейшим Бенни Хинном, все движение – не что иное, как ложная религия, направляемая ложными служителями. Это движение не внесло никакого вклада в истинное библейское толкование, здравое учение и историческое богословие – если, конечно, ошибки и ложь не считать вкладом. Как и любое эффективное ложное учение, харизматическое богословие включает в себя ровно столько правды, сколько нужно, чтобы завоевать доверие. Поставив на кон сердца и души, харизматы предлагают коктейль морального разложения и доктринального яда.

Вместо того чтобы усиливать интерес людей к Писанию и побуждать их обращаться к нему, харизматическое движение поощряет беспрецедентную увлеченность внебиблейскими откровениями. Под влиянием харизматического учения миллионы убеждены, что Бог все время общается с ними напрямую. Похоже, многие считают прямое откровение *основным* средством общения Бога с людьми сегодня. «Господь сказал мне...» – любимое клише ориентированных на опыт евангельских христиан.

Не все, кто верит, что Бог говорит с ними, делают такие же диковинные пророческие заявления, как те, что транслируются харизматическими телеевангелистами или пророками Канзас-Сити. Тем не менее они верят, что Бог открывает им что-то новое – либо напрямую они слышат Его голос, либо через видение, либо через голос в голове, либо просто через внутреннее побуждение. В большинстве случаев такие «пророчества» сравнительно тривиальны. Но разница между ними и предсказаниями Бенни Хинна – только в масштабе, а не в сути.

Представление о непосредственной и постоянной передаче Божьих откровений сегодня – неизменная составляющая харизматической веры. Согласно типичному харизматическому мировоззрению, если Бог не обращается к человеку лично, напрямую и регулярно, Он не может быть поистине имманентным. Таким образом, харизмат будет отчаянно защищать всевозможные частные пророчества, несмотря на неоспоримый факт, что эти предполагаемые откровения очень часто – можно сказать *как правило* – оказываются ошибочными, вводят в заблуждение и разрушают судьбы людей.

К примеру, Уэйн Грудем писал докторскую диссертацию в Кембриджском университете, защищая следующий тезис: Бог регулярно дает христианам пророческие послания через спонтанно возникающие мысли. Сильные впечатления можно выдавать за пророческие вести, говорит он, хотя и признает, что такие пророческие слова могут «быть часто ошибочными».[9]

[9] Wayne Grudem, "Prophecy," in *The Kingdom and Power*, ed. Gary Greig (Ventura, CA: Gospel Light, 1993), 84.

Грудем продолжает: «Во всех направлениях харизматического движения почти единодушно христиане свидетельствуют о том, что пророчество *может быть несовершенным и неточным* и ему не стоит доверять на все сто процентов».[10] В свете такого признания возникает закономерный вопрос: как христиане могут отличить божественное откровение от собственного воображения? Грудем пытается ответить на него:

> Было ли откровение «*похоже*» на весть от Святого Духа; был ли этот опыт *похож* на другие переживания от Святого Духа, которые [человек] испытывал ранее во время поклонения... Сложно сказать что-то большее, разве что добавить, что со временем собрание, *вероятно*, станет более искусным в определении пророчеств... и христиане станут более искусными в признании подлинного откровения от Святого Духа, отличая его от своих собственных мыслей.[11]

В другом месте Грудем сравнивал задачу определения подлинности пророчеств с игрой в бейсбол: «Сперва нужно увидеть, а затем дать оценку. Я приведу американскую аналогию. Питчер бросает мяч, но только судья определяет количество болов и страйков».[12] Другими словами, у харизматов нет никаких *объективных критериев*, чтобы отличить подлинное пророчество о чьих-то фантазий.

Несмотря на признанные неточности и субъективизм, мысль о том, что Бог говорит не только через Библию, продолжает находить все большее признание даже среди евангельских христиан. Например, южные баптисты ревностно перечитывали книгу Генри Блэкаби и Клода Кинга «Познавая Бога на личном опыте», где предполагается, что именно Святой Дух руководит верующими, обращаясь к ним напрямую. По словам Блэкаби, когда Бог посылает человеку свою весть касательно Церкви, он обязан поделится ею со всем Телом Христовым.[13] В результате внебиблейские «слова от Господа» теперь стали обычным явлением даже среди некоторых общин южных баптистов.

Почему так много современных христиан ищут откровений Бога за пределами Писания? Уж точно не потому, что это надежный способ познать истину. Как мы видели, даже харизматы признают ошибочность и неточность современных пророчеств. Частота ошибок поразительно высока. В своей книге «Харизматический хаос» я процитировал диалог между двумя лидерами движения «Пророки Канзас-сити». Они были

---

[10] Wayne Grudem, *The Gift of Prophecy in the New Testament and Today*, rev. ed. (Wheaton, IL: Crossway, 2000), 90; курсив мой.

[11] Там же, 100; курсив мой.

[12] Wayne Grudem, "A Debate on the Continuation of Prophecy," with Ian Hamilton, 2010 Evangelical Ministry Assembly, accessed December 2012, http://thegospelcoalition.org/blogs/justintaylor/2012/02/23/a-debate-on-the-continuation-of-prophecy/. См. комментарий Грудема на 59:53.

[13] Henry Blackaby, *Experiencing God* (Nashville: LifeWay, 1990), 168.

счастливы заявить, что две трети пророчеств их движения были точными. Один из них сказал: «Отлично, такой результат превосходит все наши ожидания. Никогда ранее мы не наблюдали ничего подобного».[14]

Таким образом, современное пророчество надежно в откровении истины не более, чем магический шар, карты таро или доска Уиджи. И, надо добавить, такое же суеверное. Писание не побуждает христиан искать новых откровений от Бога, кроме того, что Он уже дал нам в Своем написанном Слове. Возвращаясь к Втор. 18, Писание беспощадно осуждает всех, кто говорит ложно или самонадеянно от имени Господа. Но такие предупреждения игнорируются в наши дни теми, кто утверждает, что получил весть от Бога.

Неудивительно, что увлеченность «свежими» пророчествами всегда идет рука об руку с пренебрежением Священным Писанием. Зачем корпеть над толкованием слов древней Книги, если живой Бог общается с нами напрямую каждый день на нашем языке? Эти свежие «откровения», естественно, кажутся более актуальными и более значимыми, чем знакомые слова Библии. Сара Янг, автор бестселлера «Иисус говорит с тобой», записала духовные наставления, которые, по ее словам, она получила напрямую от Иисуса. Вся книга написана от имени Христа, как будто Он напрямую обращается к читателю. Другими словами, Сара Янг заявляет, что ее книга – это слово Божье. Она говорит, что ее слова исходят от Иисуса, а она всего лишь «слушатель». Она признает, что ее поиски внебиблейского откровения начались с навязчивого чувства, что Писания просто недостаточно. «Я знала, что Бог разговаривает со мной через Библию, но я хотела большего. Я все сильнее желала слышать, что Бог хочет сказать мне лично в каждый конкретный день».[15] Разве такой подход будет пробуждать в людях любовь к Писанию?

Именно поэтому современный интерес евангельских христиан к внебиблейским откровениям очень опасен. Это возврат к средневековым суевериям и отступление от нашей фундаментальной веры в то, что Библия – единственный, наивысший и достаточный авторитет. Такой подход – очевидное отступление от основного положения Реформации – *sola Scriptura*.

Абсолютная достаточность Писания хорошо подытожена в Вестминстерском исповедании веры: «Весь замысел Божий относительно того, что необходимо для Его собственной славы и для спасения, веры и жизни человека, либо ясно изложен в Писании, либо может быть выведен из Писания путем оправданных и логически обоснованных умозаключений. *Ничто и никогда не может быть добавлено к Писанию, будь то новые откровения Духа или предания человеческие*».[16] Исторический

---

[14] John MacArthur, *Charismatic Chaos* (Grand Rapids: Zondervan, 1992), 67.

[15] Sarah Young, *Jesus Calling – Women's Edition* (Nashville: Thomas Nelson, 2011), xii.

[16] Вестминстерское исповедание веры, 1.6; курсив мой.

протестантизм основан на убеждении, что канон закрыт. Нет никакой нужды в новом откровении, потому что Писание является полным и абсолютно достаточным.

Писание ясно учит, что время, когда Бог прямо обращался к людям в эпоху Церкви через различные пророческие слова и видения, прошло. Истина открыта Богом в каноне Ветхого и Нового Заветов (см. Евр. 1:1-2; Иуд. 3; Откр. 22:18-19). Библия – записанное Слово Божье – полное Божье откровение, в нем есть, что нам нужно. Обратите внимание на 2Тим. 3:15-17, где Павел пишет своему сотруднику:

> Притом же ты из детства знаешь священные писания, которые могут умудрить тебя во спасение верою во Христа Иисуса. Все Писание богодухновенно и полезно для научения, для обличения, для исправления, для наставления в праведности, да будет совершен Божий человек, ко всякому доброму делу приготовлен.

Этот отрывок содержит два очень важных тезиса, которые относятся к обсуждаемой нами проблеме. Во-первых, «все Писание богодухновенно». Писание обладает авторитетом Самого Бога. Оно точное; оно надежное; *оно истинное*. Сам Иисус говорит в Ин. 17:17: «Слово Твое есть истина». Псалом 118:160 вторит этой мысли: «Основание слова Твоего истинно». Эти утверждения ставят Писание выше любого человеческого мнения, предположения и эмоционального опыта. Писание само по себе является истиной в последней инстанции. Оно гораздо авторитетнее любого другого голоса.

Во-вторых, в этом отрывке сказано, что Писание полностью достаточное, способное «умудрить... во спасение» и сделать нас совершенными, «приготовленными ко всякому доброму делу». Есть ли более ясное свидетельство полноты и достаточности Писания? Нужны ли внебиблейские весточки от Бога, чтобы мы могли прославить Его? Очевидно, что нет. Ищущие новых откровений от Бога, по сути, отказываются от веры в достаточность записанного Слова Божьего. На его место они поставили собственное ошибочное воображение. Если церковь не вернется к принципу *sola Scriptura*, единственное возрождение, которое мы увидим, – это возрождение безудержных суеверий и духовного мракобесия.

Означает ли это, что Бог прекратил обращаться к людям? Конечно, нет, Он говорит сегодня через Свое вседостаточное Слово. Дух Божий все еще касается наших сердец и призывает нас к служению? Конечно, но Он делает это через Слово Божье. Такой опыт не предполагает *нового откровения*, но *озарение*, когда Святой Дух прилагает Слово к нашим сердцам и открывает наши духовные глаза, чтобы увидеть истину. Мы должны тщательно следить за тем, чтобы наш опыт и наши собственные субъективные мысли и фантазии не затмевали авторитет истинного Слова.

Известный британский библейский проповедник двадцатого века Дэвид Мартин Ллойд-Джонс метко обобщил подход, которого должны придерживаться современные верующие в отношении пророчества. Комментируя Еф. 4:11, Ллойд-Джонс писал:

После того как были написаны все книги Нового Завета в служении пророка отпала необходимость... На протяжении истории Церкви время от времени появлялись люди, которые объявляли себя пророками в новозаветном смысле и говорили, что получили особые откровения истины. Однако у нас есть Писания Нового Завета, поэтому нет никакой нужды в последующих откровениях. Это последняя инстанция. Все, что нам нужно, есть в Новом Завете, и нам не нужны никакие дальнейшие откровения. Все было уже открыто, все, что нам нужно, доступно в Слове. И если человек утверждает, что получил откровение какой-то новой истины, он тут же должен вызвать у нас подозрение...

Суть в том, что при наличии канона Нового Завета, всякая потребность в пророках отпадает. Нам больше не нужны прямые откровения об истине; истина в Библии. Мы никогда не должны разделять Дух и Слово. Дух говорит нам через Слово; поэтому мы всегда должны с подозрением относится к любому предполагаемому откровению, которое не соответствует Слову Божьему во всей полноте. На самом деле было бы мудрым полностью отказаться от термина «откровение» в привычном нам значении и говорить только об «озарении». Откровение было дано раз и навсегда, и все, что нам нужно, и что по милости Божьей нам доступно, – это озарение от Духа, чтобы понимать Его Слово.[17]

ДВА ВИДА ПРОРОКОВ?

В попытке обойти четкие указания Писания (и защитить правомочность современных пророчеств) харизматы заговорили о двух видах пророков в Писании: одни – авторитетные и точные, вторые лишены подобных характеристик. В первую категорию входят ветхозаветные пророки, апостолы Нового Завета и авторы Писания. Они в точности передавали Божью весть Божьему народу. В результате их пророческие вести были безошибочными и актуальными для тех, к кому были обращены.

Однако харизматы говорят, что в новозаветной Церкви были и другие пророки – пророки поместной общины – они изрекали пророчества, которые были *ошибочными* и *неавторитетными*. Поместные пророки в ранней Церкви иногда ошибались, выдавая собственные слова за божественное откровение; таким образом, от них не ожидалось соответствие высокому стандарту ветхозаветных пророков и библейских авторов. Следуя этой логике, харизматы настаивают на том, что современные пророчества не обязательно должны быть точными на сто процентов.

---

[17] D. Martyn Lloyd-Jones, *Christian Unity* (Grand Rapids: Baker, 1987), 189–91.

Представление об ошибающихся новозаветных пророках – представителей Бога, которые искренне, но с ошибками передавали божественное откровение – вполне соответствует современной харизматической предпосылке. Однако у этого представления есть один существенный недостаток: оно не библейское. На самом деле Библия всегда осуждает ошибающихся пророков как опасных мошенников. *Ошибающиеся* пророки – это *лжепророки* или в лучшем случае обманутые люди, которые должны немедленно прекратить притворяться, что говорят от имени Бога. Как и во всем остальном, харизматы поставили современный опыт выше Писания (называя свои заблуждения «пророчествами»), вместо того, чтобы подчинить его ясным стандартам библейского откровения. Современные пророчества не выдерживают критики в свете четких критериев, изложенных в Слове Божьем.

Харизматы говорят, что новозаветные пророки не обязаны были соответствовать высокому стандарту ветхозаветных коллег, однако такое утверждение полностью лишено оснований. Писание не делает различий между пророками Ветхого и Нового Заветов. В Новом Завете используются аналогичные термины для описания как ветхозаветных, так и новозаветных пророков. В книге Деяний пророки Ветхого Завета упоминаются в следующих текстах: Деян. 2:16; 3:24-25; 10:43; 13:27,40; 15:15; 24:14; 26:22,27; 28:23. В отношении новозаветных пророков употребляются те же термины без каких-либо различий или оговорок: Деян. 2:17-18; 7:37; 11:27-28; 13:1; 15:32; 21:9-11).

Если бы пророческое служение в Новом Завете был совершенно иным, как утверждают харизматы, было бы хоть намек на какое-то различие. Как справедливо отмечает Сэм Уолдрон: «Если пророчество Нового Завета, в отличие от пророчества Ветхого Завета, не было непогрешимым, тогда между ветхозаветным пророческим служением и новозаветным существовала бы принципиальная разница. Предполагать, что такое колоссальное различие никак не будет прокомментировано в Новом Завете, просто немыслимо».[18]

Разумеется, правильное представление о новозаветных пророках не может основываться лишь на аргументе от молчания. Когда Петр говорил о пророчестве, которое характеризует Церковь в апостольский век (в Деян. 2:18), он привел Иоил. 2:28 – ясную ссылку на пророчество Ветхого Завета. И когда библейские авторы описывали новозаветных пророков (таких как Иоанн Креститель, пророк Агав и апостол Иоанн в Книге Откровения), они намеренно ставили их в один ряд с ветхозаветными пророками.[19] Авторы

---

[18] Waldron, *To Be Continued?*, 65.

[19] Подробное изучение этого вопроса (которое подрывает харизматическую позицию) см. в серии статей David F. Farnell, "Is the Gift of Prophecy for Today?" in *Bibliotheca Sacra*, 1992–93. О пророке Агаве Фарнелл пишет: «Эта преемственность между ветхозаветным и новозаветным пророчеством также продемонстрирована на примере пророка Агава. Агав подражал пророкам Ветхого Завета... Это можно увидеть в следующих обстоятельствах. Он предваряет свое пророчество формулой: «Так говорит Дух Святой» (Деян. 21:11), что очень близко к ветхозаветной пророческой формулировке «так говорит Господь»,

Нового Завета подчеркивали, что ожидания и функции были одинаковыми для тех и других.[20] Очевидно, что ранняя Церковь не усматривала никакой разницы между новозаветными пророками и их предшественниками в Ветхом Завете. После обширного обзора первых столетий церковной истории профессор Нового Завета Дэвид Фарнелл заключает:

> Таким образом, в ранней Церкви к пророкам Нового Завета было такое же отношение, как и к пророкам Ветхого Завета. Новозаветные пророки, которые провозглашали ошибочные и неточные предсказания назывались лжепророками, потому что именно эти действия, согласно Ветхого Завета, и определяют ложного пророка (Втор. 13:1-5; 18:20-22) ...Таким образом, наблюдается прямая преемственность пророческой традиции в Новом Завете.[21]

Как от ветхозаветных, так и от новозаветных пророков ожидалось, что они будут говорить только истину, когда провозглашают откровение от Бога. Когда они предваряли свою весть словами «так говорит Господь», следующее, что должно было исходить из их уст – подлинные слова Бога (ср. Деян. 21:11). Поскольку достоверность слов Бога отражает Его совершенный и безупречный характер, такие пророчества всегда будут непогрешимыми и точными. Испытание пророков было необходимо, потому что лжепророки представляли постоянную угрозу для Церкви (1Ин. 4:1; ср. 2Пет. 2:1-3; 2Ин. 10-11; 3Ин. 9-10; Иуд. 8-23). Как ветхозаветные, так и новозаветные пророчества должны быть рассмотрены на основе предыдущего откровения (Втор. 13:1-5; 1Фес. 5:20-22; ср. Деян. 17:11).

столь часто используемой ветхозаветными пророками (например, Ис. 7:7; Иез. 5:5; Ам. 1:3,6,11,13; Авд. 1; Мих. 2:3, Наум 1:12; Зах.1:3-4). Эта же вводная фраза предваряет слова Господа Иисуса в посланиях к семи церквям в Книге Откровения (см. Откр. 2:1,8,12,18; 3:1,7,14). Как и многие ветхозаветные пророки, Агав представил свои пророчества через символические действия (Деян. 21:11; 3Цар. 11:29-40; 22:11; Ис. 20:1-6; Иер. 13:1-11; Иез. 4:1-17; 5:1-17). Как и ветхозаветные пророки, Агав был исполнен Святого Духа как пророческий посланник (Деян. 11:28; ср. Чис. 11:25-29; 1Цар. 10:6,10; 2Цар. 23:2; Ис. 42:1; 59:21; Зах. 7:12; Неем. 9:30). Как и пророчества Ветхого Завета, пророчества Агава исполнились в точности (Деян. 11:27-28; 21:10-11; ср. 28:17).

[20] Farnell, "Is the Gift of Prophecy for Today?" in *Bibliotheca Sacra*, 1992–93. Относительно функции новозаветных пророков в Церкви Фарнелл говорит: «Пророки в Ветхом Завете служили гласом Яхве в теократической общине Израиля. Они получали откровения напрямую от Яхве и передавали народу (Ис. 6:8-13; Иер. 1:5-10; Иез. 2:1-10). Подобно ветхозаветным пророкам, новозаветные пророки так же служат гласом Господа. В Еф. 2:20 сказано, что новозаветные пророки – это пророческие голоса для верующего сообщества... В Еф. 2:20 говорится о стратегической, основополагающей роли, которую играют новозаветные пророки в формировании Церкви. Пророки, наряду с апостолами, служили основанием Церкви, что говорит о высоком положении новозаветных пророков в христианской общине. Они упомянуты в списке даров вторыми в 1Кор. 12:28, сразу после апостолов, что говорит об их значимости для Тела Христова. Более того, Павел призвал своих читателей ревновать прежде всего о даре пророчества (см. 1Кор. 14:1)».

[21] Там же

Несомненно, найдется тот, кто возразит, указав на Рим. 12:6, где Павел писал: «И как, по данной нам благодати, имеем различные дарования, то, имеешь ли пророчество – пророчествуй по мере *своей* веры». Харизматы обращаются к этому стиху, чтобы сказать: точность пророчества зависит от меры веры человека. Однако такое представление совершенно не вписывается в контекст слов Павла. Слово «своей» в Библии короля Иакова – на самом деле перевод определенного артикля в греческом тексте. Его нужно было переводить на английский просто как «the». Следовательно, Павел говорит своим читателям следующее: те, у кого есть дар пророчества, должны пророчествовать в соответствии *с той самой верой* – ранее открытой библейской истиной (см. Иуд. 3-4).

Кроме того, слово «пророчество» в этом контексте не обязательно относится к предсказаниям будущих событий или новому откровению. Оно может просто означать «публичное выступление» и относится к любому авторитетному провозглашению Божьего Слова, «наставлению, увещеванию и утешению» (1Кор. 14:3). Итак, парафраз Рим. 12:6 будет выглядеть так: «Если ваш дар – провозглашать Божье Слово, то делайте это согласно вере». Повторюсь, суть в том, что все, что провозглашено, должно полностью соответствовать истинной вере, согласующейся с предыдущим библейским откровением.

Вероятно, самый распространенный аргумент харизматов в пользу неточных пророчеств связан с пророком Нового Завета – Агавом. В Деян. 21:10-11 Агав предсказал, что Павел по прибытии в Иерусалим будет связан евреями и передан римлянам. Харизматы здесь обращают внимание на то, что Лука не приводит впоследствии подробности исполнения этого пророчества в Деян. 21. Континуационисты, такие как Уэйн Грудем, подразумевают, что «предсказание Агава вскоре исполнилось, однако не совсем точно, что, согласно ветхозаветным критериям, дискредитировало бы его как пророка».[22] В другом месте Грудем идет еще дальше, утверждая, что это «пророчество о "связывании" и " преданию" – *явно опровергается* последующим повествованием».[23] Таким образом, согласно Грудему, Агав служит иллюстрацией неточного пророчества в Новом Завете и примером современного харизматического пророка.

На самом ли деле пророчество Агава явно опровергается последующим повествованием? Тщательное исследование текста говорит об обратном. То, что евреи «связали» Павла, как предсказывал Агав в Деян. 21:11, подразумевается следующими действиями: «схватили» (ст. 30), «повлекли вон» (ст. 30) и «били» (ст. 32). В Деян. 26:21, когда Павел свидетельствовал перед Агриппой, он повторил, что евреи «схватили» и «покушались растерзать» его. Во время ареста Павла, когда его силой вытаскивали из Храма, иудеи должны были связать его тем, что было у них под рукой – поясом самого Павла. Поскольку Агав уже сообщил об этом

---

[22] Wayne Grudem, *Bible Doctrine*, ed. Jeff Purswell (Grand Rapids: Zondervan, 1999), 411.

[23] Grudem, The Gift of Prophecy in the New Testament and Today, 80.

в десятом стихе, Лука не счел необходимым повторить это в тридцатом стихе. Когда римские солдаты прибыли на место происшествия (ст. 33), они официально арестовали Павла, освободив его от временных уз и заковав в цепи. Все вполне вписывается в предсказание Агава.

То, что евреи «предали» Павла в руки римским солдатам, также подразумевается в Деян. 21. В тридцать втором стихе, когда пребывает когорта римских солдат, Павла избивает разъяренная толпа. Увидев представителей римских властей, евреи перестали избивать и позволили солдатам арестовать его (стих 33). Опять-таки, из рассказа Луки можно сделать следующий вывод: разъяренная толпа отступила и рассеялась, охотно передав Павла в руки римских властей.

Такое истолкование текста подтверждается собственным свидетельством Павла. В Деян. 28:17 Павел объяснил еврейской общине в Риме, что с ним произошло: «Мужи братия! не сделав ничего против народа или отеческих обычаев, *я в узах из Иерусалима предан в руки Римлян.* Павел не сделал ничего, что нарушало еврейский закон, он был ложно обвинен еврейскими лидерами, по мнению которых он преступил закон. Затем они «предали» его «в узах» (т. е. связанного) в руки римлян. Примечательно, что Павел использовал греческое слово, переведенное в тексте как «предан» (Деян. 28:17), которое употребил и Агав в своем пророчестве (Деян. 21:11). Таким образом, собственное свидетельство Павла подтверждает, что детали пророчества Агава были абсолютно точными.

Важно обратить также внимание на вводную формулировку, которой Агав предваряет свое пророчество. Как и пророки Ветхого Завета, которые предваряли свою весть: «Так говорит Господь», Агав начал свое предсказание словами: «Так говорит Святой Дух». Следующие слова были словами Самого Святого Духа, и Лука записывает их точь-в-точь. Что более важно, *Сам Святой Дух* вдохновил Луку записать их таким образом – без каких-либо добавлений или изменений. Поэтому любое обвинение Агава в ошибке подразумевает обвинение Святого Духа.

Таким образом, Агав не может быть примером неточных современных пророчеств в харизматических кругах.[24] Это заключение наносит серьезный удар по внебиблейским пророчествам. Как считает Роберт Соси: «Таким образом, пророчество Агава вполне вписывается в последующее повествование, не оставляя прецедента харизматам для оправдания своих неточных пророчеств».[25]

---

[24] Подробнее об Агаве см. Nathan Busenitz, "Throwing Prophecy Under the Agabus," *The Cripplegate* (blog), March 15, 2012, accessed December 2012, http://thecripplegate.com/throwing-prophecy-under-the-agabus/.

[25] Robert Saucy, "An Open but Cautious Response," in *Are Miraculous Gifts for Today? Four Views*, ed. Wayne Grudem (Grand Rapids: Zondervan, 1996), 231.

А ЧТО ПО ПОВОДУ 1ФЕС. 5:20-22?

В 1Фес. 5:20-22 апостол Павел писал: «Пророчества не уничижайте. Все испытывайте, хорошего держитесь. Удерживайтесь от всякого рода зла». Как понимать это наставление Павла в связи с новозаветным даром пророчества?

Прежде всего нужно отметить, что истинная пророческая весть – это божественное откровение. Поэтому ее нельзя игнорировать, чтобы не пренебречь таким образом Словом Самого Бога. Как я уже писал в другом месте:

> К откровению Божьему нужно относится с должным почтением – это то, о чем апостол Павел предостерегает фессалоникийцев, говоря «пророчества не уничижайте». Уничижать (*exoutheneō*) буквально означает «считать абсолютно пустым», «относиться с презрением» или «смотреть свысока». В Новом Завете термин «пророчество» (*prophéteia*) мог относиться либо к речи, либо к текстам. Форма глагола (*prophéteuō*) означает «публично выступать»; таким образом, дар пророчества – это духовное дарование публично провозглашать Божью истину. Пророчества в Новом Завете иногда предполагали совершенно новое откровение от Бога (Лк. 2:29-32; ср. ст. 38; Деян. 15:23-29), а иногда провозглашение ранее записанной божественной вести (см. Лк. 3:5-6; Деян. 2:17-21,25-28,34-35; 4:25-26; 7:2-53).[26]

Как бы там ни было, будучи божественным откровением, подлинное пророчество неизменно отражает характер Самого Бога. Вот почему его можно и нужно испытывать *в свете* ясного библейского учения (Рим. 12:6), то есть пророчество должно быть в согласии с ранее открытой истиной (см. Деян. 6:7; Иуд. 3,20). Пророческое высказывание, исходящее от Бога, всегда будет *точным* и *соответствовать Писанию*. И наоборот, неточное и противоречащее Писанию пророческое слово – не что иное, как ложное пророчество. Таким образом, Павел призывал фессалоникийцев тщательно проверять и сравнивать всякую весть, претендующую на божественное происхождение, с полученным ранее написанным откровением.

---

[26] Взято из John MacArthur, *1 Thessalonians: MacArthur New Testament Commentary* (Chicago: Moody, 2002), 196. Очень важно подчеркнуть, что «апостолы и их помощники получали, провозглашали и записывали тексты Нового Завета, в то время как другие передавали данные Духом откровения для решения текущих вопросов (см. Деян. 11:27-30). Термин "пророчество" также включал провозглашение уже известного Слова Бога. В Рим. 12:6 сказано: "пророчествуй по мере веры." В греческом тексте последняя часть этого выражения звучит как "согласно веры," то есть человек с даром пророчества должен был говорить в согласии с ранее открытым христианским учением. В Новом Завете вера включает в себя вероучение, то есть ранее открытую истину (Деян. 6:7; Иуд. 3,20). Таким образом, Павел пишет римлянам следующее: пророческие высказывания должны соответствовать «вере», то есть Слову Божьему. Также в Откр. 19:10 говорится: "ибо свидетельство Иисусово есть дух пророчества." Подлинное пророчество – это божественное откровение о Христе, которое никогда не противоречит истине Писания».

Пророчества, которые не прошли проверки, Павел называет «злом» (ст. 22), которого верующие должны избегать.

Несмотря на ясность слов Павла, харизматы часто приводят 1Фес. 5:20-22 в защиту своих неточных пророчеств, думая, что эти стихи играют им на руку. Они спрашивают, почему Павел наставлял церкви испытывать пророческие высказывания, если пророчества Нового Завета были непогрешимым и таким же авторитетными, как пророчества Ветхого Завета?

Задавая этот вопрос, харизматы не понимают, что пророчество Ветхого Завета испытывалось ровно так же, как и пророчество Нового Завета. Павел не велел фессалоникийцам делать что-то новое, сверх того, что Бог всегда требовал от Своего народа. Господь велел израильтянам испытывать все пророчества на предмет соответствия *традиционному библейскому учению* (Втор. 13:1-5; Ис. 8:20) и *точности* (Втор. 18:20-22). Пророчества, которые не соответствовали этим требованиям, считались ложными. Поскольку лжепророки появлялись и в ветхозаветном Израиле (Втор. 13:3; Ис. 30:10; Иер. 5:31; 14:14-16; 23:21-22; Иез. 13:2-9; 22:28; Мих. 3:11), народ Божий должен был выявлять и противостоять им. То же самое относится и к новозаветным верующим, поэтому Павел призывал фессалоникийцев тщательно испытывать пророческие высказывания.

Несмотря на свой апостольский авторитет, Павел побуждал своих слушателей проверять свое учение по тем же критериям. В Послании к Галатам он повторил принцип из Втор. 13:1-5, когда сказал: «Но если бы даже мы или Ангел с неба стал благовествовать вам не то, что мы благовествовали вам, да будет анафема» (Гал. 1:8). Несколько лет спустя, сразу после ухода из Фессалоник, но прежде написания своего первого послания туда, Павел отправился в Верию. Верийцы не приняли учение Павла за чистую монету, но сверяли его слова с откровением Ветхого Завета. В Книге Деяний об этом говорится так: «Здешние были благомысленнее Фессалоникских: они приняли слово со всем усердием, *ежедневно разбирая Писания, точно ли это так*» (Деян. 17:11). Этот случай, возможно, оставил неизгладимый след и отразился в призыве к фессалоникийцам тщательно и внимательно проверять любую весть, которую они слышат.

Присутствие лжепророков в Церкви первого века – это неоспоримый факт, который хорошо засвидетельствован в Новом Завете (Мф. 7:15; 24:11; 2Тим. 4:3-4; 2Пет. 2:1-3; 1Ин. 4:1; Иуд. 4). Призывы к испытанию пророчеств обусловлены этой проблемой. Верующие должны были различать истинных представителей Бога и опасных мошенников. Фессалоникийцам, в частности, нужно было опасаться лжепророков. Оба послания Павла к этим церквам свидетельствуют о том, что некоторые в их собрании уже были введены в заблуждение – как в отношении личности Павла (1Фес. 2:1-12), так и в отношении эсхатологического будущего Церкви (1Фес. 4:13 – 5:11). Большая часть наставлений Павла была посвящена проблеме с ложным учением, которое разрушало церковь в Фессалониках.

Возможно, поэтому некоторые фессалоникийцы были склонны уничижать все пророчества, в том числе и истинные.

Также важно помнить, что Павел писал эти слова в то время, когда дар пророчества все еще проявлялся повсеместно – в эпоху основания Церкви (ср. Еф. 2:20). Повеление «пророчества не уничижайте» относится ко времени, когда этот дар проявлялся в полной мере. Разоблачение ложных предсказаний современных «пророков» не имеет никакого отношения к этому предписанию Павла. Более того, такое разоблачение как раз и демонстрирует серьезное отношение к божественному откровению, которое проявляется в применении библейских стандартов точности и соответствия Слову. На самом деле именно харизматы уничижают пророчество, когда без должного испытания выдают за истину ложные дары и служения.

Хотя связанный с откровением дар пророчества прекратился, провозглашение пророческого Слова продолжается и сегодня, когда проповедники учат истинам Писания и призывают людей подчинить ему свои жизни (2Тим. 4:2). Посему наставления в 1Фес. 5:19-22 по-прежнему актуальны для современной Церкви. Каждая проповедь, каждое слово, каждое толкование должны быть тщательно изучены в свете Писания. Если кто-то утверждает, что говорит от имени Бога, но его пророчество не соответствует библейской истине, он разоблачает таким образом себя как мошенника. Вот почему библейская проверка необходима.

В свете всего вышесказанного мы приходим к следующему заключению: отрывок 1Фес. 5:20-22 не поддерживает харизматическую практику неточных пророчеств. Скорее, наоборот, этот отрывок призывает христиан испытывать любое пророчество или пророка, который утверждает, что пришел от имени Бога. Проверяя предполагаемые откровения современных харизматов истиной Писания, мы быстро увидим, что их «пророчество» – в действительности опасная подделка.

Если мы исследуем все новозаветные отрывки, относящиеся к пророчествам, то увидим харизматическую позицию во всей красе – как безосновательную и небиблейскую. Новый Завет учит, что пророки в Церкви первого века должны были придерживаться того же стандарта точности, что и пророки в Ветхом Завете. Хотя желающим оправдать свои странные пророчества нравится верить, что Писание на их стороне, однако мы не находим в библейских текстах ни единого свидетельства в пользу правомочности неточных и ошибочных пророчеств.

ОПАСНАЯ ИГРА

Итак, если современное харизматическое пророчество не имеет ничего общего с библейским пророчеством, тогда что оно собой представляет? Бывший пророк Фред Л. Вольц, размышляя о собственном опыте в харизматическом движении, предлагает на этот вопрос следующий ответ:

> Я обратил внимание, что подавляющее большинство «пророчеств», сделанных этими «пророками», были очень похожи друг на друга: они всегда смутно предсказывали большие благословения и будущие успехи. Поэтому, когда появлялось еще одно положительное «пророчество», оно воспринималось как подтверждение более раннего, что когда-нибудь это все же произойдет.
>
> Иногда пророчество сопровождалось определенной информацией о прошлом или настоящем человека, например: «В вашей семье кто-то борется с алкогольной или наркотической зависимостью?» или «Вы любите музыку» (Вау! Каковы шансы промахнуться?). Тщательное изучение Писания... выводит на чистую воду таких пророков.[27]

Большинство харизматических пророков ничем не отличаются от экстрасенсов и гадателей. Но в некоторых случаях можно говорить о заигрывании с темной стороной. Вольц далее сравнивает харизматические пророчества с сатанинскими предсказаниями, сделанными пророками движения Нью Эйдж. Его отрезвляющие слова должны внушить страх в сердца всех, кто будет заигрывать с этим чуждым огнем:

> Я не верю, что сатана может точно предсказать будущие события. Если бы так, ложные пророки ошибались бы гораздо реже. Например, некоторые лжепророки движения Нью Эйдж «пророчили» террористический акт 11 сентября 2001 года на Всемирный торговый центр за несколько месяцев до того, как это произошло... По словам военных экспертов, ушли годы на подготовку к этому нападению. Сатана знал каждую деталь плана с момента его зарождения. Вот почему лжепророки иногда бывают точны в своих предсказаниях. Сатана изучал человеческое поведение в течение тысяч лет и имеет легионы ангелов и демонов, которые представляют его глаза и уши во всех наших делах. Но даже в этом случае, со всеми своими знаниями, он не может знать будущее. Он может лишь догадываться и предполагать.[28]

Напротив, *истинное* пророчество – это не результат интуиции или мистического опыта Нью Эйдж, в нем нет места догадкам: «...никакого пророчества в Писании нельзя разрешить самому собою. Ибо никогда пророчество не было произносимо по воле человеческой, но изрекали его

---

[27] Fred L. Volz, *Strange Fire: Confessions of a False Prophet* (Aloha, OR: TRION, 2003), 41.

[28] Там же, 43.

святые Божии человеки, будучи движимы Духом Святым» (2Пет. 1:20-21). Люди, выдающие свои фантазии, личные впечатления и интуицию за божественное откровение, жестоко ошибаются. Проблема усугубляется общим харизматическим настроем – не отвергать тех, кто ошибся в своих пророчествах и продолжает утверждать, что он или она говорит от имени Бога. Если выразиться проще, то такой подход к «пророчеству» – *наибольшая ересь* из всех существующих, потому что он позволяет приписывать Богу то, что на самом деле не исходило от Него.

Называя ошибочные пророчества истинными, харизматы открыли дверь сатанинским обольщениям и обману, ставя свое движение в один ряд с другими культами, такими как адвентисты седьмого дня, мормоны и свидетели Иеговы. Ложные пророчества – один из самых ясных признаков нехристианских культов и ложных религий. Уильям Миллер и Елена Уайт, основатели Церкви адвентистов седьмого дня, ложно пророчествовали о том, что Иисус вернется в 1843 году. Когда предсказание не сбылось, они перенесли дату на 1844 год. Когда их расчеты снова не подтвердились, они стали настаивать, что ошиблись не в дате, а в событии, которое должно было произойти. Так родилось новое учение о второй фазе искупительного служения Христа в небесном святилище с 1844 года (что прямо противоречит Евр. 9:12 и другим новозаветным отрывкам).

Патриарх мормонов Джозеф Смит аналогичным образом предсказал, что Иисус вернется до 1891 года. Кроме того, Смит предсказывал: американскую гражданскую войну с участием всех народов; строительство храма в Индепенденсе, штат Миссури (такой храм никогда не строился); и миссионерскую поездку весной 1839 года Дэвида У. Паттена, мормонского «апостола» (Паттен был застрелен 25 октября 1838 года).

На протяжении своей столетней истории Общество сторожевой башни много раз предсказывало второе пришествие Христа, начиная с 1914 года, включая последующие предсказания в 1915, 1925, 1935, 1951, 1975, 1986 и 2000 годах. В настоящее время свидетели Иеговы ожидают конца мира в 2033 году, так как это будет 120-й год после первоначального предсказания 1914 года. Ной строил ковчег в течение 120 лет, поэтому последователи Общества сторожевой башни убеждены, что суд Божий изольется на эту землю спустя двенадцать десятилетий после Первой мировой войны.

Можно было бы, конечно, просто посмеяться над нелепостью таких предсказаний; и нам нужно их помнить в апологетических целях, выступая против ложных учений. Есть ли какие-то отличия между этими ложными предсказаниями и нелепыми ошибками в харизматических пророчествах? С точки зрения стороннего наблюдателя нет. Если ложные предсказания дискредитируют культы, то же самое верно и в отношении современных харизматических пророчеств. Разоблачение неточностей и ошибок – не что-то *недружелюбное*; это *библейский* подход, который возвращает нас к стандарту, установленному еще во Втор. 18.

Истинное пророческое служение требовало стопроцентной точности. Поскольку новозаветные пророки провозглашали Церкви новое откровение от Бога, они придерживались этого стандарта. Разумеется, *провозглашение и разъяснение* пророческого слова (2Пет. 1:19) продолжается и сегодня через проповедь истинного учения. Как библейские пророки увещевали и призывали людей прислушаться к божественному откровению, так и одаренные проповедники на протяжении всей церковной истории продолжают наставлять свои собрания внимать Слову Господа. Основное отличие состоит в том, что библейские пророки получали *новое откровение* непосредственно от Духа Божьего, а современные проповедники призваны провозглашать только то, что Дух Божий раскрыл им в Его Слове (см. 2Тим. 4:2). Следовательно, только тогда можно предварить свое высказывание словами «так говорит Господь», когда за ними последуют слова Библии. В противном случае это будет богохульная самонадеянная речь и, конечно же, *не* библейское пророчество.

Харизматическая жажда новых откровений несет в себе серьезную опасность. Библия ясно учит: передача нового откровения живыми пророками в эпоху Нового Завета была предназначена для основания Церкви. Как сказал Павел в Еф. 2:20, церковь была построена «на основании Апостолов и пророков». То, что речь здесь идет о новозаветных пророках, ясно видно из других мест Послания: Еф. 3:5 и 4:11.

Харизматы даже не задумываются всерьез, как дерзко они бесчестят Бога и Его Слово, когда выдают собственные слова за откровения от Бога, которые полны ошибок и заблуждений. Божьи слова всегда точные, истинные и непогрешимые. В конце концов, Бог не может лгать (Тит. 1:2)! И те, кто говорят лживые слова от Его имени, навлекут на себя скорую погибель.

Истина – это жизненная сила христианства. Поэтому ложное пророчество (и ложное учение, которое сопровождает его) – самая большая угроза чистоте Церкви. Харизматическое движение позволяет лжепророкам и лжеучителям войти в церковь. Более того, это движение расстилает перед этими фантазерами красную дорожку, приглашая их в свой стан с распростертыми объятиями и утверждая их грех своим искренним «аминь». Но пророки харизматического движения – это не истинные пророки. Так кто же они?

Отвечая на этот вопрос, мы возвращаемся к началу главы. Согласно посланиям Петра и Иуды, это безводные источники, бесплодные деревья, свирепые морские волны, блуждающие звезды, бессловесные животные, собаки, возвращающиеся на свою блевотину, свиньи, любящие валяться в грязи.

Известный проповедник Чарльз Сперджен употреблял именно эти эпитеты в адрес тех, кто приходили к нему с предполагаемыми словами откровения от Святого Духа:

Остерегайтесь того, чтобы приписывать Святому Духу свои пустые фантазии. Я видел, как Дух Божий был не раз опорочен людьми – я надеюсь, что они были просто безумцами, – которые утверждали, что им что-то открылось. Я не припомню ни одной недели на протяжении нескольких лет, когда бы меня не посещали безумцы и лицемеры со своими откровениями. Маразматики очень любят приходить ко мне с посланиями от Господа, и я говорю им, что не хочу слышать ни единого слова из их глупых откровений... прекратите фантазировать о том, что небеса откроют перед вами завесу будущего, иначе вы можете стать похожими на тех глупцов, которые осмеливаются приписать свои вопиющие глупости Святому Духу. Если вы чувствуете, что с вашего языка так и хочет сорваться какая-то глупость, припишите ее дьяволу, а не Духу Божьему. Все, что нам нужно, Дух открыл нам в Своем Слове – он никогда ничего не добавит к Библии. Пусть люди, которые говорят, что им дано то или иное откровение, отправляются спать и проснуться уже *вменяемыми*. Пусть последуют моему совету и больше не оскорбляют Святого Духа, вкладывая свою глупость в его уста.[29]

Слова Сперджена могут звучать резковато, но они отражают всю серьезность, с которой Писание осуждает такие высокомерные заявления. Двадцать третья глава книги пророка Иеремии содержит похожие предупреждения о ложном пророчестве. Верующие харизматических церквей должны обратить на эту главу особое внимание:

Так говорит Господь Саваоф: не слушайте слов пророков, пророчествующих вам: они обманывают вас, рассказывают мечты сердца своего, а не от уст Господних. Они постоянно говорят пренебрегающим Меня: «Господь сказал: мир будет у вас». И всякому, поступающему по упорству своего сердца, говорят: «не придет на вас беда». Ибо кто стоял в совете Господа и видел и слышал слово Его? Кто внимал слову Его и услышал? Вот, идет буря Господня с яростью, буря грозная, и падет на главу нечестивых. Гнев Господа не отвратится, доколе Он не совершит и доколе не выполнит намерений сердца Своего; в последующие дни вы ясно уразумеете это. Я не посылал пророков сих, а они сами побежали; Я не говорил им, а они пророчествовали. Если бы они стояли в Моем совете, то объявили бы народу Моему слова Мои и отводили бы их от злого пути их и от злых дел их. Разве Я – Бог только вблизи, говорит Господь, а не Бог и вдали? Может ли человек скрыться в тайное место, где Я не видел бы его? говорит Господь. Не наполняю ли Я небо и землю? говорит Господь. Я слышал, что говорят пророки, Моим именем пророчествующие ложь. Они говорят: «мне снилось, мне снилось». Долго ли это будет в сердце пророков, пророчествующих ложь, пророчествующих обман своего сердца? Думают ли они довести народ Мой до забвения имени Моего посредством снов своих, которые они пересказывают друг другу, как отцы их забыли имя Мое

[29] Charles Spurgeon, sermon entitled "The Paraclete," October 6, 1872, *The Metropolitan Tabernacle Pulpit: Sermons Preached and Revised*, vol. 18 (Pasadena, TX: Pilgrim Publications, 1984), 563. Курсив автора.

из-за Ваала? Пророк, который видел сон, пусть и рассказывает его как сон; а у которого Мое слово, тот пусть говорит слово Мое верно. Что общего у мякины с чистым зерном? говорит Господь. Слово Мое не подобно ли огню, говорит Господь, и не подобно ли молоту, разбивающему скалу? Посему вот, Я – на пророков, говорит Господь, которые крадут слова Мои друг у друга. Вот, Я – на пророков, говорит Господь, которые действуют своим языком, а говорят: «Он сказал». Вот, Я – на пророков ложных снов, говорит Господь, которые рассказывают их и вводят народ Мой в заблуждение своими обманами и обольщением, тогда как Я не посылал их и не повелевал им, и они никакой пользы не приносят народу сему, говорит Господь. (Иер. 23:16-32)

7

ПУТАННЫЕ ЯЗЫКИ

В 2011 году пятидесятническая телеевангелистка и самопровозглашенная пророчица Хуанита Байнум попала во многие заголовки газет, опубликовав строки бессвязных знаков на своей странице в Facebook: «CHCNCFURRIRUNGIGNGNGNVGGGNCG», «RFSCNGUGHURGVHKTG HDKUNHSTNSVHGN» и «NDHDIUBGUGTRUCGNRTUGTIGRTIGRGBN RDRGNGGJNRIC». В большинстве случаев немного несуразицы в постах социальных сетей остается незамеченным, – объяснили бы это какой-то странностью, путанностью мыслей или, возможно, залипанием клавиш на клавиатуре. Но для харизматов этот набор букв означал нечто гораздо большее, потому что он исходил от Байнум. Такое обновление ее статуса в «Кристиан пост» получило название «Телеевангелистка Хуанита Байнум начала молится на языках на Facebook».[1]

Хотя языки пятидесятников, как правило, проявляются вербально, в данном случае они появились в печатном виде. Тарабарщина Байнум служит яркой иллюстрацией так называемых языков, которые характеризуют современное харизматическое движение. Хотя к такому эзотерическому поведению проявляют меньше интереса, чем к евангелию процветания (по понятным причинам), языки все еще служат определяющим признаком движения. Иногда называемые «небесной речью», «языками ангелов» или «личным молитвенным языком», современные «языки» состоят полностью из бессмысленного набора звуков, что признают даже харизматы.

Вспоминая свой первый опыт говорения на языках, редактор журнала «Харизма» Дж. Ли Грейди писал: «На следующий день, когда я молился в своей комнате, небесный язык закипал во мне вырываясь наружу. Я открыл рот, и слова полились: *илиа скиридан тола до скантама*. Или что-то типа того. Я понятия не имел, о чем я молился. Звучала какая-то абракадабра. Но когда я молился на языках, я чувствовал, как становлюсь ближе к Богу».[2]

Дэннис Беннетт, чей личный духовный опыт стал искрой для харизматического движения обновления 1960-х годов, говорит об этом

---

[1] Nicola Menzie, "Televangelist Juanita Bynum Raises Brows with 'Tongues' Prayer on Facebook," *Christian Post*, August 31, 2011, http://www.christianpost.com/news/televangelist-juanita-bynum-raises-brows-with-tongues-prayer-on-facebook-54779/.

[2] J. Lee Grady, *The Holy Spirit Is Not for Sale* (Grand Rapids: Chosen Books, 2010), 184.

следующее: «Вы никогда не знаете, о чем вы говорите на языках. У меня был знакомый, который издавал звуки, наподобие *раб-а-дабадаб*, когда молился на языках, но он получал от этого большое благословение».[3] В защиту этого современного феномена Джойс Майер просто приводит один лишь факт, что «миллионы людей на земле сегодня делают это», и добавляет: «Я сомневаюсь, что большинство людей, просто выдумывают языки и набор несвязных звуков, напрасно тратя свое время на то, чтобы лишь создать впечатление, что говорят иными языками».[4] Как это ни странно, но такая апология невольно признает харизматическую глоссолалию «выдуманными языками и … набором бессвязных звуков».

Лингвисты, изучавшие современную глоссолалию, согласны с этим описанием. После нескольких лет исследований в харизматических общинах в разных странах, профессор лингвистики Университета Торонто Уильям Самарин написал следующее:

> В глоссолалии нет никакой тайны. Ее можно записать и проанализировать. Глоссолалия состоит из последовательности бессмысленных слов, составленных из знакомых говорящему звуков и сложенных вместе более или менее случайно, но которая, тем не менее, имеет искусственное фонетическое сходство с языком. Глоссолалия – это подобие языка, потому что говорящий бессознательно хочет, чтобы это походило на внятную речь. Однако вопреки внешнему сходству, глоссолалия по сути своей речью не является. Систематического сходства с нормальным языком, живым или мертвым, нет…
>
> Глоссолалия – это не какое-то сверхъестественное явление … На самом деле любой может это сделать, если он достаточно раскован и понял в чём «трюк».[5]

В другом месте Самарин говорит: «Когда глоссолалию начинают изучать с помощью всего научного аппарата лингвистической науки, выясняется, что это лишь видимость языка».[6]

Энциклопедия психологии и религии говорит об этом феномене очень коротко: «Глоссолалия – это не человеческий язык и не может изучаться

---

[3] Dennis Bennett, *How to Pray for the Release of the Holy Spirit* (Alachua, FL: Bridge-Logos, 2008), 106.

[4] Joyce Meyer, *Knowing God Intimately* (New York: Warner Faith, 2003), 147.

[5] William Samarin, *Tongues of Men and Angels* (New York: Macmillan, 1972), 227–28. Ср. Felicitas D. Goodman, "Glossolalia," in *The Encyclopedia of Religion*, ed. Mircea Eliade (New York: Macmillan, 1987), 5:564. Дамбориена соглашается с этим, говоря: «Языки, которые я слышал, состоят из совершенно неразборчивых звуков и слов, которые даже сами пятидесятники вокруг меня (а некоторые из них уже были благословлены этим даром) не понимали». Prudencio Damboriena, *Tongues as of Fire: Pentecostalism in Contemporary Christianity* (n.p.: Corpus Books, 1969), 105.

[6] Samarin, Tongues of Men and Angels, 127–28.

как таковой».[7] В Кембриджском справочнике по науке и религии сказано, что глоссолалия определенно «не является языком».[8]

Не в силах отвергать очевидное харизматические авторы отказались от попыток соотнести свой дар с любыми известными иностранными языками. Вместо этого они отмечают, что «600 миллионов христиан, получив дар Святого Духа, *заговорили на собственных духовных языках*».[9] Говорение на языках уникально для каждого человека. И чаще всего оно начинается с одного бездумно повторяющегося слога. Как говорит один пастор: «Когда вы просите о силе Святого Духа, поначалу у вас рождается лишь один слог, пузырящийся или закипающий в вашей голове. Если вы уверуете, язык хлынет из вас, словно вы пробили плотину. Мне нравится это представлять в виде катушки с нитками у вас внутри, кончик нитки уже замаячил на кончике вашего языке, потяните (заговорите) за него, и выйдет вся нить».[10]

Другой харизматический автор добавляет: «Вы не понимаете, о чем говорите... Но это молитва духом, а не умом».[11] «Словарь скептика» очень удачно отмечает очевидную и тревожную иронию: «Глоссолалия у шизофреников признана бредом, а в харизматических христианских общинах это священный дар языков».[12]

Поскольку говорение на языках, по-видимому, лишь экстатическое выражение веры, такая речь не подчиняется каким-либо лингвистическим правилам. Однако харизматы увидели в этом положительный момент. По словам одного автора: «Говорение на языках – признак принадлежности Святому Духу – не ограничено каким-либо грамматическими и семантическими правилами, чтобы совершать невозможное для любого языка: выражать неизреченное».[13] Однако такой поворот создает огромный разрыв с первым поколением пятидесятников на рубеже двадцатого века. Как мы уже видели (в главе 2), Чарльз Фокс Парэм, Агнес Озман и другие ранние пятидесятники считали, что они получили сверхъестественную способность говорить на подлинных иностранных языках.

Как говорит Кеннет Л. Нолан: «Ранние пятидесятники считали, что глоссолалия была дана Церкви ради всемирного евангелизма. Многие

---

[7] Kenneth L. Nolen, "Glossolalia," in *Encyclopedia of Psychology and Religion*, eds. David A. Leeming, Kathryn Madden, and Stanton Marlan (New York, Springer: 2010), 2:349.

[8] Fraser Watts, "Psychology and Theology" in *The Cambridge Companion to Science and Religion*, ed. Peter Harrison (Cambridge University Press, 2010), 201.

[9] *70 Reasons for Speaking in Tongues: Your Own Built-In Spiritual Dynamo* by Bill Hamon (Tabor, SD: Parsons, 2010), books.google.com/books?isbn=160273013X.

[10] John Bevere, *Drawing Near* (Nashville: Nelson, 2004), 243.

[11] Larry Christenson, "Bypassing the Mind," in *The Holy Spirit in Today's Church*, ed. Erling Jornstad (Nashville: Abingdon, 1973), 87.

[12] Robert Carroll, *The Skeptic's Dictionary* (Hoboken, NJ: John Wiley & Sons, 2003), 155.

[13] Salvatore Cucchiari, "Between Shame and Sanctification," *American Ethnologist* 17, no. 4 (1990): 691.

из них ушли на поля иностранных миссий, полностью уверенные в том, что Святой Дух сверхъестественным образом наделит их способностью говорить на языках коренных народов. Для начинающих миссионеров, которые не хотели тратить годы на изучение иностранного языка, это был опыт горького разочарования».[14] Когда стало очевидно, что «языки» – вовсе не иностранные языки, пятидесятники были вынуждены сделать выбор. Они могли настойчиво твердить, что их языки настоящие, несмотря на свидетельства обратного, или же пересмотреть значение дара языков с тем, чтобы он соответствовал их опыту. На сегодняшний день харизматический лепет де-факто так и остается бессмысленной тарабарщиной, не имеющей ничего общего с реальными языками.

СОВРЕМЕННОЕ ГОВОРЕНИЕ НА ЯЗЫКАХ – ЭТО БИБЛЕЙСКИЙ ДАР ИНЫХ ЯЗЫКОВ?

Харизматы утверждают, что их опыт говорения на языках помогает им *ощутить себя* ближе к Богу. Типичное свидетельство харизмата: «Я чувствую, словно могу прикоснуться к сердцу самого Бога и понять, чего Он хочет. Я не знаю, о чем говорю, но точно знаю, что Бог хочет, чтобы я говорил и говорил. Это как озарение свыше – вы чувствуете Его рядом, как будто это Он произносит Свои слова вашими устами».[15]

Одна женщина из харизматической церкви описала свой опыт следующим образом: «Некоторые знакомые мне люди говорят, что испытывают при этом теплоту внутри. У меня же бегут мурашки по всему телу».[16] Такие чувства – вплоть до транса и измененного состояния сознания – считаются доказательством существенных перемен в духовной сфере, предположительно положительных. Однако всякому, кто читает и верно понимает Писание, должно быть очевидным, что аргумент – *если тебе это нравится, делай это* – является безосновательным аргументом и опасной практикой.

На самом деле современные глоссолалии обманчивы и опасны, они имеют лишь вид подлинной духовности. Харизматы могут утверждать, что Бог говорит через них, но нет абсолютно никаких доказательств

---

[14] Кеннет Л. Нолен писал: «Когда пятидесятники поняли, что у Бога нет намерения даровать им иностранные языки для миссионерской работы, они решили пересмотреть библейское представление о глоссолалии» (Nolen, "Glossolalia," *Encyclopedia of Psychology and Religion*, 349).

[15] Vicki Mabrey and Roxanna Sherwood, "Speaking in Tongues: Alternative Voices in Faith," *Nightline*, ABC, March 20, 2007, http://abcnews.go.com/Nightline/story?id=2935819&page=1.

[16] Там же

в пользу того, что современная глоссолалия исходит от Святого Духа или способствует возрастанию в святости. Более того, есть очень веские причины отнестись с большой опаской к практике, которая характерна для многих культов и ложных религий – от африканских шаманов вуду и буддистских монахов-мистиков до основателей мормонизма.[17]

Вбылые времена иррациональная и экстатическая речь ассоциировалась только с крайними еретическими группами, от монтанистов до янсениан и ирвингитов. Такой же лишенный смысла духовный опыт по сути идентичен современной харизматической практике. Большинство евангельских христиан в наше время ничего не знают об истории этой практики, а некоторые даже думают, что глоссолалия так или иначе восходит к апостольскому периоду. Но это не так. То, что В. А. Крисвелл сказал о языках много лет назад, по-прежнему остается актуальным:

> На протяжении всей истории Церкви, начиная от дней апостолов, где бы ни появился феномен глоссолалии, он рассматривался как ересь. В основном она имела место в девятнадцатом и двадцатом столетиях. Но нигде и никогда она не принималась историческими христианскими церквями. Глоссолалия была повсеместно отвергнута как доктринальное и эмоциональное отклонение.[18]

Таким образом, современная харизматическая *глоссолалия* – это подделка, которая не имеет ничего общего с новозаветным даром языков. Харизматы утверждают, что получили библейский дар, однако сами в конечном итоге вынуждены признать, что тот бессмысленный лепет, который они производят, никак не связан с реальными иностранными языками. Если современные «языки» состоят из неразборчивых и бессмысленных слогов, то новозаветный дар включал сверхъестественную способность говорить именно на иностранном языке, которого говорящий не знал до этого. Харизматы могут сколько угодно прикрываться библейской терминологий, но факт остается фактом: эта подделка не имеет никакого отношения к библейскому дару. Как замечает Норман Гайслер:

---

[17] Nolen, "Glossolalia," *Encyclopedia of Psychology and Religion*, 349. «Некоторые называют глоссолалией песнопения и молитвы шаманов вуду, африканских анимистов, тибетских буддистских монахов, индуистских святых и другие. Многие из них производят звуки, которые очень напоминают "языки" у пятидесятников и харизматов ... Глоссолалия может возникать как симптом некоторых психологических расстройств, таких как шизофрения и маниакально-депрессивный психоз». Ср. Robert Gromacki, *The Modern Tongues Movement* (Grand Rapids: Baker Books, 1976), 5–10. Громаки говорят, что неистовая речь (глоссолалия) имела место в древнегреческих и ранних финикийских религиях, греко-римских мистериях, исламе, религиозных практиках эскимосов, в Тибете и Китае. См. также Gerhard F. Hasel, *Speaking in Tongues* (Berrien Springs, MI: Adventist Theological Society, 1991), 14, 18. Герхард Хазел добавляет сюда также «шаманов» и «колдунов».

[18] W. A. Criswell, "Facts Concerning Modern Glossolalia," in *The Holy Spirit in Today's Church*, ed. Erling Jornstad (Nashville: Abingdon, 1973), 90–91.

Даже те, кто верят в [современные] языки, признают, что у неспасенных людей такой опыт тоже мог иметь место. В языках нет ничего сверхъестественного. Другое дело произносить слова и предложения, которые полны смысла на языке, который можно считать истинно *иным* для говорящего. Вот что такое настоящий дар Нового Завета. «Частные языки» не следует считать библейским даром языков.[19]

Как мы можем понять, где на самом деле библейский дар языков? Означает ли выражение «языки ангельские» в 1Кор. 13:1, что дар языков – это способность говорить на каком-то новом ангельском языке? Как мы увидим, большинство харизматов так и считают. Они думают, что это хороший ответ на вопрос о том, почему их «языки» не похожи ни на один реальный язык.

Единственное подробное описание истинного дара языков в Священном Писании содержится во второй главе Книги Деяний, где хорошо видно, что речь идет о сверхъестественной способности говорить на подлинных языках, которые можно перевести. В Деян. 2:4 говорится о 120 последователях Иисуса Христа, которые собрались в верхней горнице: «И исполнились все Духа Святого, и начали говорить на иных языках, как Дух давал им провещевать». Это были настоящие иностранные языки, что подтверждается не только лексически (*glossa*, термин, который относится к человеческим языкам),[20] но также последующим использованием Лукой слова «наречие» (ст. 6-7), а также включением его в список упомянутых иностранных языков (ст. 9-11). На праздник Пятидесятницы евреи со всего мира съезжались в Иерусалим (ст. 5), в том числе и паломники из других стран, для которых арамейский не был родным языком. Они, несомненно, были изумлены (ст. 7-8), когда услышали, как необразованные галилеяне свободно разговаривают на нескольких языках.

В толпе были также местные иудеи, которые не говорили на этих языках и, следовательно, не могли понять, о чем говорят ученики. В замешательстве они скептически высмеивали их, думая, что те пьяны (стих 13). Но не пьянство было причиной их с виду странного поведения на Пятидесятницу, – пояснил Петр (ст. 14-15). Как сказал один из ранних Отцов Церкви: «Это было великое чудо, апостолы говорили на языках, которых до этого не знали».[21]

В рассказе о Вавилонской башне (Быт. 11) Господь совершил суд над человечеством, смешав языки. В день Пятидесятницы проклятие Вавилона было чудесным образом снято: чудные слова Бога, в том числе Евангелие Иисуса Христа должен услышать весь мир. Именно так ранние христиане

---

[19] Norman Geisler, *Signs and Wonders* (Wheaton, IL: Tyndale, 1998), 167.

[20] Иногда *glossa* также может означать «язык», как человеческий орган. Тем не менее, чаще всего этот термин относится к человеческим языкам в Писании. Например, слово *glossa* встречается примерно тридцать раз в Септуагинте (греческая версия Ветхого Завета) и всегда означает человеческий язык.

[21] Gregory of Nazianzus, *The Oration on Pentecost*, 15–17. В том же отрывке Григорий говорит, что этот дар обратил вспять проклятие вавилонского столпотворения.

на протяжении веков после апостолов понимали чудо языков. Знаменитый проповедник ранней Церкви Иоанн Златоуст сказал об этом так:

> Как во время столпотворения один язык разделился на многие, так тогда многие языки часто принадлежали одному человеку, и один и тот же говорил на персидском, на римском, на индийском и на многих других языках, по внушению Духа. Такое дарование называлось даром языков, потому что (владевший им) мог говорить вместе на многих языках.[22]

Августин добавляет к этому следующее:

> В дни апостольские Святой Дух сошел на верующих, и все присутствовавшие там, иудеи, пришедшие из всех народов, каждый узнавал свой язык, и удивлялись они, что эти простецы и неучи внезапно научились не одному или двум языкам, но языкам вообще всех народов. А так как там прозвучали все языки, то этим знаменовалось, что уверуют все языки. Ибо было необходимо, чтобы Святой Дух заговорил на всех языках, потому что Евангелие Божие должно было достичь всех языков по всей земле. Это было знамением данным им, и это знамение осталось в прошлом.[23]

Это было настолько очевидным для христиан на протяжении всей истории Церкви, что даже первые пятидесятники на заре двадцатого века считали языки во второй главе Деяний реальными языками. Читая Библию, они пришли к выводу, что Святой Дух дал чудесную, мгновенную способность говорить на иностранных языках; они были уверены, что тоже получили такой же дар, чтобы ускорить миссионерскую работу. В конце концов, их движение было названо в честь дня Пятидесятницы. Только позже, когда стало ясно, что современные «языки» не являются настоящими языками, харизматы по-новому истолковали Писание, чтобы защитить свое неортодоксальное изобретение.

В повествовании Луки об апостольской Церкви говорение на языках снова упоминается в Деян. 10:46 и 19:6. Харизматы – в попытке найти библейский прецедент для современной практики – иногда предполагают, что дар языков в других отрывках Деяний был иным, чем на Пятидесятницу. Но такой вывод не находит поддержки в тексте. В Деян. 2:4 Лука пишет, что находящиеся в верхней горнице «говорили» (от греческого слова *laleo*) на «языках» (*glossa*). Лука использует те же термины в Деян. 10:46 и 19:6, описывая опыт Корнилия и учеников Иоанна Крестителя. Более того, трактовать, например, явление в Деян. 10, как отличное от Деян. 2, прямо противоречит свидетельству Петра в Деян. 11:15-17. Там апостол ясно заявляет, что Святой Дух сошел на язычников, *как и* на учеников в день Пятидесятницы.

Защищая свою бессмысленную тарабарщину, большинство харизматов говорят, что дар языков в Первом послании к Коринфянам

---

[22] Иоанн Златоуст, Беседы на первое послание к Коринфянам, 35.1.

[23] Августин, Рассуждения На первое послание Иоанна, 6.10.

отличается от такового во второй главе книги Деяний. Но этому нет никаких подтверждений в тексте. Простое грамматическое исследование показывает, что в обоих отрывках используется одна и та же терминология для описания чудесного дара. В Деяниях Лука употребляет глагол *laleo* («говорить») в сочетании с термином *glossa* («языками») четыре раза (Деян. 2:4,11; 10:46; 19:6). В 1Кор. 12 – 14 Павел использует это же словосочетание тринадцать раз (1Кор. 12:30; 13:1; 14:2,4,5 [2х],6,13,18,19,21,27,39).

Эти лингвистические параллели приобретают еще большее значение, когда мы узнаем, что Лука был спутником Павла и его близким соратником, писавшим под апостольским авторитетом Павла. Поскольку он написал Книгу Деяний около 60 г. от Р.Х., примерно *через* пять лет после того, как Павел написал свое Первое послание к Коринфянам, Лука был хорошо осведомлен об их проблемах с даром языков. Конечно, Лука бы не хотел вносить еще больше путаницы в этот вопрос. Он не стал бы употреблять те же термины, что и Павел, если бы явление Пятидесятницы не было идентичным дару языков в 1 Коринфянам.

Тот факт, что Павел отметил «разные языки» в 1Кор. 12:10, не означает, что одни из них являются настоящими языками, а другие – просто тарабарщиной. Греческое слово *genos*, переведенное как «разные» (откуда и происходит слово «род»), означает «семью», «группу», «расу» или «нацию». Лингвисты часто разделяют языки на «семьи» или «группы», и именно об этом говорит Павел: в мире есть разные семьи языков, и этот дар позволил некоторым верующим говорить на разных языках. В Деян. 2 Лука также обратил на это внимание в стихах 9-11: люди, пришедшие из шестнадцати разных регионов, слышали собственные наречия.

Есть и другие параллели между Книгой Деяний и 1Кор. 12 – 14. В обоих текстах источник дара один и тот же – Святой Дух (Деян. 2:4,18; 10:44-46; 19:6; 1Кор. 12:1,7,11 и др.). В обоих местах дарами наделены члены церкви, а не только апостолы (см. Деян. 1:15; 10:46; 19:6; 1Кор. 12:30; 14:18). И в том, и в другом месте этот дар описывается как дар говорения на языках (Деян. 2:4,9-11; 1Кор. 12:30; 14:2,5). В обоих местах весть на языках может быть переведена теми, кто уже знает этот язык (как в день Пятидесятницы – Деян. 2:9-11), либо теми, кто имеет дар истолкования, или способность перевести (1Кор. 12:10; 14:5,13).

В обоих местах дар служил чудесным знамением для неверующих евреев (Деян. 2:5,12,14,19; 1Кор. 14:21-22; ср. Ис. 28:11-12). В обоих местах дар языков был тесно связан с даром пророчества (Деян. 2:16-18; 19:6; 1Кор. 14). И в обоих местах неверующие, которые не понимали произнесенной речи, потешались и насмехались (Деян. 2:13; 1Кор. 14:23). Учитывая такое количество параллелей, невозможно, и даже безответственно, утверждать, что феномен, описанный в 1 Коринфянам, чем-то отличался от такового во второй главе Книги Деяний. Поскольку дар языков в день Пятидесятницы – это способность говорить на подлинных иностранных языках, тоже самое верно и для верующих в Коринфе.

Приведу еще два довода, которые могут поставить точку в этом вопросе. Во-первых, настаивая на том, что любой язык, используемый на богослужении в церкви, должен быть переведен кем-то с даром истолкования (1Кор. 12:10; 14:27), Павел показал, что этот дар означает способность говорить на подлинном иностранном языке. Греческое слово, переведенное как «истолкование», – это *hermeneuo* (отсюда «герменевтика»), что означает «перевод» или «точное определение смысла». Бессмысленную тарабарщину невозможно перевести, поскольку перевод требует конкретных значений на одном языке для правильного отображения в другом.

Если бы дар языков в 1Кор. 12 – 14 означал бессмысленный лепет, то повторяющееся настойчивое требование Павла об истолковании было бы бессмысленным. Как объясняет Норман Гайслер, «тот факт, что языки, о которых говорил Павел в 1 Коринфянам, можно "истолковать", показывает, что это был смысловой язык. В противном случае это не было бы "истолкованием", а созданием смысла. Итак, дар "толкования" (1Кор. 12:14; 14:5,13) подтверждает тот факт, что языки были настоящими языками, которые можно перевести для назидания всей церкви».[24]

Во-вторых, Павел прямо говорит о человеческих языках в 1Кор. 14:10-11: «Сколько, например, различных слов в мире, и ни одного из них нет без значения. Но если я не разумею значения слов, то я для говорящего чужестранец, и говорящий для меня чужестранец». В день Пятидесятницы не было необходимости в истолкователях, потому что слушатели из разных стран понимали свои языки (Деян. 2:5-11). Но в коринфской церкви, где эти языки никто не понимал, требовался переводчик; в противном случае община не поняла бы ни слова из проповеди и, следовательно, не получила бы назидания. Более поздняя ссылка апостола к Ис. 28:11-12 (отрывок, в котором «чужие языки и лепечущие уста» означают ассирийский язык) подтверждает, что Павел имел в виду человеческие иностранные языки (1Кор. 14:21).

Библейские свидетельства не оставляют никаких сомнений в том, что истинный дар языков в 1Кор. 12 – 14 был такой же смысловой речью, как и в Деян. 2, – способностью от Духа общаться на иностранном языке, ранее неизвестном говорящему. Вы не найдете другого объяснения в Писании. Как отмечает Томас Эдгар:

> В 1Кор. 14 есть стихи, которые невозможно объяснить, если только в них не идет речь о подлинном иностранном языке, а не о невразумительной

---

[24] Geisler, *Signs and Wonders*, 167. Даже когда два или более разных пятидесятнических истолкователей слушают одну и ту же аудиозапись на языках, их истолкования совершенно разные, что говорит о том, что эти языки не являются настоящими языками, которые можно перевести (См. John P. Kildahl, "Six Behavioral Observations About Speaking in Tongues," in *Gifts of the Spirit and the Body of Christ*, ed. Elmo J. Agrimoson [Minneapolis: Augsburg, 1974], 77)/

экстатической речи (например, ст. 22). Однако нельзя сказать обратное. Для человека, который не знает других языков, кроме родного, любой иностранный язык ничем не отличается от бессмысленного лепета. Поэтому в текстах, где можно предположить экстатическую речь, вполне может быть и язык, который слушатели просто не знают. Нет абсолютно никаких причин отказываться от привычного значения слова *glossa* в пользу совершенно нового смысла.[25]

Этот вывод наносит смертельный удар по современной харизматической глоссолалии, которая не имеет ничего общего с действительным новозаветным даром, а скорее отражает исступленную речь в древних греко-римских мистериальных культах и языческих обрядах, которые осуждаются в Писании (см. Мф. 6:7).[26]

ОТВЕТЫ НА ОБЩИЕ ВОПРОСЫ ПО ПОВОДУ ДАРА ЯЗЫКОВ

Вооруженный правильным определением, верный исследователь Писания теперь может точно истолковать библейское учение об этом чудесном даре. В оставшейся части этой главы мы рассмотрим десять общих вопросов о даре языков.

Каково назначение дара языков?

У этого дара было свое первоначальное предназначение в рамках суверенного Божьего плана спасения, а также вторичное – в контексте Церкви первого века. Прежде всего, дар языков стал свидетельством перехода от ветхого завета к новому и служил знамением для неверующего Израиля. Апостол Павел подробно обсуждает этот дар в 1Кор. 14:21-22; Лука говорит о том же назначении дара языков в своем описании Пятидесятницы в Деян. 2:5-21. В конце своего Евангелия Марк упоминает о том, что ученики Христа будут говорить на языках, которых они до этого не знали (Мк. 16:17), и это будет одним из знамений, которые подтвердят их авторитет как вестников истинного Евангелия (стих 20).[27]

---

[25] Thomas Edgar, *Satisfied by the Promise of the Spirit* (Grand Rapids: Kregel, 1996), 147.

[26] Ср. Gromacki, The Modern Tongues Movement, 5–10.

[27] Конечно, к любой ссылке на концовку Евангелия от Марка следует относиться с осторожностью, так как, вероятно, Мк. 16:9-21 не принадлежит оригинальному тексту. Даже если Марк их не писал, они тем не менее отражают общую картину в ранней Церкви и поэтому полезны для нашего обсуждения.

Но была и вторичная цель, а именно – назидание единоверцев. В 1Кор. 12:7-10 Павел ясно показал, что все духовные дары даны Святым Духом для созидания Тела Христова (ср. 1Пет. 4:10-11). Вне Церкви дар языков был знамением ради проповеди Евангелия (как в день Пятидесятницы). Однако внутри Церкви этот дар предназначался для назидания братьев и сестер (как писал Павел коринфским христианам). До того, как были написаны все книги Нового Завета, с помощью этого дара Бог открывал истину Своей Церкви – подобно пророчеству, но с впечатляющей силой лингвистического чуда, свидетельствующей в пользу его сверхъестественного происхождения.

Бескорыстная любовь в Церкви всегда была на первом месте, а все духовные дары служили созиданию любви (1Кор. 13:1-7; ср. Рим. 12:3-21). Поэтому использование духовных даров в своих эгоистичных целях было таким же бесполезным, как шумный цимбал или звенящий гонг (1Кор. 13:1). Как написал Павел коринфянам, любовь «не ищет своего» (1Кор. 13:5); «никто не ищи своего, но каждый пользы другого» (1Кор. 10:24).

Павел не считает назидание себя самоцелью, что видно из его слов: «Кто говорит на незнакомом языке, тот назидает себя; а кто пророчествует, тот назидает церковь» (1Кор. 14:4). В противном случае это перечеркнуло бы все, что он только что написал в предыдущей главе! Скорее, он хотел сказать, что пророчество (которое произносится на знакомом всем языке) важнее назидания на иностранных языках (которые никто не понимал), потому что последнее необходимо было еще истолковать. Поскольку подобающее использование любого дара заключается в назидании всей общины (1Кор. 14:12,26), речи на иных языках должны быть переведены, чтобы они стали доступны всем (1Кор. 14:6-11,27).

Коринфяне злоупотребляли даром языков, преследуя собственные нечистые и эгоистичные цели – потешить свое тщеславие, щеголяя возможностями, которых нет у других. В наше время часто преобладают те же мотивы, в них нет места для назидания и пользы другим.

Должны ли все верующие говорить на языках?

Многие харизматы, особенно те, которые находятся под преобладающим влиянием классического пятидесятничества, настаивали на том, что все христиане должны говорить на языках, так как это первоначальное и универсальное свидетельство крещения Святым Духом. Но это учение пятидесятников не выдерживает критики в свете двенадцатой главы 1 Коринфянам. В стихе 13 Павел дал понять, что все его читатели, уверовав, пережили крещение Духом в момент спасения (см. Тит. 3:5). Однако в последующих стихах он также добавил, что не каждому из них был дан дар языков. Таким образом, если все верующие в Коринфе были крещены Святым Духом (стих 13), но не все из них могли говорить на языках (стих 28-30), тогда этот дар не может и не должен считаться одним-единственным знаком крещения Духом, как утверждают пятидесятники. Это согласуется с тем, что Павел ранее написал в главе 12, что Святой Дух суверенно распределяет *разные* дары для *разных* людей:

Но каждому дается проявление Духа на пользу. Одному дается Духом слово мудрости, другому слово знания, тем же Духом; иному вера, тем же Духом; иному дары исцелений, тем же Духом; иному чудотворения, иному пророчество, иному различение духов, иному разные языки, иному истолкование языков. Все же сие производит один и тот же Дух, разделяя каждому особо, как Ему угодно. (1Кор. 12:7-11)

Даже если сверхъестественная способность говорить на иностранных языках все еще дается Духом сегодня, далеко не каждый христианин будет обладать этим даром. Когда харизматы настаивают, что каждый верующий должен заговорить на языках, они упускают саму суть аргумента Павла в 1Кор. 12:14-31 и в конечном итоге обманывают самих себя.

Харизматы часто обращают внимание на 1Кор. 14:5, где Павел сказал: «Желаю, чтобы вы все говорили языками», как доказательство того, что все христиане должны говорить языками. При этом они даже не допускают мысли, что апостол указывает не на реальную возможность, а употребляет фигуру речи. Павел снова подчеркивал превосходство пророчества над даром языков, о чем говорит остальная часть пятого стиха: «Желаю, чтобы вы все говорили языками; но лучше, чтобы вы пророчествовали; ибо пророчествующий превосходнее того, кто говорит языками, разве он притом будет и изъяснять, чтобы церковь получила назидание». Таким образом, Павел на самом деле хотел, чтобы все коринфяне пророчествовали, а не говорили на языках, потому что слова пророчества не нуждаются в переводе и другие члены Церкви получат назидание.

Это утверждение Павла, с точки зрения грамматики, почти идентично его предыдущему высказыванию в 1Кор. 7:7. Говоря о своем безбрачии, апостол писал: «Ибо желаю, чтобы все люди были как и я». Очевидно, что в этом стихе Павел не хотел, чтобы все верующие отказались от брака, потому что знал, что не каждому это дано. То же верно и в отношении 1Кор. 14:5, где говорится о даре языков.

Велел ли Павел коринфянам стремится получить дар языков?

Текст 1Кор. 12:31 часто переводят как повеление: «Ревнуйте о дарах больших». Однако переводить этот текст в повелительном наклонении – не самое удачное решение. Если за распределением духовных даров стоит суверенная власть Духа (1Кор. 12:7,18,28), и если каждый дар должен служить созданию Тела Христова (ст. 14-27), то почему же верующие должны ревновать о дарах, которые они не получили? Это противоречило бы основной мысли Павла в 1Кор. 12, где он говорит, что каждый верующий должен быть благодарен за свой уникальный дар, с радостью служа им для созидания Церкви.

На самом деле в 1Кор. 12:31 нет повеления. С точки зрения грамматики глагол *пожелания* в данном случае также может выражать констатацию факта (индикатив), и здесь контекст поддерживает такой вариант перевода. В конце концов, сам ход аргументации Павла скорее предполагает индикатив в этом месте, нежели императив.[28] Перевод «Новой международной версии» (NIV) точнее передает здесь мысль апостола: «Но вы ревностно желаете больших даров». Сирийский Новый Завет предлагает похожий вариант перевода: «Так как вы ревнуете о лучших дарах, я покажу вам еще более превосходный путь».[29]

Павел укорял коринфян за то, что они стремились получить наиболее зрелищные дары, уничижая роль тех даров, которые они считали менее впечатляющими. Апостол хотел показать им более совершенный путь – путь смиренной любви к другим в 1Кор. 13.

Движимые гордыней и эгоистичными желаниями, коринфяне выхвалялись самыми показными и чудодейственными духовными дарами. Они жаждали аплодисментов людей, желая казаться духовными, в то время как на самом деле поступали по плоти (Скорее всего, некоторые коринфские группы стали подражать практике неразборчивой речи в греко-римских мистериальных религиях и в этом вопросе очень напоминали современных харизматов). Было бы совершенно неправильным и даже эгоистичным стремиться заполучить какой-либо духовный дар, когда Писание ясно учит, что распределение духовных даров находится в суверенной власти Святого Духа. Особенно неразумно жаждать какого-то дара из корыстных побуждений.

О каких таких «ангельских языках» говорит Павел?

Харизматы часто обращают внимание на упоминание Павлом ангельских языков в 1Кор. 13:1. Они настойчиво доказывают, что их тарабарщина – это потусторонний язык – какой-то святой, небесный язык, который непохож ни на один человеческий язык, так как на нем разговаривают ангелы.

Помимо того, что такое толкование оскорбляет ангелов, оно не имеет никакого смысла в непосредственном контексте тринадцатой

---

[28] Харизматический исследователь Гордон Фи признает в данном случае индикативное прочтение (Gordon D. Fee, *The First Epistle to the Corinthians* [Grand Rapids: Eerdmans, 1987], 624). В своем комментарии он приводит целый ряд ученых, которые разделяют этот взгляд.

[29] Albert Barnes, *Notes on the New Testament: 1 Corinthians*, repr. (Grand Rapids: Baker, 1975), 240.

главы. Обратите внимание, что основная тема 1Кор. 13 – это любовь, а не духовные дары. И Павел начинает ее обсуждение следующими словами: «Если я говорю языками человеческими и ангельскими, а любви не имею, то я – медь звенящая или кимвал звучащий». Апостол описывает гипотетический сценарий (Последующие примеры во втором и третьем стихах показывают, что Павел прибегает к образам и фигурам речи, чтобы подчеркнуть ценность любви).[30] Он не испытывал недостатка в любви; он просит коринфян на секунду представить себе это. Точно так же он не утверждает, что у него была способность разговаривать на языке ангелов; он предлагает воображаемый сценарий, в котором он обладает такой способностью, но при этом не имеет любви, то есть не ищет блага для других. И что с того? Такая способность была бы не более полезной, чем назойливый гул.

Как ни странно, харизматы ухватились за «языки ангельские» с такой надеждой и пристальным вниманием, что не желают уразуметь подлинный смысл этого текста: любое эгоистичное применение этого дара разрушает его истинное предназначение – созидать в вере других верующих. Другим ни холодно, ни жарко от зрелищных исполнений говорящих на языках (1Кор. 14:17), они не назидаются, слушая непонятную тарабарщину. Харизматическая практика говорения на языках прямо противоречит всему, чему Павел учит коринфян в этом послании.

Даже если кто-то настаивает на том, что нужно буквально понимать выражение «языки ангельские», полезно отметить, что каждый раз, когда ангелы говорили в Библии, они делали это на языке, понятном для своих собеседников. Во фразе «языки ангельские» в 1Кор. 13:1 нет ничего, что могло бы оправдать современную практику бессмысленной стрекотни.

Как объяснить слова Павла о том, что «языки умолкнут»?

В 1Кор. 13:8 Павел говорит: «хотя... и языки умолкнут». Греческий глагол в этом стихе (*pauo*) означает «прекратить навсегда», то есть дар языков прекратиться однажды. Для классических пятидесятников – которые считают, что чудесные дары не проявлялись на протяжении истории Церкви, однако возродились в 1901 году – неизменность, присущая глаголу *pauo*, представляет собой серьезную проблему. И как уже было сказано, что бы там себе не воображали современные харизматы, это *не* дар языков. Сверхъестественная способность свободно говорить на иностранных языках, как ученики в день Пятидесятницы в Деян. 2, не

---

[30] Из других примеров видно, что в 1Кор. 13:2-3 Павел употребляет литературные приемы, чтобы подчеркнуть превосходство любви даже над самыми впечатляющими духовными дарами. Таким образом, «ангельские языки» в этом тексте – это намеренное преувеличение.

имеет ничего общего с современными глоссолалиями. Новозаветный дар языков прекратился с апостольским веком и никогда не проявлялся в истории Церкви снова.

В 1Кор. 13:10 Павел отметил, что частичное знание и частичное пророчество прекратятся, «когда настанет совершенное». Но что Павел понимал под *совершенным*? Греческое слово (*teleion*) может означать «совершенный», «зрелый» или «завершенный», и среди комментаторов так и не достигнут широкий консенсус в отношении его точного значения. Например, Ф. Ф. Брюс предполагает, что «совершенное» – это сама любовь; Б. Б. Уорфилд утверждает, что речь идет о законченном каноне Писания (см. Иак. 1:25); Роберт Томас видит здесь зрелость Церкви (см. Еф. 4:11-13); Ричард Гаффин полагает, что речь о возвращении Христа; Томас Эдгар приходит к выводу, что это вхождение верующего в небесную славу (см. 2Кор. 5:8). Примечательно, что несмотря на отсутствие согласия по поводу «совершенного», все они считают, что чудесные дары прекратились.[31]

Тем не менее, из предложенных выше толкований вхождение верующего в присутствие Господа лучше всего объясняет «совершенное» в 1Кор. 13:10. Оно предвосхищает последующие слова Павла в стихе 12 о верующих, которые увидят Христа «лицом к лицу» и обретут знания, которые недоступны по эту сторону славы.

Важно отметить, что Павел в этой главе не ставил перед собой задачи определить, как долго эти духовные дары будут присутствовать в Церкви, поскольку это не имело бы никакого смысла для первоначальных читателей этого послания. Он пишет в первую очередь коринфянам: когда вы облечетесь в вечную славу на небесах,[32] духовные дары, которые вы теперь так высоко цените, больше не понадобятся (поскольку времена частичного откровения закончатся). Но любовь имеет вечную ценность, поэтому стремитесь к любви, потому что она превосходит любой дар (стих 13). Томас Эдгар писал:

> Как видно из отрывка, *teleion* [«совершенный»] относится к пребыванию отдельного верующего с Господом, следовательно, Павел не пророчествует

---

[31] Как отмечает в своем комментарии на этот отрывок Энтони Тисельтон: «Важно сделать следующее наблюдение, что практически ни один из серьезных "цессационистских" аргументов не зависит от специфического толкования 1Кор. 13:8-11... Эти стихи не следует использовать в поддержку какой-либо позиции в этом споре» (*New International al Greek New Testament Commentary*, 1063–64).

[32] Как писал я ранее в своем комментарии: «...для христиан состояние вечности начинается либо со смертью, когда они соединяются с Господом, или во время восхищения, когда Господь возьмет Своих к Себе... В этой же настоящей жизни, даже имея завершенное Божье Слово и просвещение от Святого Духа, мы видим как бы сквозь тусклое стекло. В нашем теперешнем состоянии видеть больше мы не способны. Но, когда мы войдем в присутствие Господа, мы увидим Его лицом к лицу. Сейчас мы можем знать только отчасти, а тогда (познаем), подобно как (мы познаны)» (John MacArthur, *First Corinthians* [Chicago: Moody, 1984], 366).

о каком-то моменте в истории Церкви. Таким образом, этот отрывок не говорит о том, когда прекратятся дары или как долго они будут оставаться в Церкви. Павел хочет напомнить коринфянам о вечной природе любви в отличие от даров, которые временны и актуальны только в этой жизни.[33]

В попытках определить момент прекращения этих чудесных даров в истории Церкви, нам нужно обратиться к другим отрывкам, например, к Еф. 2:20, где Павел говорит, что служения пророков и апостолов были даны только на время, когда закладывался фундамент Церкви.[34] Тем не менее, более широкий принцип, что любовь превосходит остальные духовные дары, по-прежнему относится к современным верующим, так как мы также с нетерпением ожидаем вечной славы.

Что Павел имел в виду, когда писал, что говорящий на языке, говорит Богу, а не людям?

Харизматы иногда приводят эту фразу из 1Кор. 14:2 в оправдание своей глоссолалии. Но опять-таки контекст не поддерживает такое толкование. Павел в первых трех стихах говорит следующее: «Достигайте любви; ревнуйте о дарах духовных, особенно же о том, чтобы пророчествовать. Ибо кто говорит на незнакомом языке, тот говорит не людям, а Богу; потому что никто не понимает его, он тайны говорит духом; а кто пророчествует, тот говорит людям в назидание, увещание и утешение».

В этих стихах апостол не превозносит дар языков; скорее он объясняет, почему этот дар *уступает* дару пророчества. Пророчество произносилось на понятном языке, а дар иностранных языков еще нужно было истолковать, чтобы и другие получили назидание. Павел далее пояснил, что означают его слова «говорит не людям, а Богу»: «потому что никто не понимает его». Только Бог понимал иностранную речь, которая не была переведена.

Очевидно, что сам Павел так не делал. Как он уже показал (в главе 12), целью даров было назидание других в Теле Христовом. Непереведенные иностранные языки не соответствовали этой цели. Вот почему апостол сделал такой акцент на необходимости истолкования (стихи 13 и 27).

---

[33] Edgar, Satisfied by the Promise of the Spirit, 246.

[34] Через Писание дар откровения в определенном смысле сохранился во всех последующих поколениях церковной истории. Одаренные служители провозглашали пророческое слово, верно проповедуя и уча написанному Слову Божьему. В этом смысле пророчество все еще продолжается и сегодня (и будет продолжаться в течение всей церковной эпохи), хотя Бог больше не дает новых пророческих откровений Своей Церкви. Однажды наступит время, когда Бог снова даст новое откровение через пророков (во время великой скорби и тысячелетнего царства – ср. Ис. 11:9; 29:18; Иер. 23:4; Откр. 11:3). Однако в эпоху Церкви новое откровение ограничено лишь первым веком (Еф. 2:20).

А как же молитвы на языках?

В 1Кор. 14:13-17 Павел упомянул, что дар языков использовался в публичной молитве с целью назидания. Харизматы, однако, попытались переопределить дар языков, рассматривая его как способ сверхъестественного личного назидания. Но обратите внимание, насколько описание Павла отличается от современного говорения на языках. Во-первых, Павел не мог говорить о какой-то там тарабарщине, поскольку он дал понять, что настоящий дар языков может быть истолкован (ст. 10-11).

Во-вторых, Павел никогда бы не учил молитве, в которой нет места осмысленности, как в языческих культах. В греко-римских мистических религиях экстатические речи обычно предполагали отключение разума для общения с демоническими существами. Поэтому, вполне вероятно, Павел здесь использует сарказм, укоряя коринфских христиан за их попытку подражать бессмысленным практикам своих языческих соседей. По словам Павла, каждый, кто молился на иностранном языке, должен был сначала попросить о переводе, чтобы слушатели понимали произносимую им речь (ст. 13). В противном случае его дарование было бы «бесплодным» (ст. 14), что Павел явно не поощряет (Кол. 1:10; Тит. 3:14). Правильное использование этого дара всегда задействовало как дух, так и разум: «Что же делать? Стану молиться духом, стану молиться и умом; буду петь духом, буду петь и умом» (ст. 15).

В-третьих, Павел говорил о *публичной* молитве, а не о личной молитве в тайной комнате. Стих 16 дает понять, что другие в церкви слушали сказанное. Таким образом, Павел имел в виду молитву в церкви, которую нужно было перевести, чтобы собрание смогло ответить «аминь» и получить назидание. Нет никаких новозаветных подтверждений для современной пустой тарабарщины, будь то дома наедине или *особенно* в церкви во время группового сеанса неразборчивого бормотания.

Говорил ли что-то Павел о личных молитвах на языках?

Харизматы часто приводят текст 1Кор. 14:18-19, чтобы сказать, что сам Павел молился наедине языками. В этом месте апостол говорит следующее: «Благодарю Бога моего: я более всех вас говорю языками; но в церкви хочу лучше пять слов сказать умом моим, чтобы и других наставить, нежели тьму слов на незнакомом языке». Поскольку Павел не уточнил, когда и где он говорил на языках, утверждение харизматов о том, что он поощрял частный «молитвенный язык» – это надуманная гипотеза. В книге Деяний мы читаем об апостолах, которые провозглашали Евангелие на других языках именно необращенным людям (Деян. 2:5-11). На основании этого прецедента лучше всего заключить, что Павел использовал свой дар с той же миссионерской целью – как знамение, удостоверяющее его апостольское служение (см. Мк. 16:20; 2Кор. 12:12).

В четырнадцатой главе 1 Коринфянам Павел, конечно же, не поощрял частное и своекорыстное использование дара языков. Скорее, он борется с гордыней в коринфской общине. Коринфяне возомнили о себе слишком много, потому что некоторые из них говорили на языках, которых они до этого не знали; но Павел, который чудесным образом был одарен способностью говорить на еще большем количестве иностранных языков, хотел, чтобы они поняли: любовь превосходит любой дар, каким бы зрелищным и впечатляющим он ни был. Служа своими дарами в Теле Христовом, он стремился всеми силами служить ближнему в Церкви. Любое толкование, которое допускает своекорыстное использование этого дара, противоречило бы основной мысли апостола в 1Кор. 12 – 14.

Какова была роль языков в ранней Церкви?

Обсуждая дар языков в четырнадцатой главе 1 Коринфянам, Павел дает конкретные указания относительно его употребления в церкви. В стихах 26-28 апостол писал: «Итак, что же, братия? Когда вы сходитесь, и у каждого из вас есть псалом, есть поучение, есть язык, есть откровение, есть истолкование, – все сие да будет к назиданию. Если кто говорит на незнакомом языке, говорите двое, или много трое, и то порознь, а один изъясняй. Если же не будет истолкователя, то молчи в церкви, а говори себе и Богу».

В этих стихах Павел дал несколько наставлений относительно использования языков: (1) во время богослужения должно говорить не более трех человек; (2) говорить нужно по очереди и по одному; (3) их весть должна быть переведена для назидания всей общины; и (4) если не было толкователя, нельзя говорить на языках. В стихе 34 Павел добавил пятое условие: женщинам не разрешалось говорить в церкви. Зная о современных харизматических церковных служениях, мы понимаем, что это последнее условие окончательно разоблачает современную подделку.

В отличие от языческих форм экстатической речи, Святой Дух не работает через людей, которые отключают свой разум или не контролируют свое поведение. «И духи пророческие послушны пророкам, потому что Бог не есть Бог неустройства, но мира. Так бывает во всех церквах у святых» (ст. 32-33). Как сказал один ранний христианский богослов, размышляя над этими стихами: «Говорящий Святым Духом говорит и молчит, когда хочет, так же, как пророки, а не как одержимые нечистым духом: последние говорят, когда не хотят, и то, что не знают».[35]

Только двум или трем ораторам разрешалось провозглашать свои откровения на каждом церковном собрании, и от них требовалось говорить

---

[35] Севериан Габальский, Фрагменты; процитировано по *1–2 Коринфянам*, в Библейские комментарии отцов Церкви и других авторов I-VIII веков, 205, со ссылкой на 1Кор. 14:28.

по очереди. Распространенная практика, когда каждый в собрании должен присоединится к какофоническому хору тарабарщины, как это часто происходит в современных харизматических церквях, – это то, что Павел никогда бы не допустил и не приписал Святому Духу. На самом деле одним из самых сильных аргументов против современного харизматического движения является беспорядочная, эгоистичная и хаотичная манера, в которой практикуется глоссолалия.

Как было сказано ранее, иностранные языки в коринфской общине требовали истолкователя. Крайне важно, чтобы языки были переведены, чтобы каждый мог понять смысл вести. Церковь должна была знать, кто обладает таким даром, и если такой человек отсутствовал в собрании, говорящему было дано указание молчать. Слова Павла о том, что он должен «говорить себе и Богу» вторят предыдущему повелению «молчи в церкви» (ст. 28). Апостол не поощрял частную форму говорения на языках дома; скорее, он повторил свое повеление говорящему на языках – чтобы он молча молился Богу.

Таким образом, дар языков был подчинен установленному порядку в церкви (ср. ст. 39-40). Беспорядочное говорение на языках противоречило бы Божьему предназначению этого дара. Очевидно, что эти требования были даны в то время, когда этот дар все еще был в широком употреблении. Хотя он теперь прекратился, верующие сегодня должны по-прежнему поддерживать порядок в том, как они используют другие дары и проводят свои богослужения.

Следует ли поощрять в верующих стремление к дару языков?

Апостол Павел закончил свое обсуждение дара языков следующими словами: «Итак, братия, ревнуйте о том, чтобы пророчествовать, но не запрещайте говорить и языками; только все должно быть благопристойно и чинно» (1Кор. 14:39-40). Поскольку это повеление к общине было записано, когда еще наличествовали все дары в Церкви, верующие Коринфа не должны были сомневаться в подлинности дара языков и запрещать упорядоченное их употребление. Здесь важно отметить, это не было повеление каждому отдельному члену общины искать дар пророчества. Скорее, это обращение ко всей церкви: правильно расставить приоритеты в служениях, не забывая о том, что главное – созидание общины.

Харизматы иногда обращают внимание на стих 39, настаивая на том, что любой, кто запрещает глоссолалию сегодня, противоречит предписанию Павла. Но повеление апостола не имеет никакого отношения к современному обману. В то время, когда подлинный дар иностранных языков все еще был в Церкви, верующие не должны были запрещать его использование. Но сегодня церкви должны запретить эту духовную подделку. Потому что непонятная речь – это не истинный дар, следовательно, Павел говорит совершенно не об этом в 1Кор. 14:39. Наоборот, хаос и бессмысленная болтовня на самом деле являются нарушением 40 стиха, а те, кто защищают порядок и приличие на церковном богослужении, просто обязаны запрещать такие проявления.

ПОДВЕДЕМ ИТОГИ

Рассматривая библейские отрывки, где упоминается дар языков – Евангелие от Марка, Деяния и 1 Коринфянам – мы видим, что современный харизматический вариант языков является обманом.[36] Настоящий дар наделял человека чудесной способностью говорить на иностранных языках ради провозглашения Слова Божьего и удостоверения Евангелия. На богослужениях языки должны истолковываться, чтобы другие верующие могли получить назидание.

Напротив, современная харизматическая версия – это бессмысленная тарабарщина, которая не может быть переведена. Этот псевдоязык не имеет ничего общего с подлинными человеческими языками. Современные харизматы не видят в языках инструмент назидания Церкви, вместо этого предлагают собственную подделку как частный «молитвенный язык» для самоназидания. Хотя они оправдывают свою практику тем, что якобы благодаря языкам они ощущают себя ближе к Богу, нет библейского свидетельства, подтверждающего законность такой бессмысленной болтовни. Это ложный духовный подъем, который не имеет ничего общего с подлинным освящением. Тот факт, что современная глоссолалия напоминает языческие религиозные обряды, должно насторожить тех, кто участвует в этой небиблейской практике.

---

[36] Хотя некоторые харизматы пытаются защищать свои языки, обращаясь также к Рим. 8:26 и 2Кор. 5:13, контекст этих стихов говорит о том, что дар языков там не рассматривается.

8

ФАЛЬШИВЫЕ ИСЦЕЛЕНИЯ
И ЛОЖНЫЕ НАДЕЖДЫ

Когда знаменитый телеевангелист Орал Робертс ушел в вечность 15 декабря 2009 года, многие религиозные деятели зачитывали красивые некрологи, восхваляли его как «основоположника евангелия процветания»[1] и благодарили за неоценимый вклад в американское христианство. Мое же мнение о жизни и наследии Орала Робертса совершенно иное. В статье, опубликованной всего через несколько дней после его смерти, я выразил это так ясно, как только мог: «Жизнь и учение Орала Робертса – далеко не пример для подражания. Истоки практически каждой абсурдной идеи в пятидесятническом и харизматическом движениях после 1950 года так или иначе берут начало в учении этого человека».[2]

Такое суждение может показаться слишком резким. Но оно не будет выглядеть таковым, если вы взгляните на новозаветные суждения о людях, извращающих правду. Орал Робертс не только исповедовал ложное евангелие здоровья и процветания, но и продвигал его в массы через телевидение, отравляя миллионы людей своим доктринальным ядом. Он был первым целителем верой на телевидении, проложившим путь бесчисленному количеству духовных мошенников, которые пришли вслед за ним.[3]

Биограф Орала Робертса Дэвид Эдвин Харрелл-младший в своей книге «Орал Робертс: Американская жизнь» рассказывает, как Робертс открыл

---

[1] Cathy Lynn Grossman, "Oral Roberts Brought Health-and-Wealth Gospel Mainstream," *USA Today*, December 15, 2009, http://content.usatoday.com/communities/Religion/post/2009/12/oral-roberts-health-wealth-prosperity-gospel/1.

[2] John MacArthur, "Measuring Oral Roberts's Influence," *Grace to You* (blog), December 18, 2009, http://www.gty.org/Blog/B091218.

[3] Некоторые, к своему стыду, также относятся и к Кеннету Хейгину. Следует отметить, что Хейгин и Робертс часто работали вместе и поддерживали друг друга. Кроме того, наследник Хейгина, возглавляющий движение «Слова веры» – Кеннет Коупленд – до того, как начал свое служение на телевидении, работал шофером и пилотом у Орала Робертса. Поэтому, хотя было бы не совсем точным видеть в Орале Робертсе ярого сторонника учения «Слова веры», он скорее содействовал этому движению, чем противодействовал. Мы могли бы сказать, что его связь с этим движением напоминает отношения добродушного дедушки, который снисходительно смотрит сквозь пальцы на детские шалости своего внука.

для себя евангелие процветания и как это учение стало центральной вестью его служения. Однажды он случайно открыл свою Библию и остановил свой взгляд на втором стихе Третьего послания Иоанна: «Возлюбленный! молюсь, чтобы ты здравствовал и преуспевал во всем, как преуспевает душа твоя». Он рассказал об этом стихе своей жене, Эвелин, и они вместе, не обращая никакого внимания на контекст, «взволнованно стали размышлять о том, что сулит этот стих. Означает ли это, что у них может быть "новая машина", "новый дом", "новое служение?"». В последующие годы Эвелин оглядывалась на то утро, как на начало их новой жизни: «Я действительно верю, что в то самое утро началось его всемирное служение, потому что оно стало воплощением его видения».[4] Робертс позднее свидетельствовал, что сверкающий новый «Бьюик», который он неожиданно приобрел вскоре после этого опыта, «стал... символом того, что может получить человек, если поверит Богу».[5]

После учения о процветании Орал Робертс впоследствии родил свое самое известное и далеко идущее детище: учение о семени веры. Робертс учил, что семя веры – средство для процветания. Деньги и ценности, переданные его организации, подобны семенам, которые принесут обильный урожай материальных благ от Господа. Бог, заявил Робертс, умножает все чудесным образом: сколько бы вы ни пожертвовали на служение Робертса, вам воздастся сторицей. Это была простая, псевдо-духовная махинация быстрого обогащения, на которую в основном повелись бедные, малоимущие и отчаявшиеся люди. Миллионы потекли рекой в медиа-империю Робертса.

Когда эта схема начала приносить такие большие деньги, очень быстро подтянулись и другие аналогично ориентированные пятидесятнические и харизматические медиа-служения. Принцип семени веры стал главной дойной коровой, благодаря которой создавались и поддерживались огромные сети телееваргелистов и проповедников, торгующих обещаниями чудес в обмен на пожертвования, а самые востребованные чудеса, конечно же, связаны со здоровьем и деньгами.

В проповеди Орала Робертса учение о семени веры узурпировала и полностью подменила собой весть Евангелия. В большинстве случаев, когда я смотрел его выступления по телевидению, я никогда не слышал, чтобы он проповедовал Евангелие. Его учение – всякий раз – было о семени веры. Причина этого очевидна: весть о кресте, об искупительной жертве Иисуса не гарантирует здесь и сейчас здоровья, богатства и процветания тем людям, которые отправляют деньги телевизионным проповедникам. Наше соучастие в страданиях Иисуса (Флп. 3:10) и наш долг следовать по Его стопам (1Пет. 2:20-23) также противоречат основным принципам учения о процветании. Как мы говорили ранее во второй главе, весть о процветании – это иное благовествование (см. Гал. 1:8-9).

[4] David E. Harrell Jr., *Oral Roberts: An American Life* (Bloomington, IN: Indiana University, 1985), 66.

[5] Там же

Одна из характерных черт служения Робертса – сомнительные чудеса исцеления – необходимый трюк, побуждающий людей открыть свои кошельки. Как сказал историк Винсон Синан вскоре после смерти Робертса: «Его по праву можно назвать одним из основных популяризаторов харизматического учения среди других христиан. Он принес [божественное] исцеление в американское сознание».[6] Робертс прослыл на телевидении в 1950-х годах как целитель верою, он даже утверждал, что многих людей воскресил из мертвых. Были ли это на самом деле чудеса? Конечно нет. Тем не менее, он проложил путь для всех харизматических проповедников, телеевангелистов, целителей, мошенников и шарлатанов, которые сегодня стоят у руля религиозных средств массовой информации.

На самом деле Робертс повлиял своими ложными идеями на евангельское христианство гораздо больше, чем кто-либо из пионеров пятидесятнического движения. Он превратил свое телевизионное служение в огромную империю, которая оставила глубокий след в христианстве по всему миру. Во многих местах сегодня, в том числе и во многих неблагополучных и бедных регионах мира, концепция семени веры Орала Робертса куда более узнаваема, чем доктрина оправдания верой. Весть о здоровье и богатстве – вот о чем думает большинство людей, когда слышат слово «Евангелие». Множество людей во всем мире думают о Евангелии как о материальном богатстве и физическом исцелении, а не как о прощении грехов или вечном духовном союзе верующего со Христом. Все это – причины сетовать, а не радоваться наследию Робертса.

Орал Робертс был не первым целителем-евангелистом; ему предшествовали такие пятидесятнические служители, как Джон Г. Лейк, Смит Вигглсворт, Эйми Семпл Макферсон и А. А. Аллен. И Робертс был не единственным целителем верою середины двадцатого века. Его друзья Кеннет Хейгин и Кэтрин Кульман также известны в этой области. Тем не менее Робертс сделал больше, чем кто-либо другой, чтобы вывести современные исцеления из периферии на передовую, и сделал он это благодаря телевидению. Он перенес евангелизм из грубых черно-белых трансляций в пыльных палаточных собраниях в 1950-х годов в яркие, красивые и высокотехнологические студии 1970-х и далее.

Потрясающий успех Робертса на телевидении породил множество копий. Команда целителей и организаторов по привлечению средств расположилась в штаб-квартире Робертса в Талсе, штат Оклахома. Кеннет Хейгин и Т. Л. Осборн создали там крупные служения. Университет Орала Робертса в Талсе, основанный в 1963 году, стал инкубатором нового поколения телеевангелистов и целителей. Джоэл Остин, Крэфло Доллар, Тед Хаггард, Кеннет Коупленд, Карлтон Пирсон и Билли Джо Догерти – все выпускники этого университета.

---

[6] Vinson Synan, cited in William Lobdell, "Oral Roberts Dies at 91," *Los Angeles Times*, December 16, 2009, articles.latimes.com/2009/dec/16/local/la-me-oral-roberts16-2009dec16.

В конце концов, возможно, лучший способ оценить истинное наследие Орала Робертса – это исследовать служение его последователей. Далее мы поговорим об одном из них – человеке, который, по сути, занял место Робертса и стал наиболее известным и успешным из всех современных целителей верой.

ЗНАКОМЬТЕСЬ, БЕННИ ХИНН

Из всех наследников Орала Робертса самый известный – Туфик Бенедикт (Бенни) Хинн. Робертс ушел, но его дело продолжается через служения Хинна.[7] Бенни Хинн считает себя протеже Робертса. В панегирике, опубликованном вскоре после смерти Орала Робертса, Бенни Хинн заявил, что многим обязан Робертсу и подчеркнул свое восхищение покойным телеевангелистом: «Он был великим во многих отношениях, и я имел честь быть его дорогим другом на протяжении многих лет... Все эти годы нашей дружбы я смотрел на него как на пример для подражания, который он оставил для многих служителей и верующих... Я буду всегда признателен за пройденный путь с ним».[8]

Робертс и Хинн были не просто друзьями, но сотрудниками в служении. Неоднократно они участвовали вместе в телевизионных проектах. Когда в 2002 году в NBC Dateline заявила о разоблачении служения Хинна, Орал Робертс публично поддержал его;[9] Хинн многие годы входил в совет попечителей Университета Орала Робертса.[10] Неудивительно, что Бенни Хинн занял место Орала Робертса, став самым известным целителем во всем мире.

Фактически Бенни Хинн мог бы с уверенностью сказать, что его слава затмила славу Робертса, если исходить из количества телевизионных передач и масштабов его аудитории. Телевизионное шоу Хинна «Это твой день» – одна из самых популярных христианских телевизионных программ в мире со зрительской аудиторией не менее двадцати миллионов человек

---

[7] Помимо влияния Орала Робертса, Бенни Хинн признал также большое влияние Кэтрин Кульман – одной из друзей Робертса и других целителей.

[8] Benny Hinn, "Pastor Benny Hinn Joins Believers Worldwide in Tribute to a Great Leader and Friend," Benny Hinn Ministries website, accessed January 2013, http://www.bennyhinn.org/articles/articledesc.cfm?id=6858.

[9] The *Dateline NBC* program aired December 27, 2009. 29 декабря 2009 года Хинн пытался опровергнуть обвинения, включив видео с заявлением Орала Робертса: «Лично я считаю, что служение Бенни Хинна имеет помазание от Духа Святого» (*Praise the Lord*, TBN, December 29, 2002).

[10] Хинн был смещен с должности члена совета Университета Орала Робертса в 2008 году. Ср. Laura Strickler, "Major Shakeup at Oral Roberts University," CBS News, January 15, 2008, http://www.cbsnews.com/8301-501263_162-3716774-501263.html.

в Соединенных Штатах Америки и двухсот других странах по всему миру.[11] На обложках своих книг он представлен как «один из самых великих целителей-евангелистов нашего времени»,[12] а на сайте Хинна заявлено, что его «крестовые походы охватывают аудиторию до 7,3 миллиона в Индии, а его служение исцеления – самое большое по масштабам в истории».[13] По словам Хинна, в его ежемесячных чудотворных крестовых походах к отчаявшимся и умирающим людям «Бог проявляет Себя в славе и могуществе».[14]

Почти каждый вечер на различных харизматических каналах Бенни Хинна (и на многих других) можно увидеть, как огромные толпы безумствуют, впадают в состояние транса и требуют исцелений от всех видов незримых болезней. Миллионы зрителей считают, что мантия Орала Робертса перешла к Бенни Хинну, и они совершенно уверены, что он обладает необыкновенной исцеляющей и чудотворной силой, как и его наставник – возможно, даже больше.

Однако, если мы взглянем на реальность, стоящую за яркими телевизионными передачами, мы увидим совершенно другую картину.

ЦЕЛИТЕЛИ ИЛИ ЕРЕТИКИ?

Когда Рафаэль Мартинес выходил из церкви в Северном Кливленде (штат Техас) в один октябрьский вечер, он не мог не заметить молодую супружескую пару с больным ребенком. «Слабое тело мальчика было подключено к трубкам и респираторам, издававшим звуковые сигналы, а система жизнеобеспечения была прикреплена к его ходункам». Родители мальчика привели его в церковь для исцеления, надеясь и молясь о чуде. В тот вечер служение вел сам Бенни Хинн, знаменитый целитель верой. В воздухе чувствовалось напряжение; эмоции были на пике, а ожидания еще выше. Но через несколько часов все закончилось, а их сын не был исцелен. Пришло время возвращаться домой, оставив всякую надежду.

В тот вечер сердце Мартинеса переполняли очень серьезные вопросы. Размышляя об этом случае, он писал:

Мне интересовало, а задавались ли они вопросом, почему их ребенок не исцелился. Переживали ли эти родители о том, что, возможно, у них

[11] "Television," Benny Hinn Ministries homepage, accessed January 2013, http://www.bennyhinn.org/television/weeklyguide.

[12] Benny Hinn, *He Touched Me* (Nashville: Thomas Nelson, 1999), back cover.

[13] "About," Benny Hinn Ministries homepage, accessed January 2013, http://www.bennyhinn.org/about-us.

[14] Benny Hinn, *The Anointing*, 86–87.

недостает веры? Какие их нераскаянные грехи не позволяют Богу исцелить их ребенка? Может это родовое проклятие должно быть сломлено семенем веры? Когда Хинн велел им довериться Богу, почему Бог не спустился с небес, не взял этого прекрасного малыша в свои пронзенные руки и не вдохнул жизнь в это слабое тело, чтобы избавить его от страшного будущего, которое его ждет? Я не мог тогда отвести глаза от этой пары, и я никогда не забуду глубину недоумения в тот момент.[15]

Отчаявшиеся родители этого мальчика были не единственной жертвой ложных надежд в тот вечер. Мартинес наблюдал за другими – пожилым мужчиной, который ковылял на своих костылях прочь от сцены, так и не получив исцеления; больной женщиной из Атланты, которая путешествовала в Кливленд, но решила не возвращаться домой, пока не получит исцеления. Оглядевшись вокруг себя после служения, Мартинес увидел многих «людей, которые то тут то там сидели в своих инвалидных колясках или опирались на свои трости и костыли». Он задался вполне логичным вопросом: «Может ли какое-то пасторское сердце оставаться равнодушным и не переживать за этих больных людей, которые сейчас испытывают страшные духовные потрясения, разочарования и боль?»[16]

Конечно, подобная картина повторяется на каждом собрании исцелений Бенни Хинна. Журналист «Лос-Анджелес таймс» Уильям Лобделл, освещая один из крестовых походов Хинна в Анахайме, штат Калифорния, писал: «Однако настоящая драма разыгралась после того, как пастор покинул сцену и музыка смолкла. Безнадежно больные остались больными. Здесь были люди с болезнью Паркинсона – руки и ноги их по-прежнему дергались и тряслись. Были паралитики – они, как прежде, не могли и пальцем пошевелить. Эти люди – на каждом "крестовом походе" таких сотни, если не тысячи, – поникли в своих инвалидных креслах, потрясенные и раздавленные тем, что Бог не захотел их исцелить».[17] Основываясь на своих наблюдениях, Лобделл очень точно определил «простую логику деятельности Хинна: дать ложную надежду и опустошить кошелек».[18]

Самопровозглашенный целитель Бенни Хинн утверждает, что следует примеру Христа и апостолов. Например, он отстаивает правильность своих крестовых походов, обращаясь к повелению Иисуса исцелять людей, а

---

[15] Rafael D. Martinez, "Miracles Today? A Benny Hinn Layover in Cleveland, Tennessee Remembered." Spirit Watch Ministries, accessed January 2013, www.spiritwatch.org/fire-hinncrusade.htm. Мартинес рассказывает о служении исцеления, которое проходило в октябре 2007 года.

[16] Там же

[17] William Lobdell, *Losing My Religion* (New York: HarperCollins, 2009), 183. Cf. William Lobdell, "The Price of Healing," Los Angeles Times, July 27, 2003, http://www.trinityfi.org/press/latimes02.html.

[18] Там же, 181.

не просто возлагать на них руки.[19] Также он вспоминает и об апостолах, говоря: «Господь открыл мне, что проповедь Евангелия включает в себя и молитву за больных, *как Он сказал Своим ученикам* в Мк. 16:18: «Возложат руки на больных, и они будут здоровы».[20] Настаивая на том, что «служение исцеления – это дело не только прошлого, но и настоящего»,[21] Хинн утверждает, что «Божий канал [Святой Дух] помазывает и несет Божью исцеляющую силу и присутствие больным и духовно страждущим».[22]

Но такие притязания – наглое бахвальство, раздутое пламенем высокомерия и откровенного обмана. Хинн действительно умеет произвести впечатление, манипулировать людьми, он артистичен и, возможно, даже владеет искусством массового гипноза. Но вот чего у него точно нет, так это новозаветного дара исцеления. В лучшем случае сомнительные исцеления Хинна – это результат плацебо в состоянии эйфории, когда организм временно идет на поводу разума и эмоций. В худшем случае исцеления Хинна – это откровенный обман или демонические подделки. В любом случае простое сравнение библейского дара со сценической деятельностью Бенни Хинна выставляет последнее тем, чем оно есть на самом деле – жульничеством.

БЕННИ ХИНН ПРОТИВ БИБЛИИ

Возможно, ни одно место в Писании не обличает современный харизматический поиск знамений и чудес так прямо, как Мф. 16:4, где Господь укоряет фарисеев: «Род лукавый и прелюбодейный знамения ищет». Толпы народа собирались вокруг Иисуса, желая увидеть чудо или исцелиться, однако Он «не вверял Себя им, потому что знал всех» (Ин. 2:24). Иисус хорошо знал о ненастоящей вере – это не больше, чем поверхностное любопытство к неизведанному, а не настоящая любовь к Богу.

Современное харизматическое движение характеризуется такой поверхностной верой. Но если во дни Иисуса и апостолов совершались настоящие чудеса, то в наши дни, несмотря на притязания харизматических лидеров на обладание сверхъестественной силой, никаких чудес на самом деле не происходит. Так называемые служения современных целителей и телеевангелистов – это не что иное, как ширма. Целители, такие как Бенни Хинн, – отпетые жулики, которые разбогатели за счет доверчивых и отчаявшихся людей.

---

[19] Benny Hinn, *This Is Your Day for a Miracle* (Lake Mary, FL: Creation House, 1996), 21.

[20] Benny Hinn, *The Anointing* (Nashville: Thomas Nelson, 1997), 49; emphasis added.

[21] Hinn, This Is Your Day, 29.

[22] Benny Hinn, *The Miracle of Healing* (Nashville: J. Countryman, 1998), 91.

Так зачем же посвящать целую главу Бенни Хинну, если он неоднократно публично был скомпрометирован? Во-первых, несмотря на его промахи, падения и скандалы, Хинн остается популярным харизматическим телеевангелистом и самым известным целителем верой. Его «служение» продолжает оказывать влияние на сотни миллионов людей во всем мире, одновременно выгребая из их кошельков сотни миллионов долларов. Во-вторых, утверждение Хинна о продолжении чудесных исцелений в наши дни хорошо иллюстрирует разрушительные крайности, к которым логически ведет харизматическая позиция по исцелению. Целители верой, такие как Хинн, утверждают, что смогут воспроизвести исцеления апостольского века. На самом деле их махинации не имеют ничего общего с подлинным новозаветным даром исцеления. В оставшейся части этой главы мы рассмотрим шесть радикальных различий между исцелениями в Писании и современными подделками.

Исцеления в Новом Завете не зависят от веры больного

Харизматические целители, такие как Бенни Хинн, в случаях неудач с исцелениями тут же обвиняют просителя в отсутствии веры. В результате «многие, веря проповеди Хинна, считают, что Бог отказался их исцелить, ибо вера их недостаточно сильна. Быть может, они пожертвовали Хинну слишком мало денег. Или просто недостаточно верили».[23] Таким образом, Хинн с радостью принимает лавры в случаях сомнительных успехов, однако не готов взять на себя ответственность за последствия своих бесчисленных неудач.

Это очень удобная позиция – обвинять больных людей за неудавшиеся исцеления, однако она не выдерживает никакой критики в свете Библии. Даже беглый обзор исцелений Христа и апостолов показывает это. Время от времени люди исцелялись без какого-либо выражения личной веры. Рассмотрим несколько примеров.

В Лк. 17:11-19 только один из десяти прокаженных поверил, но очистились все. Бесноватые в Мф. 8:28-29 и Мк. 1:23-26 до освобождения никак не проявляли своей веры, расслабленный в купальне Вифезда даже не знал, кто такой Иисус до своего исцеления (Ин. 5:13), и слепой человек от рождения в Ин. 9 был также исцелен, не зная ничего об Иисусе (Ин. 9:36). Несколько раз Иисус воскрешал из мертвых, как например, дочь Иаира и Лазаря; как известно, мертвые люди вообще не в состоянии сделать какое-либо «позитивное исповедание», а тем более как-то проявить свою веру. Наш Господь исцелил множество людей, и не все из них действительно верили в Него (см. Мф. 9:35; 11:2-5; 12:15-21; 14:13-14,34-36; 15:29-31; 19:2).

Апостолы также не нуждались в вере больных, чтобы исцелить их. Петр исцелил хромого человека, не требуя от него веры (Деян. 3:6-8). Позже он

---

[23] Lobdell, *Losing My Religion*, 183–84.

воскресил женщину по имени Тавифа (Деян. 9:36-43). Павел изгнал из неверующей рабыни беса (Деян. 16:18), а затем воскресил Евтиха (Деян. 20:7-12). Крепкая вера не была обязательным условием в каждом из этих случаев.

Но для Хинна и его братии все обстоит иначе, всю ответственность он возлагает на веру человека, обратившегося за помощью. По словам Хинна: «Вера жизненно важна для чуда. Исцеление принимается верой и поддерживается верою».[24] Он также говорит: «Требуется решительная вера... чтобы принести спасение от этой болезни».[25] И снова: «Вы не можете исцелиться, если ваше сердце не право перед Богом. ...Исцеление доступно, если вы верно ходите пред Богом».[26] В другом месте он писал:

> Часто во время наших крестовых походов я говорю людям, чтобы они прикоснулись к той части своего тела, которая нуждается в исцелении. Я призываю их начать двигать своими больными конечностями. Сами по себе эти действия не приносят исцеления, но они *свидетельствуют* о вере человека в целительную силу Бога. И в Писании вы можете часто увидеть, как Господь Иисус, прежде чем исцелить больного, просит что-то *сделать перед тем*, как произойдет чудо.[27]

Смысл в том, что люди сами виноваты в отсутствии исцеления, – это следствие учения Хинна о том, что воля Божья *всегда* состоит в том, чтобы исцелить человека. По его мнению, молитва за исцеление, в которой есть фраза «если на то будет воля Твоя», свидетельствует о недостаточности веры. Хинн заверяет: «Никогда, никогда, никогда не обращайтесь к Господу со словами: "Если на то есть воля Твоя". Не позволяйте таким разрушающим веру словам исходить из ваших уст. Когда вы молитесь "если на то есть воля Твоя, Господь", вы убиваете свою веру».[28]

Следствие такого учения очевидное и разрушительное: если Бог всегда хочет и готов исцелять, то больные и немощные сами виноваты в собственных страданиях – у них нет достаточно веры. Задайте этот вопрос Хинну напрямую, и вы увидите, как он пытается увильнуть и открестится от беспощадных последствий своего собственного учения. Как справедливо отмечает Джастин Петерс:

> Следуя логике Хинна... если кто-то болен, то исцеление этого человека зависит от его же веры. Если исцеление не наступает, у человека остается одно неизбежное объяснение – это его вина. Его хождение перед Богом недостаточно праведное, а его вера недостаточно сильна. Хотя Хинн говорит, что он «не хотел бы делать резких заявлений, обвиняя самих людей и

---

[24] Hinn, The Miracle of Healing, 89.

[25] Benny Hinn, *Praise the Lord*, TBN, December 6, 1994.

[26] Benny Hinn, Miracle Crusade, Birmingham, AL, March 28, 2002.

[27] Hinn, The Miracle of Healing, 79.

[28] Benny Hinn, *Rise and Be Healed* (Orlando: Celebration, 1991), 47.

заставляя их думать, что они сами виноваты, если не исцелились», однако именно это он и делает.[29]

Хотя Иисус часто откликался на веру людей, Его целительная сила, безусловно, не зависела от их уровня веры. Фразу «вера твоя исцелила тебя» (см. Мф. 9:22; Мк. 5:34; 10:52; Лк. 7:50; 8:48; 18:42) лучше перевести «вера твоя спасла тебя». Вера важна прежде всего для спасения души, а не просто для исцеления физического тела. Но этот акцент на истинном Евангелии теряется у целителей-мошенников, таких как Бенни Хинн. Рафаэль Мартинес, исходя из своего личного опыта посещения служения исцеления Хинна, говорит:

Не прозвучало никакого призыва к покаянию, чтобы обрести спасение, чего не скажешь о призывах к пожертвованиям... В проповеди Хинн вскользь упомянул о том, что только что подписал договор о приобретении частного самолета стоимостью 23 миллиона долларов... По его словам, это должно стать началом великих перемен, которые Бог намеревался совершить в конце времени – «Перемещение богатства» – ради финансирования «жатвы» ...наша посвященность должна быть испытана, чтобы Бог мог дать все богатства мира для проповеди Евангелия.[30]

Хинн может говорить о переменах в мировом масштабе, но он явно не заинтересован в проповеди истинного Евангелия. «Евангелие», которое он провозглашает, основано на материалистической мантре евангелия процветания – весть о здоровье и богатстве, которую он унаследовал от Орала Робертса и других, подобных ему. Хотя в Писании нет никаких оснований для такой вести, Хинну она помогала действительно разбогатеть, что подводит нас ко второму разительному контрасту.

Исцеления в Новом Завете не совершались ради денег или славы

Господь Иисус никогда не исцелял ради материальной выгоды, как и апостолы. Когда однажды Петру были предложены деньги в обмен на целительную силу, он строго обличил Симона волхва: «...серебро твое да будет в погибель с тобою, потому что ты помыслил дар Божий получить за деньги!» (Деян. 8:20).

Христос и апостолы исцеляли в основном бедных и самых слабых членов общества – людей, у которых не было возможности заплатить

---

[29] Justin Peters, *An Examination and Critique of the Life, Ministry and Theology of Healing Evangelist Benny Hinn*, unpublished ThM thesis (Ft. Worth: Southwestern Baptist Seminary, 2002), 68. Цитата из Stephen Strang, "Benny Hinn Speaks Out," *Charisma*, August 1993, 29.

[30] Rafael Martinez, "Miracles Today?" http://www.spiritwatch.org/firehinncrusade.htm.

или финансово отблагодарить за помощь. Слепые нищие (Мф. 9:27-31; 20:29-34; 21:14; Мк. 8:22-26), прокаженные изгои общества (Мф. 8:2-3; Лк. 17:11-21) и обездоленные калеки (Мф. 9:1-8; 21:14; Ин. 5:1-9; Деян. 3:1-10; 14:8-18) – самые низшие слои общества, пораженного грехом (ср. Ин. 9:2-3). Но именно к таким людям Иисус и Его ученики проявляли сострадание. И они никогда не просили денег взамен. За чудесами исцеления в Новом Завете стоял не финансовый интерес. Как раз наоборот. Если мотив служителя – любовь к деньгам, то это вовсе не служитель, а лжеучитель (1Тим. 6:5,9-10). Иисус сказал: «Не можете служить Богу и мамоне» (Мф. 6:24).

Наш Господь в Своем служении исцеления избегал зрелищности и удовлетворения праздного любопытства. Он часто велел исцеленным людям никому не рассказывать о произошедшем (см. Мф. 8:4; 9:30; Мк. 5:43). Когда толпы хотели сделать Его царем – не потому, что они действительно уверовали в Него, а потому, что желали новых чудес – Иисус ускользнул на другую сторону Галилейского моря (Ин. 6:15). В Лк. 10:20 Он повелел Своим ученикам радоваться их вечному спасению, а не способности творить чудеса. Несмотря на то что Иисуса в продолжении всего Его служения окружали толпы народа, наш Господь никогда не стремился к популярности. В конечном итоге, несмотря на чудеса, совершенные Им, толпа кричала: «распни Его».

Напротив, исцеления Бенни Хинна принесли ему популярность и благосостояние. Как он заявил в своей автобиографии: «Как я могу критиковать прессу, когда они привлекли сотни тысяч людей к нашим крестовым походам, где люди могли услышать Слово?»[31]

«Услышать Слово»? Это повторяющийся слоган Бенни Хинна. Однако толпы, которые собираются на его встречи, ищут не Слова, которого в любом случае они там не услышат. Как признает Хинн, «большинство людей знает, чего ждут все – они хотят чудес».[32] В другом месте он добавляет: «Люди не просто приходят, чтобы услышать проповедь; они хотят что-то увидеть».[33]

Вооруженный той же вестью о семени веры, что и Орал Робертс, Хинн только рад сделать жаждущих чудес спонсорами своего служения. Когда в 2000 году он рассказал аудитории TBN: «Я верю, что Бог сегодня исцелит людей, которые дадут обет Богу».[34] Весть Хинна в следующей передаче была такой же: «Дайте обет; принесите ваши приношения. Потому что это единственный способ испытать чудо... Как только вы принесете ваш дар, в вашей жизни начнут происходить чудеса».[35] Такие призывы основаны на материалистическом и абсурдном богословии «отдай и получи». Как говорит Хинн в одной из своих передач:

[31] Hinn, *He Touched Me*, 177.

[32] Hinn, *The Anointing*, 181.

[33] Strang, "Benny Hinn Speaks Out," 29.

[34] Benny Hinn, *Praise-a-Thon*, TBN, April 2, 2000.

[35] Richard Fisher, *The Confusing World of Benny Hinn* (St. Louis: Personal Freedom Outreach, 1999), 146.

В ваших молитвенных просьбах будьте конкретными, а затем отправьте ваш дар. Потому что Слово Божье говорит «давайте». Слово говорит сеять, а затем вы пожнете. Вы не можете ожидать урожая, пока не сеете семя [деньги] ... Итак, отправляйте это семя сегодня. Какая бы сумма ни была, вы должны исходить из своих потребностей ... Кто-то недавно пришел ко мне в церковь и сказал: «Хорошо, пастор, сколько я должен отдать Богу?» Я сказал: «А какой урожай вы потом хотите собрать?»[36]

Схема довольно прозрачная. Если хотите исцелиться, пришлите свои деньги; а если вы не исцелились, значит, вы отправили недостаточно. Подобно нечестивым фарисеям, осуждаемым в Лк. 20, Бенни Хинн пожирает «дома вдов», поскольку он торгует ложной надеждой за деньги; и как бедная вдова в Лк. 21, многие отдают последние две лепты.

Хотя Бенни Хинн отрицает корыстные мотивы своего служения,[37] его образ жизни сам говорит за себя, свидетельствуя о непомерных алчности и жадности. Несколько лет назад он оказался в центре скандала, когда выяснилось, что он взял с собой в Европу огромный штат обслуживающего персонала и телохранителей – за счет спонсоров. Билет первого класса на «Конкорде» стоил 8 850 долларов, во время своего европейского турне Хинн и его команда останавливались в президентских номерах пятизвездных отелей стоимостью более 2000 долларов за ночь. Эта новость, вместе с кадрами, показывающими, как Хинн и его команда садятся в самолет, попала на CNN.[38] Хоть и на короткое время, но Хинн привлек внимание публики своей грубой расточительностью.

С тех пор ничего изменилось. «Хинн, как сообщается, зарабатывает более 1 миллиона долларов в год, живет в особняке на берегу океана, ездит на роскошных автомобилях и путешествует на частном самолете (Конкорд – уже не его уровень),[39] щеголяет в дорогих аксессуарах, как например, "бриллиантовом Ролексе", кольцах с алмазами, золотых браслетах и костюмах от кутюр».[40] Такая роскошная жизнь вполне соответствует парадигме евангелия процветания, в которой материальные богатства считаются

---

[36] Benny Hinn, *This Is Your Day*, TBN, August 15, 1996.

[37] В 2009 году Хинн заявил: «Я делаю это не за деньги... Если вы спрашиваете меня о том, обманываю ли я людей, обещая им невозможное, чтобы вытянуть с них деньги? Конечно нет». Dan Harris, "Benny Hinn: 'I Would Not Do This for Money,'" *Nightline, ABC*, October 19, 2009, http://abcnews.go.com/Nightline/benny-hinn-evangelical-leader-senate-investigation-speaks/story?id=8862027.

[38] William Lobdell, "Onward Christian Soldier," *Los Angeles Times*, December 8, 2002, http://articles.latimes.com/2002/dec/08/magazine/tm-lobdell49/2.

[39] Lobdell, Losing My Religion, 182.

[40] Mike Thomas, "The Power and the Glory," *Orlando Sentinel*, November 24, 1991, http://articles.orlandosentinel.com/1991-11-24/news/9111221108_1_benny-hinn-holy-spirit-slain. Ср. Дэн Харрис, который говорит о Хинне: «Он летает на частных самолетах, останавливается в дорогих отелях, носит роскошную одежду и украшения» (Harris, "Benny Hinn: 'I Would Not Do This for Money'").

признаком Божьего благословения. Но образ жизни служителей в Новом Завете никак не вписывается в эту парадигму. Мошенничества Хинна приносят ему примерно 100 миллионов долларов в год,[41] он опустошает карманы отчаявшихся людей, готовых отдать последнее ради чуда.

Исцеления в Новом Завете всегда успешные

Чудеса исцелений Иисуса никогда не заканчивались неудачей. То же самое мы наблюдаем и с апостолами в книге Деяний. В Мф. 14:36 люди, которые прикасались к одежде Христа, «исцелялись». Когда прокаженные исцелились, их выздоровление было полным, чтобы они могли пройти тщательную проверку у священника (ср. Лев. 14:3,4,10). Слепым вернулось стопроцентное зрение, хромой мог бегать и прыгать, глухие могли слышать звук даже падающей булавки, а мертвые были возвращены к жизни абсолютно здоровыми. Ни одно чудо в Новом Завете не было просто попыткой, которая закончилась бы полным провалом.

Некоторые могут возразить, обращая внимание на неспособность учеников изгнать беса в Мф. 17:20 или решение Господа исцелить слепого в два этапа в Мк. 8:22-26. Но эти исключения только подтверждают правило, поскольку в обоих случаях нуждающиеся получили в конечном итоге полное исцеление. В случае с учениками важно отметить, что неудача была связана с отсутствием веры у них (а не у больного ребенка). Если современные целители уж очень хотят увидеть себя в этом инциденте, то *им придется признать проблемы с собственной верой*.

В исцелении слепого в два этапа Иисус хотел преподать ученикам урок, акцентируя внимание на их духовной близорукости (ср. Мк. 8:21). В конечном счете Господь полностью восстановил зрение того человека. Таким образом, в каждом случае, как в Евангелиях, так и в Деяниях, Христос и апостолы имели стопроцентный успех. Как справедливо отмечает Томас Эдгар: «Не было никаких неудач. Каждая попытка исцеления была успешной».[42]

Очевидно, что никакое современное служение исцеления не дотягивает до этого библейского стандарта. Показателен послужной список Бенни Хинна. Как сообщалось на «Эй-би-си Найтлайн» в 2009 году, «Хинн признает, что нет никаких медицинских освидетельствований его исцелений. Фактически некоторые из его предполагаемых исцелений оказались надуманными».[43] В сообщении «Найтлайн» говорится: «В ходе мероприятия Хинна в 2001 году Уильям Ванденколок, 9-летний мальчик, у которого были проблемы со зрением, утверждал, что он снова видит.

[41] Lobdell, Losing My Religion, 182.

[42] Thomas Edgar, *Miraculous Gifts* (Neptune, NJ: Loizeaux Brothers, 1983), 99.

[43] Harris, "Benny Hinn: 'I Would Not Do This for Money.'"

Сейчас Ванденколоку уже 17 лет, и он по-прежнему официально признан слепым».[44]

Глядя в лицо фактам, Хинн вынужден признать: «Я не знаю, почему не все люди исцеляются».[45] Он рассказывает о том, как возлагал руки на людей, «и ничего не происходило»,[46] а в новостях рассказывали о четырех тяжело больных пациентах, которых выпустили из кенийской больницы, чтобы они могли посетить один из фестивалей Хинна в надежде на исцеление. Но вместо исцеления все четверо умерли на этом мероприятии.[47] Такие случаи противоречат письменным заявлениям Хинна.

В своей книге «Восстань и будешь исцелен» Хинн говорит о Боге: «Он обещает исцелить все – что угодно, кого угодно, абсолютно все – все наши болезни! Головная боль, насморк, даже зубная боль – абсолютно все! Никакая болезнь не должна вас беспокоить. Бог исцеляет все ваши болезни».[48] Но даже Хинн не верит в это. В «Лос-Анджелес таймс» был опубликован укор в адрес Хинна, который сам не понимает причины неудач своих исцелений:

> Хотя он редко упоминает об этом на сцене, на следующий день в отеле Хинн сказал, что он задается вопросом, почему Бог не исцеляет некоторых людей. Этот вопрос он задает самому себе. Он рассказал о том, что страдает болезнью сердца, которую Бог так и не исцелил, и о болезнях своих родителей. «Это очень тяжело для меня, – рассказывал Хинн. – Ведь это я привел папу к вере... Но он умер. Почему – не знаю... Раньше я бы даже не заикался об этом. Но я должен это признать. У мамы диабет, папа умер от рака. Такова жизнь».[49]

Хотя он неохотно признает, что некоторые из его исцелений потерпели неудачу, Хинн *по-прежнему* настаивает на том, что он не мошенник, которого интересуют только деньги: «Если бы мое служение не приносило плод, я бы раздал людям все свои деньги».[50] Неужели!? Оказывается, уже само то, что он продолжает обманывать наивных и доверчивых людей, живя роскошной жизнью за их счет, служит доказательством того, что он не лжец и шарлатан? Вот такая странная логика.

В 2002 году он как-то заявил своей телевизионной аудитории: «Теперь посмотрите мне прямо в глаза. Загляните в них так глубоко, как только

---

[44] Там же

[45] Hinn, *The Anointing*, 179.

[46] Там же, 81.

[47] Ср. Greg Locke, *Blinded by Benny* (Murfreesboro, TN: Sword of the Lord, 2005), 41. По словам Локка, этот случай произошел 30 апреля 2000 года; о нем поведали на страницах «Кения таймс».

[48] Hinn, Rise and Be Healed, 32.

[49] William Lobdell, "The Price of Healing," Los Angeles Times, July 27, 2003, http://www.trinityfi.org/press/latimes02.html.

[50] Harris, "Benny Hinn: 'I Would Not Do This for Money.'"

можете. Я никогда не лгал вам. Никогда. И никогда не буду. Я скорее умер бы, чем солгал народу Божьему. Это чистая правда».[51] На самом деле в его словах не было ничего правдивого. Жалкие попытки Хинна оправдать свои мотивы испаряются при тщательном рассмотрении. После интервью с Хинном Уильям Лобделл из «Лос-Анджелес таймс» заключил:

Хинн уверял, что целительство – тяжкое бремя, возложенное на него Богом. Если бы не призыв Божий, он бы немедленно бросил эту работу. Заглянуть в душу Хинна мне не дано: но, по моим ощущениям, передо мной сидел талантливый актер, который сделал ставку на свой дар перевоплощения и на присущую людям жажду чуда – и выиграл. Ни на секунду я не поверил, что сам он верит хоть одному слову своих проповедей или беспокоится о людях, пострадавших или погибших из-за веры в чудесное исцеление. Я представлял себе, как за дверьми своего особняка в Дана-Пойнт, на вершине утеса, глядя в круговые окна от пола до потолка на бескрайние океанские просторы, на серферов, качающихся на волнах, на игры дельфинов, на отдаленные черные точки кораблей, он смеется про себя и думает: «Ловко же я их всех надул!» Ему повезло – его обман надежно защищен Первой Поправкой.[52]

Исцеления в Новом Завете невозможно было отрицать или опровергнуть

В отличие от сомнительных исцелений Бенни Хинна, которым никто не делал медицинского подтверждения, чудесные исцеления Христа и апостолов, не могли поставить под сомнение даже те, кто открыто выступали против Евангелия. Когда Иисус изгонял бесов, фарисеи не могли отрицать Его сверхъестественную силу. Поэтому они пытались дискредитировать Его, утверждая, что Он делает это силой сатаны (см. Мф. 12:24). Позже, когда Господь воскресил Лазаря из мертвых, религиозные лидеры Израиля снова не могли отрицать случившегося (Ин. 11:47-48). Но вместо того, чтобы уверовать во Христа, они решили предать Его смерти. В книге Деяний те же религиозные лидеры не могут опровергнуть того факта, что Петр исцелил хромого человека (Деян. 4:16-17). Не могли и хозяева одержимой бесом рабыни отрицать власть Павла над бесом, который истязал ее (Деян. 16:19).

В дополнение к свидетельствам неверующих авторы Евангелий и книги Деяний тщательно и в точности описывали произошедшие события (см. Лк. 1:1-4). Тот факт, что Лука был врачом (Кол. 4:14), только укрепляет доверие к новозаветным исцелениям. Все авторы Евангелий были вдохновлены Святым Духом (2Тим. 3:16-17), что позволило им в точности передать детали, которые они включили в свои повествования (см. Ин. 14:26). В результате мы можем полностью доверять библейским рассказам.

---

[51] Benny Hinn, *Praise the Lord*, TBN, December 29, 2002.

[52] Lobdell, *Losing My Religion*, 185–86.

Целительные мероприятия Бенни Хинна – совершенно другое дело. Хотя Хинн заявляет о «сотнях и даже тысячах исцелениях, которые были подтверждены», нет никаких сомнений, что это ложь. Хотя он регулярно хвалится «людьми, которые встают с инвалидных колясок и бросают костыли... слепые прозревают и глухие начинают слышать»,[53] нет никаких доказательств, подтверждающих истинность этих заявлений. Майк Томас исследовал чудотворные крестовые походы Хинна:

> Несмотря на тысячи чудес, которые приписывает себе Хинн, церковь едва ли может представить хоть какие-то доказательства, которые могли бы убедить серьезного скептика. Если Бог и в самом деле исцеляет через Хинна, то почему Он не исцеляет такие болезни, как паралич, повреждение головного мозга, отсталость, физические уродства, слепоту или другие явные недуги.[54]

На протяжении многих лет он провел сотни мероприятий, однако его предполагаемые исцеления по-прежнему не имеют ни одного медицинского подтведжения. Когда Хинн предоставил Христианскому научно-исследовательскому институту три своих задокументированных случая, результаты оказались совершенно не впечатляющими. «Все три случая запутанные и плохо задокументированы», – писал Хэнк Хэнеграфф из *CRI*. «Если это лучшее, что Хинн мог собрать за столько лет своих " целительных служений" – с персоналом, который записывал все случаи исцеления на его собраниях, – тогда доказательства того, что он когда-либо кого-то исцелил на самом деле, сводятся к нулю».[55]

Хотя список фантастических и невероятных историй исцеления продолжает стремительно расти, нет никаких реальных свидетельств, подтверждающих эти чудеса. В документальном фильме HBO 2001 года под названием «Сомнительные чудеса» повествуется о семи людях, за которыми наблюдали в течение одного года, после того как они якобы были исцелены во время мероприятия Бенни Хинна. В конце этого периода Энтони Томас, режиссер фильма, пришел к выводу, что никто из них на самом деле не был исцелен.[56]

В интервью «Нью-Йорк таймс» Томас сказал: «Если бы я видел чудеса [на мероприятиях Хинна], я с радостью раструбил бы об этом ... но, оглядываясь назад, я понимаю, что они наносят больший урон христианству, чем самые ярые атеисты».[57]

---

[53] Hinn, *The Anointing*, 95.

[54] Mike Thomas, "The Power and the Glory," 12.

[55] Hank Hanegraaff, *Christianity in Crisis* (Eugene, OR: Harvest House, 1993), 341.

[56] Anthony Thomas, cited in "Do Miracles Actually Occur?" Sunday Morning, CNN, April 15, 2001, http://transcripts.cnn.com/transcripts/0104/15/sm.13.html.

[57] Robin Finn, "Want Pathos, Pain and Courage? Get Real," *New York Times*, April 15, 2001, http://www.nytimes.com/2001/04/15/tv/cover-story-want-pathos-pain-and-courage-get-real.html.

Исцеления в Новом Завете мгновенные и спонтанные

Когда Иисус или Его ученики исцеляли кого-то, больные тут же выздоравливали. Нетребовалось никакого периода реабилитации – никакой физической терапии или времени на восстановление. Прокаженный был сразу же очищен от проказы (Мк. 1:42), слепым немедленно возвращалось зрение (Мк. 10:52), а бывшие паралитики могли тут же прыгать от радости (Деян. 3:8). Некоторые обращают внимание на исцеление слепого в два этапа (Мк. 8:22-26), очищение прокаженных по дороге к священнику (Лк. 17:11-19) и обретение зрения слепым после умывания в купальне Силоам (Ин. 9:1-7). Но в этих случаях задержка заняла всего несколько минут, а не недели или дни, – и Иисус сделал это не просто так, у Него были для этого Свои причины. И эти исключения лишь подтверждают правило: чудесные исцеления, записанные в Новом Завете, происходили незамедлительно.

Бенни Хинн, напротив, хвастается историей о «женщине, которая одиннадцать раз посетила собрания Кэтрин Кульман, прежде чем исцелилась. Одиннадцать раз!».[58] Это вполне соответствует богословию «Слова веры», поборником которого является Хинн. Как объясняет Д. Р. Макконнелл:

> В движении «Слова веры» верующему говорят, что исцеление – это осуществившийся «факт веры», но он почувствует облегчение в своем теле не сразу. Во время промежуточного периода между исповеданием исцеления и его проявлением верующий может еще ощущать «симптомы» болезни. Эти симптомы – не проявления болезни, а скорее духовные ловушки, с помощью которых сатана пытается обмануть верующего, лишив его веры в исповедание, а следовательно, и самого исцеления.[59]

Итак, даже если вам кажется, что вы все еще больны, на самом деле вы уже исцелились. Вам просто нужно подождать, пока ваше тело примет эту реальность. Вот почему Хинн может говорить своим последователям: «После того, как вы получили свое чудотворное исцеление, отвергните всех, кто пытается сломить вашу веру в чудеса ... Продолжайте верить, что вы здоровы, что вы уже исцелились во имя Иисуса».[60] В библейских исцелениях вы не найдете ничего подобного. Исцеления всегда происходили незамедлительно и были очевидны для всех.

Более того, исцеления в Новом Завете – спонтанные. Они не были заранее подготовлены и спланированы, но врывались неожиданно в привычную жизнь. В Мф. 8:14-15 Господь пришел в дом Петра и, увидев тещу в горячке, исцелил ее. В Мф. 9:20 говорится об исцелении женщины, которая тайно прикоснулась к краю одежды Иисуса, когда Он проходил

---

[58] Hinn, The Miracle of Healing, 53.

[59] D. R. McConnell, *A Different Gospel* (Peabody, MA: Hendrickson, 1995), 151.

[60] Hinn, The Miracle of Healing, 69.

мимо. Петр и Иоанн были только на пути в Храм, когда их прервал нищий калека (Деян. 3:6-7). Можно привести множество других примеров, чтобы подчеркнуть следующий вывод: исцеления в Новом Завете не были тщательно спланированы заранее, как это происходит сегодня на стадионах и в больших залах. Исцеления Иисуса никогда не совершались ради зрелища, как постановка, чтобы побольше собрать денег с присутствующих.

Напротив, заранее подготовленные псевдо-исцеления Бенни Хинна – это залог успеха. Все заранее спланировано, каждое действие строго следует за другим. Как говорит Ричард Фишер, «то, что видит зритель, это не только хорошо подготовленное зрелище, но тщательно отредактированное перед показом. Калеки, дети с синдромом Дауна, люди без рук и без ног находятся подальше от сцены и вне поля зрения телевизионных камер».[61] В документальном фильме 2004 года, сделанном Канадским каналом, использовались скрытые камеры, чтобы показать, как людей с серьезными физическими недугами – инвалидов, умственно отсталых и других с явными признаки болезней – отталкивают от сцены и отправляют обратно на свои места специально подготовленные для этого люди.[62] В таком тщательном отборе не было бы необходимости, если бы у Хинна действительно был дар исцеления.

Если бы Бенни Хинн мог действительно сделать то, на что претендует, он мог бы излечить всех пациентов в больницах и остановить эпидемии в странах третьего мира. Подобно Иисусу, он мог бы изгнать болезни и страдания во всех регионах, где он бывал. Но поскольку у него нет настоящего дара, Хинн требует, чтобы люди приходили к нему туда, где он может легко манипулировать аудиторией и контролировать весь ход служения. В свете Нового Завета такое исцеление не выдерживает никакой критики. Как справедливо отмечает Роберт Боумен: «В свете Библии спланировать приход Святого Духа в свою церковь в 19:00 для исцеления людей – это абсурд».[63]

Исцеления Нового Завета служили удостоверением благой вести

Последней характеристикой новозаветных исцелений является то, что они служили знамением, удостоверяющим Евангелие, проповедованное Христом и апостолами. Как провозгласил Петр в день Пятидесятницы: Господь Иисус был «засвидетельствован... от Бога силами и чудесами, и знамениями» (Деян. 2:22). Сам Христос сказал скептически настроенным

---

[61] Fisher, The Confusing World of Benny Hinn, 222.

[62] Bob McKeown, "Do You Believe in Miracles?" *The Fifth Estate* (Canadian Broadcasting Corporation), http://www.cbc.ca/fifth/main_miracles_multimedia.html.

[63] Fisher, The Confusing World of Benny Hinn, 224.

фарисеям: «...когда не верите Мне, верьте делам Моим, чтобы узнать и поверить, что Отец во Мне и Я в Нем» (Ин. 10:38). Апостол Иоанн так пояснил цель своего Евангелия: «Много сотворил Иисус пред учениками Своими и других чудес, о которых не писано в книге сей. Сие же написано, дабы вы уверовали, что Иисус есть Христос, Сын Божий, и, веруя, имели жизнь во имя Его» (Ин. 20:30-31).

Апостолы, как представители Христа, также совершали чудесные знамения для свидетельства об истинности Евангелия (см. Рим. 15:18-19; 2Кор. 12:12). Об этом апостольском свидетельстве автор Послания к евреям говорит так: «То как мы избежим, вознерадев о толиком спасении, которое, быв сначала проповедано Господом, в нас утвердилось слышавшими от Него, при засвидетельствовании от Бога знамениями и чудесами, и различными силами, и раздаянием Духа Святого по Его воле?» (Евр. 2:3-4). Эти знамения свидетельствовали о том, что апостолы действительно были теми, за кого себя выдавали, уполномоченными представителями Бога, которые проповедовали истинное Евангелие.

Проповедующие любое другое Евангелие, отличное от того, которое провозглашали Христос и апостолы, показывают себя лжеапостолами и лукавыми делателями (2Кор. 11:13). Павел проклинает таких людей – дважды повторяя это, чтобы подчеркнуть всю серьезность данного преступления: «Но если бы даже мы или Ангел с неба стал благовествовать вам не то, что мы благовествовали вам, да будет анафема. Как прежде мы сказали, так и теперь еще говорю: кто благовествует вам не то, что вы приняли, да будет анафема» (Гал. 1:8-9). Бог истины удостоверяет только истинное Евангелие. Он не засвидетельствует Своей силой ложное богословие и не даст сверхъестественную силу людям, которые учат ложному учению. Таким образом, самопровозглашенные чудотворцы, которые учат ложному Евангелию, не могут творить чудеса либо делают это силой, которая исходит не от Бога (см. 2Фес. 2:9).

Хотя Бенни Хинн утверждает, что он хочет «достичь каждого дома в каждой стране вестью Евангелия»,[64] его «Евангелие» – это не весть спасения, которую мы находим в Новом Завете. Его весть – это ложное евангелие здоровья, богатства и процветания – абсурдное искажение, которое на самом деле является ложью. Вливание в уши своих слушателей лестных слов ради пожертвований – не только характеризуют деятельность Хинна, но также служат признаком лжеучителя (2Тим. 4:3; Тит. 1:11). Необычные доктрины, провозглашенные Хинном под влиянием якобы Святого Духа, подтверждают истинную суть его служения. Что нам думать о том, кто утверждает, что Троица состоит из девяти личностей,[65] что Бог Отец «ходит в духовном теле», которое имеет руки, рот, волосы и глаза,[66]

---

[64] Hinn, *He Touched Me*, 184.

[65] Benny Hinn, Orlando Christian Center broadcast, TBN, December 9, 1990.

[66] Там же

что Господь Иисус вознес сатанинскую природу на крест[67] и что верующие должны думать о себе как о маленьких Мессиях?[68] Нелепо полагать, что Бог положил бы Свою печать одобрения на таких вопиющих заблуждениях. Он стал бы соучастником обмана Хинна.

Хотя Хинн впоследствии отказался от некоторых из этих взглядов, однако *поспешный отказ от своих слов* во избежание публичного скандала, – это не то же самое, что истинное покаяние, засвидетельствованное измененной жизнью. На сегодняшний день Хинн ничего не сделал, чтобы продемонстрировать истинный плод *покаяния*. Он продолжает возглавлять ложное служение, направляясь к вечной гибели и увлекая за собой множество отчаявшихся людей.

ВЗВЕШЕННЫЙ ВЗГЛЯД НА ИСЦЕЛЕНИЯ

Чудотворения Христа и апостолов были уникальными. Как мы видели в этой главе, их исцеления были сверхъестественными, успешными на сто процентов, бесспорными, незамедлительными, спонтанными, научающими и удостоверяющими весть Евангелия. Они не зависели от веры просителя, не совершались ради денег или популярности, не были предварительно спланированы или режиссированы. Это были настоящие чудеса, в результате которых реальные болезни мгновенно улетучивались: слепые прозревали, хромые прыгали, глухие слышали, и даже мертвые воскресали.

Сегодня такие чудеса исцеления не происходят. Бенни Хинн может, конечно, претендовать на такой дар, но он явно им не обладает. Чудеса исцелений, записанные в Евангелиях и Деяниях, были уникальны для Церкви первого века. После времени апостолов такого рода исцеления прекратились и никогда не проявлялись на протяжении всей церковной истории.

Господь все еще отвечает на молитвы и в Своем мудром провидении продолжает исцелять по воле Своей, однако нет никаких свидетельств того, что сегодня происходят такие же чудесные исцеления, как во времена апостолов.[69] Инвалиды, паралитики, люди, лишенные конечностей и с другими серьезными физическими недугами, не выздоравливают в один момент, как в Новом Завете. В истории христианской Церкви не засвидетельствовано ни одного такого уникального чуда исцеления, наподобие тех, которые происходили во времена Христа и апостолов. Наше время – не исключение. Апостольский дар исцеления прекратился.

---

[67] Ср. Fisher, The Confusing World of Benny Hinn, 7.

[68] Benny Hinn, *Praise the Lord*, TBN, December 6, 1990.

[69] Конечно, чудо возрождения и спасения – сверхъестественная работа, которую Бог по-прежнему совершает сегодня.

Новый Завет призывает верующих молиться за больных и страждущих, доверяя великому Врачу и Его суверенным целям (см. Иак. 5:14-15), что не равносильно сверхъестественному дару исцеления в Писании. Любой, кто заявляет об ином, обманывает себя. Бенни Хинн и другие, подобные ему, которые утверждают, что были специально помазаны на служение исцеления, – примеры мошенников. Они не могут совершать чудеса, наподобие апостольских, поэтому прибегают к хитроумным уловкам, постановкам, мошенничеству и аферам, как если бы то, что они делают, было истинными знамениями и чудесами. Таким образом, они смешивают с грязью собственную репутацию, подрывают авторитет Писания в доверчивых умах и изобличают себя как лжепророков и лжецов. Все, что они делают, имеет трагические духовные последствия.

Часть третья

ВОЗВРАЩЕНИЕ
К ИСТИННОЙ ДЕЯТЕЛЬНОСТИ
СВЯТОГО ДУХА

9

СВЯТОЙ ДУХ И СПАСЕНИЕ

Фальшивомонетчество всегда считалось серьезным преступлением – от изобретения греческих монет около 600 г. от Р.Х. до введения бумажных денег в Китае в тринадцатом веке – и часто каралась смертной казнью. Например, в колониальной Америке Бенджамин Франклин предложил печатать на денежных банкнотах грозное предупреждение: «Подделка карается смертью». В анналах английской истории полно имен фальшивомонетчиков, большинство из которых были повешены, а некоторые – сожжены на костре. Такое наказание может нам показаться слишком суровым, однако на это были две серьезные причины.

Во-первых, это угрожало экономической стабильности государства и общему благосостоянию людей. Во-вторых, в таких странах, как Англия, выпуск денег был прерогативой исключительно короля. Таким образом, фальшивомонетчество была не просто мелким преступлением одного рядового гражданина против другого, это злодеяние представляло опасность для общества в целом и считалось изменой против короны.

А что сказать о тех, кто подделывает Божью работу? Фальшивомонетничество блекнет на фоне вероломного фальсифицирования служения Святого Духа. Если печать фальшивой валюты представляет угрозу для общества, то продвижение ложных религиозных переживаний представляет гораздо большую опасность. И если производство поддельных монет – измена против человеческого правительства, то проповедь ложного евангелия – гораздо более тяжкое преступление против Царя царей. Более того, Слово Божье не молчит относительно последствий таких преступлений. Поскольку фальшивомонетчиков и мошенников преследовались и строго наказывали на протяжении всей истории, носителей фальшивой религии, ждет куда более суровый суд.

Учитывая серьезность такого преступления, верующие должны быть всегда готовы распознать и отвергнуть подделку. Но для этого нужно хорошо знать истину. Единственный способ распознать подделку – это хорошо знать оригинал. В третьей и четвертой главах мы рассмотрели пять признаков истинной работы Духа, в свете которых мы можем разглядеть заблуждения. В этом разделе мы подробнее поговорим об истинном служении Святого Духа. Мы увидим славу и величие подлинного служения, в свете которого современные подделки лопаются, как мыльный пузырь.

ВОЗВРАЩЕНИЕ К УЧЕНИЮ О СВЯТОМ ДУХЕ

Я надеюсь, что из предыдущих глав мой читатель понял, насколько отчаянно сегодня церковь нуждается в том, чтобы вновь осмыслить истину о личности и деятельности Святого Духа. Третья личность Троицы угашается, оскорбляется и огорчается ложным движением, которое стремительно растет, прикрываясь Его именем. Лжеучения и ложные пророчества быстро наводняют христианский мир, неся с собой заблуждения и духовную погибель. Пришло время для верных христиан мужественно выступить против лжеучения, которое нагло и кощунственно бесчестит Дух Божий.

Поскольку для истинного поклонения необходимо верное представление о триедином Боге, истина о Святом Духе крайне важна. Э. У. Тозер в своем классическом труде «Величие Бога» писал:

> Правильное представление о Боге – это основа... Поклонение Богу может быть возвышенным и непорочным или же, наоборот, приземленным и нечистым, в зависимости от того, каковы мысли верующего человека о Боге – возвышенные или приземленные. Поэтому самое важное для Церкви это всегда Бог, а самое значительное в человеке – это не его слова и дела, а его представление о Боге. Тайный закон нашей души влечет нас к тому образу Бога, который создан в наших мыслях. Это касается не только каждого конкретного христианина в отдельности, но и группы христиан, составляющих церковь. Наиболее полно судить о Церкви можно по ее представлению о Боге.[1]

Тозер подметил очень удачно и тонко. Наше представление о Боге – основополагающая реальность в нашем сознании, которая включает и наше понимание Святого Духа. Правильное представление о Нем и Его работе имеет важное значение для нашего поклонения, учения и применения в повседневной жизни.

Мы уже отмечали, что основная работа Святого Духа состоит в том, чтобы возвеличить Иисуса Христа (Ин. 15:26; 16:14), привести грешников к истинному познанию Спасителя через Евангелие и преобразить их с помощью Писания в славный образ Сына Божия (2Кор. 3:17-18). Таким образом, сердце Его служения – Господь Иисус, и те, кто исполнены Духа, также будут сосредоточены на Христе. Но это не значит, что мы должны игнорировать учение Писания о Духе, пока Его святым именем прикрываются духовные мошенники. Ложное учение о Духе бесчестит Бога.

Святой Дух равен по Своей сущности, величию и власти как Отцу, так и Сыну. Но харизматы пародируют Его работу, как будто нет никаких последствий у такого вопиющего богохульства. К сожалению, многие евангельские христиане молча наблюдают за этим бесчестием. Если

---

[1] A. W. Tozer, *The Knowledge of the Holy* (New York: HarperCollins, 1978), 1.

бы Бог-Отец или Бог-Сын были опорочены точно так же, евангельские христиане, несомненно, возмутились бы. Почему же мы не проявляем такой же ревности о чести Духа?

Похоже, что по большому счету современная церковь потеряла из виду божественное величие Святого Духа. Хотя харизматы воспринимают Его как безличную силу экстатической энергии, евангельские христиане вообще свели Его до карикатуры мирного голубя, часто изображаемого на обложках Библии и наклейках – как будто Дух Всемогущего был безобидной белой птицей или веянием тихого ветра. Любой, кто так думает, должен покаяться и пересмотреть библейское учение о Духе.

Хотя Он сошел на Иисуса в виде голубя во время Его крещения, Святой Дух – это не голубь. Он – всемогущий, вечный, святой и славный Дух живого Бога. Его сила бесконечна, Его присутствие вездесущее, а Его непорочность – всепоглощающий огонь. Пренебрегающие Им подвергнутся суровому суду, как люди во дни Ноя, которые погибли в водах потопа (Быт. 6:3). Лгущие Ему не избегнут неминуемой смерти, подобно Анании и Сапфире (Деян. 5:3-5).

В Суд. 15:14-15 именно Дух Господа сошел на Самсона, когда он убил тысячу филистимлян челюстью осла. И в Ис. 63:10 пророк говорит о трагических последствиях огорчения Святого Духа: «Но они возмутились и огорчили Святого Духа Его; поэтому Он обратился в неприятеля их: Сам воевал против них». Что может быть яснее: непочтительное отношение к Святому Духу делает Бога нашим врагом! Неужели люди и вправду думают, что могут огорчать Святого Духа и избегнуть наказания?

Святой Дух – это сила Божья в божественной личности, действующая от начала творения и до конца истории мира (см. Быт. 1:2; Откр. 22:17). Он – полностью Бог, обладающий всеми атрибутами Божества во всей полноте. Он Бог во всех отношениях. Он участвует во всех делах Бога. Он такой же святой и могущественный, как Отец, милостивый и любящий, как Сын. Он божественное совершенство во всей Своей полноте. Таким образом, Он достоин нашего поклонения так же, как Отец и Сын. Чарльз Сперджен, глубоко обеспокоенный тем, как часто люди пренебрегают Духом Божьим, обратился к своему собранию с такими словами:

Дорогой брат, почитай Духа Божьего так, как почитаешь Иисуса Христа. Если бы Иисус Христос жил в твоем доме, ты не стал бы Его игнорировать, занимаясь своими делами, как будто Его там нет. Не игнорируй присутствие Святого Духа в своей душе. Я умоляю тебя, не живи так, словно ты не слышал ничего о Святом Духе. Ответь Ему должным поклонением. Прими достойно величественного гостя, который был рад сделать ваше тело святым местом Своего обитания. Люби Его, повинуйся Ему, поклоняйся Ему.[2]

---

[2] Charles Spurgeon, "The Paraclete," *The Metropolitan Tabernacle Pulpit*, vol. 18 (London: Passmore & Alabaster, 1872), 563.

Почитая нашего божественного Гостя и относясь к Нему с должным уважением, мы должны научиться различать Его истинное служение – направить наши сердца, умы и волю к Его чудесной работе.

Какова сегодня роль Святого Духа в мире? Тот, Кто когда-то активно принимал участие в создании вселенной (Быт. 1:2), теперь созидает духовное творение (см. 2Кор. 4:6) – возрождая грешников через Евангелие Иисуса Христа и преображая по подобию Сына Божьего. Он освящает их, оснащает всем необходимым для служения, производит плод в их жизни и дает силы угождать их Спасителю. Он оберегает их для вечной славы и делает пригодными для жизни на небесах. Тот же источник могущественной силы, который создал мир из ничего, сегодня трудится в сердцах и жизнях искупленных. И как творение было удивительным чудом, так и каждое новое творение – поскольку Дух сверхъестественным образом приносит спасение тем, кто иначе был бы обречен на вечную гибель. Люди, которые хотят сегодня видеть чудеса, вместо того чтобы восхищаться целителями-мошенниками, пусть лучше отправятся на поприще библейского евангелизма. Увидеть духовно мертвого грешника, ожившего во Христе Иисусе силой Духа, – не есть ли свидетельство настоящего чуда Божьего.

В этой главе мы поговорим о сверхъестественной работе Духа. Мы увидим шесть аспектов работы Духа в деле спасения – от Его обличающей работы в призыве грешников к спасению до запечатления верующих к вечной славе.[3]

---

[3] В своем «Систематическом богословии» (Grand Rapids: Zondervan, 2000), Уэйн Грудем приводит список элементов спасения в так называемом «Порядке спасения»: 1. Избрание (выбор тех людей, которые будут спасены). 2. Евангельский призыв (провозглашение Благой вести). 3. Рождение свыше (новое рождение). 4. Обращение (вера и покаяние). 5. Оправдание (обретение состояния праведности). 6. Усыновление (принятие в семью Бога). 7. Освящение (правильный образ жизни). 8. Неотступность (стойкость в христианской вере). 9. Смерть (уход к Господу). 10. Прославление (получение воскрешенного тела). Принимая порядок Грудема, мы видим, что избрание происходило далеко в прошлом. Евангельский призыв происходит в этой жизни, поскольку грешники обличаемы Словом. Возрождение, обращение, оправдание и усыновление происходят вместе в момент спасения. Процесс освящения начинается в момент спасения и продолжается на протяжении всей жизни верующего. Для верующих смерть – это конец борьбы с грехом и восхождение на небеса. Наконец, воскресение верующего в теле происходит во время восхищения Церкви. На каждом из этих этапов спасения действует Святой Дух. Наша цель в этой главе состоит не в том, чтобы представить подробный анализ того, что богословы называют *ordo salutis*. Скорее, показать роль Святого Духа на каждом этапе спасения Его святых.

СВЯТОЙ ДУХ ОБЛИЧАЕТ НЕВЕРУЮЩИХ О ГРЕХЕ

В горнице, накануне распятия, Господь Иисус пообещал Своим ученикам, что после вознесения Он пошлет Святого Духа, чтобы служить в них и через них. Он сказал Своим скорбящим ученикам: «Но Я истину говорю вам: лучше для вас, чтобы Я пошел; ибо, если Я не пойду, Утешитель не придет к вам; а если пойду, то пошлю Его к вам...» (Ин. 16:7). Ученики, должно быть, задавались вопросом: «Кто мог быть лучше, чем воплощенный Сын Божий, физически присутствующий среди нас?» И все же Иисус настаивал на том, что им будет лучше, чтобы Он вознесся на небеса, а Святой Дух сошел к ним на землю.

Господь продолжил говорить о жизненно важной роли Святого Духа, – вдохновлять апостолов и исполнять силой проповедь Евангелия во враждебном мире. Дух пойдет перед ними, готовя почву в сердцах тех, кто услышит и поверит в их послание: «И Он, придя, обличит мир о грехе и о правде и о суде: о грехе, что не веруют в Меня; о правде, что Я иду к Отцу Моему, и уже не увидите Меня; о суде же, что князь мира сего осужден» (Ин. 16:8-11).

Когда звучит призыв Евангелия через проповедь вести о спасении, неверующие обнаруживают себя грешниками и осознают последствия своего неверия. Для отвергающих Евангелие Святой Дух выступает в роли прокурора. Он обличает, показывая их плачевное положение перед Богом и вечное осуждение (Ин. 3:18). Обличающая работа Духа заключается не в том, чтобы заставить нераскаявшихся грешников чувствовать себя плохо, а в том, чтобы вынести им законный вердикт. Он включает обвинительное заключение, полное неопровержимых доказательств и смертный приговор.

Тем не менее, для тех, кого Дух привлекает к Спасителю, Его обличающая работа является спасительной, поскольку Он уязвляет совесть таких людей и смиряет их. Таким образом, для избранных эта работа обличения служит началом Божьего спасения.

Наш Господь учит, что обличительное служение Святого Духа включает в себя три сферы. Во-первых, Он обличает неискупленных во грехе, показывая их гибельное положение перед Богом. В частности, Он обличает грешников за их неверие в Евангелие – поскольку, как сказал Иисус, «они не веруют в Меня» (Ин. 16:9). Это естественная реакция грешных мужчин и женщин – отвергнуть личность и служение Господа Иисуса Христа. Но Дух разоблачает упрямое неверие мира.

Во-вторых, Святой Дух обличает неверующих о праведности – ставит их лицом к лицу со святым *Божьим мерилом* и *совершенной праведностью* Иисуса Христа. По словам одного комментатора: «Мир прикидывается праведным и подавляет любые свидетельства обратного, поэтому крайне необходимо, чтобы Дух раскрыл падшее состояние этого мира».[4] Срывая

---

[4] Andreas J. Kostenberger, *John* in *Baker Exegetical Commentary on the New Testament* (Grand Rapids: Baker, 2004), 471.

маску самоправедности, Дух показывает истинное состояние тех, кто не соответствует требованиям Бога. Затем Он переводит наш взгляд на неизменную праведность Иисуса Христа – безупречного Агнца Божьего.

В-третьих, Святой Дух провозглашает необходимость и справедливость Божьего суда над грешниками, которые однажды будут судимы так же, как «князь мира сего осужден» (ст. 11). Как сатана, потерпев поражение через подвиг Христов, обречен на вечную гибель, так и все его приспешники будут осуждены. Суд на ними не только оправдан с моральной точки зрения, это также требование божественной справедливости. Как говорит автор Послания к евреям: тот, кто «попирает Сына Божия и не почитает за святыню Кровь завета», «Духа благодати оскорбляет», собирает себе гнев Божий, который изольется в последний день (см. Евр. 10:29). Он продолжает: «...страшно впасть в руки Бога живого» (ст. 31). Предупреждение неверующих о будущем суде – это милостивая работа Святого Духа, которая одновременно внушает страх, предупреждая их о страшных последствиях.

По словам Иисуса, для учеников очень важно понимать служение Святого Духа. Почему? Поскольку те, кому поручено достичь грешников вестью Евангелия, будут жестоко отвергнуты миром (Ин. 15:18-25), мысль о том, что Святой Дух будет сопровождать их проповедь Своей силой, будет поддерживать и укреплять их. Возвеличивая праведность Христову и предупреждая о Божьем суде, они столкнуться с неверием грешников: Святой Дух осудит сердца слышавших и обратит избранных.

События Пятидесятницы служат яркой иллюстрацией этого служения. Лука описывает отклик людей на могущественную весть Евангелия, провозглашенную Петром: «Услышав это, они умилились сердцем и сказали Петру и прочим Апостолам: что нам делать, мужи братия?» (Деян. 2:37). Истина пронзила их сердца; для этих трех тысяч человек осуждение Духа стало началом Его работы по преобразованию их сердец (ст. 31).

Спустя два тысячелетия наша весть грешному миру должна отражать те же акценты – духовную гибель, истинную праведность и божественное осуждение. Общеизвестно, что проповедь о человеческой греховности, святости Бога и вечном наказании не пользуется популярностью в нашем постмодернистском обществе, которое отличается терпимостью ко всему. Но это единственное служение, уполномоченное Святым Духом. Он – сила, которая стоит за проповедью Евангелия (1Пет. 1:12); через Слово Божье Он привлекает грешников к Спасителю и возрождает их.

Артур Пинк выразил это так: «Никто и никогда не будет *привлечен ко Христу* одной лишь проповедью... сначала должно быть сверхъестественное действие Духа, чтобы открыть сердце грешника для *принятия* вести!»[5] Когда мы провозглашаем истину Писания, Дух Божий пронзает ею сердца неискупленных, осуждает в неверии и превращает их из детей гнева в детей Божьих (Евр. 4:12; 1Ин. 5:6).

---

[5] Arthur W. Pink, *The Holy Spirit* (Grand Rapids: Baker, 1970), chap. 15, http://www.pbministries.org/books/pink/Holy_Spirit/spirit_15.htm.

СВЯТОЙ ДУХ ВОЗРОЖДАЕТ СЕРДЦА ГРЕШНИКОВ

Действенный призыв избранных начинается с осуждающей работы Духа, поскольку Он пробуждает совесть, открывая глаза на реальность греха, праведности и суда. Но Он не останавливается на достигнутом. Сердца грешников должны быть преображены, очищены и обновлены (Еф. 2:4). И именно Святой Дух возрождает грешников: бывшие мертвыми во грехах становятся новым творением во Христе (2Кор. 5:17).

Как писал Павел в Тит. 3:4-7: «Когда же явилась благодать и человеколюбие Спасителя нашего, Бога, Он спас нас не по делам праведности, которые бы мы сотворили, а по Своей милости, банею возрождения и обновления Святым Духом, Которого излил на нас обильно через Иисуса Христа, Спасителя нашего, чтобы, оправдавшись Его благодатью, мы по упованию соделались наследниками вечной жизни».

В третьей главе Евангелия от Иоанна Господь Иисус объяснил этот аспект служения Духа, пояснив Никодиму, что грешник должен родиться свыше, чтобы спастись. Не уразумев до конца этой истины, Никодим спросил: «Как может человек родиться, будучи стар? Неужели может он в другой раз войти в утробу матери своей и родиться?» (ст. 4). На что Иисус ответил: «Истинно, истинно говорю тебе, если кто не родится от воды и Духа, не может войти в Царствие Божие. Рожденное от плоти есть плоть, а рожденное от Духа есть дух. Не удивляйся тому, что Я сказал тебе: "должно вам родиться свыше". Дух дышит, где хочет, и голос его слышишь, а не знаешь, откуда приходит и куда уходит: так бывает со всяким, рожденным от Духа» (ст. 5-8).

Господь ясно дал понять, что работа возрождения – это суверенная прерогатива Духа. В физическом мире младенцы сами себя не рождают. Точно так же в духовном мире: грешники не инициируют и не производят собственное обращение; возрождение – это полностью работа Духа.

Выражение «родиться свыше» также может быть переведено как «родиться снова», и оба варианта отражают истину, которую хотел донести Иисус. Чтобы спастись, грешники должны пережить сверхъестественный и совершенно новый для них опыт нового рождения, в результате которого они полностью преобразуются Духом Божьим. В конце концов, именно Бог «по великой Своей милости возродивший нас воскресением Иисуса Христа из мертвых к упованию живому» (1Пет. 1:3).

Иисус сказал Никодиму, что Царство спасения не может быть достигнуто человеческим усилием или собственной праведностью. Только рожденные свыше могут быть спасены. Даже такой уважаемый религиозный человек, как Никодим – один из самых известных библейских учителей в Израиле – не мог сделать ничего для своего спасения. По словам Бога, лучшие усилия грешника как запачканная одежда (Ис. 64:6).

Все, что могут грешники, это взывать к Богу о милосердии, как мытарь в Лк. 18:13-14. Человек не может спасти себя, поэтому полностью полагается на благодать и сострадание Спасителя. Писание говорит, что всякий, кто придет ко Христу с искренней верой – отвернется от греха и обратится к Нему – будет спасен (Рим. 10:9-10). Сам Господь обещал: «Все, что дает Мне Отец, ко Мне придет; и приходящего ко Мне не изгоню вон» (Ин. 6:37).

Благодаря возрождению, которое производит Дух, грешник обретает новое сердце (Иез. 36:26-27), теперь он способен на подлинную любовь к Богу и искреннее послушание Христу (ср. Ин. 14:15). Результат такого возрождения обязательно проявится в измененной жизни – плоде истинного покаяния (Мф. 3:8) и плоде Духа, который есть: «любовь, радость, мир, долготерпение, благость, милосердие, вера, кротость, воздержание» (Гал. 5:22-23). Дух трудится через Слово. В Иак. 1:18 о Боге сказано следующее: «Восхотев, родил Он нас словом истины, чтобы нам быть некоторым начатком Его созданий». В момент спасения Бог достигает наших сердец Своим Словом и оживотворяет нас, чтобы мы стали теперь новыми творениями во Христе.

Возрождение – это преображение природы человека, который получает новую жизнь, очищается и по своему положению навсегда отделяется греха (см. 2Фес. 2:13). Те, кто раньше находились во плоти, теперь находяться в Духе (Рим. 8:5-11). Они были мертвы по преступлениям своим, но ожили тем самым Духом, который воскресил из мертвых Христа Иисуса (ст. 10; ср. 6:11). Дух жизни сошел на них, наделяя их способностью противостоять искушениям и жить в праведности. Вот, что значит быть «рожденным от Духа» (Ин. 3:8).

СВЯТОЙ ДУХ ДАЕТ ГРЕШНИКАМ ПОКАЯНИЕ

Для человека, сердца которого не коснулся Дух, невозможны ни вера, ни покаяние. Но в момент возрождения Святой Дух дает дар покаяния и веры грешникам, Он пробуждает в них спасительную веру во Христа и отвращает их от греха. В результате происходит глубокое преображение личности.

Яркий пример такого опыта мы находим в Деян. 11:15-18, где Петр рассказывает об обращении Корнилия другим апостолам в Иерусалиме:

> Когда же начал я говорить, сошел на них Дух Святой, как и на нас вначале. Тогда вспомнил я слово Господа, как Он говорил: «Иоанн крестил водою, а вы будете крещены Духом Святым». Итак, если Бог дал им такой же дар, как и нам, уверовавшим в Господа Иисуса Христа, то кто же я, чтобы мог воспрепятствовать Богу? Выслушав это, они успокоились и прославили Бога, говоря: видно, и язычникам дал Бог покаяние в жизнь.

Для Петра и остальных апостолов неоспоримым свидетельством сошествия Духа на Корнилия и его домочадцев было то, что они покаялись. Они признали себя грешниками; их сердца были возрождены; их глаза узрели истину в проповеди Петра; и им был дан дар покаянной веры (ср. Еф. 2:8; 2Тим. 2:25) – все это работа Святого Духа.

Восьмая глава Послания к Римлянам – кладезь библейских откровений о служении Святого Духа в жизни верующего. Эта глава начинается с глубоких истин о спасении: «Итак, нет ныне никакого осуждения тем, которые во Христе Иисусе, потому что закон духа жизни во Христе Иисусе освободил меня от закона греха и смерти». Большинство верующих знают эти стихи наизусть; но сколько из них понимают роль Святого Духа в деле спасения? Дух жизни освобождает искупленных от закона греха и смерти, обращая рабов греха в поклонников праведности.

В Рим. 8:3-4 Павел говорит, что Святой Дух не только освобождает верующих от власти греха, но и позволяет им жить богоугодной жизнью. В результате они могут принести плод покаяния (Мф. 3:8) и плод Духа (Гал. 5:21-22). В следующей главе мы поговорим подробнее о роли Святого Духа в нашем освящении. Здесь важно подчеркнуть роль Духа в спасении: Он возрождает людей, дает им осознание греха, способность к покаянию и веру в Евангелие.

СВЯТОЙ ДУХ И ОБЩЕНИЕ С БОГОМ

В Ин. 17:3 Господь Иисус определяет вечную жизнь следующим образом: «Сия же есть жизнь вечная, да знают Тебя, единого истинного Бога, и посланного Тобою Иисуса Христа». Общение с Богом через Христа – это суть спасения; и именно Святой Дух позволяет верующим наслаждаться этой сокровенной общностью.

В Кол. 1:13-14 Павел говорит о Боге Отце «избавившем нас от власти тьмы и введшем в Царство возлюбленного Сына Своего, в Котором мы имеем искупление Кровию Его и прощение грехов». Павел развивает эту мысль в Рим. 8:14-17, где он использует метафору семьи, а не царства: «Ибо все, водимые Духом Божиим, суть сыны Божии. Потому что вы не приняли духа рабства, чтобы опять жить в страхе, но приняли Духа усыновления, Которым взываем: "Авва, Отче!" Сей самый Дух свидетельствует духу нашему, что мы – дети Божии. А если дети, то и наследники, наследники Божии, сонаследники же Христу, если только с Ним страдаем, чтобы с Ним и прославиться».

Таким образом, мы не только граждане нового Царства (Флп. 3:20), но и члены новой семьи! Благодаря Духу усыновления мы получили невероятную привилегию стать частью Божьей семьи. Мы можем обратиться к всемогущему Создателю Вселенной, называя его ласково

«Авва», или «Папочка». Дух освобождает нас от смятения и страха, что было естественным для грешника, который приближается к Богу. Как маленькие дети, мы радуемся присутствию Всемогущего и с удовольствием общаемся с нашим Отцом.

Любовь Божья изливается Духом в сердца рожденных свыше. Они тянутся к Богу, а не испытывают страх перед Ним. Они подолгу общаются с Ним, размышляя над Его Словом и разговаривая с Ним в молитве. Они без стеснения приносят к Его ногам свои тревоги и без страха исповедуют свои грехи, зная, что по благодати Божьей они имеют доступ к Нему. Таким образом, Дух позволяет верующим наслаждаться общением с Богом, не страшась Его суда или гнева (1Ин. 4:18). Потому христиане могут без страха петь гимны о Божьей святости и славе, зная, что они усыновлены Самим Богом.

Святой Дух также дарует верующим радость общения с другими верующими. Каждое дитя Божье крестится Духом в Тело Христово в момент спасения (1Кор. 12:13). И именно в этом церковном Теле Дух суверенно дарит каждому верующему все необходимое для служения другим (ст. 7). В то время как необычные дары (такие как пророчество, языки и исцеление) были ограничены апостольским веком церковной истории, Дух по-прежнему дает Своему народу учение и служение дарами для созидания Церкви (ср. Рим. 12:3-8; 1Кор. 12-14). Насыщенное близкое общение в Церкви возможно только благодаря глубокому общению, которое верующие разделяют в Господе Иисусе Христе. Святой Дух дает возможность тем, кто любит общение с Богом, наслаждаться «единством Духа» друг с другом (Еф. 4:3).

СВЯТОЙ ДУХ ОБИТАЕТ В ВЕРУЮЩЕМ

Даруя спасение, Святой Дух не только возрождает грешника и дарует спасительную веру, Он также постоянно пребывает в жизни этого обновленного человека. Апостол Павел говорит об этом так в Рим. 8:9: «Но вы не во плоти, а в Духе, *если только Дух Божий живет в вас. Если же кто Духа Христова не имеет, тот и не Его*». Чудесным и непостижимым образом Дух Божий обретает Себе жилище в жизни каждого человека, который уверовал в Иисуса Христа.

Жизнь в Иисусе Христе становится другой от того, что в ней присутствует Дух Божий. Он дает силу и дары, необходимые для служения. Святой Дух – наш Утешитель и Помощник. Он защищает, укрепляет и поддерживает нас. По сути, решающее доказательство истинного спасения заключается в постоянном присутствии Духа Божьего – в результате верующие живут не по плоти, а по Духу (ср. Гал. 5:19-22).

В 1Кор. 3:16 Павел спрашивает коринфян: «Разве не знаете, что вы – храм Божий, и Дух Божий живет в вас?» Через несколько глав, в наставлении избегать сексуальной распущенности, он снова напомнил им об этом: «Не знаете ли, что тела ваши суть храм живущего в вас Святого Духа, Которого имеете вы от Бога, и вы не свои? Ибо вы куплены дорогою ценою. Посему прославляйте Бога и в телах ваших и в душах ваших, которые суть Божии» (1Кор. 6:19-20). Постоянное присутствие Духа в корне меняет жизни людей (см. 1Кор. 12:13).

Важно подчеркнуть, что не существует поистине верующих людей без Святого Духа. Это страшное заблуждение – пропагандируемое многими пятидесятниками – утверждать, что человек может каким-то образом спастись, но не получить Святого Духа. Без Духа человек – не более, чем жалкий грешник. Павел напоминает нам в Рим. 8:9: «Если же кто Духа Христова не имеет, тот и не Его». Другими словами, те, кто не живут Святым Духом, не принадлежат Христу. Подлинные верующие – люди, в которых обитает Святой Дух – они думают, говорят и действуют по-другому. Их жизнь больше не характеризуется любовью к миру, напротив, они любят то, что угодно Богу. Такое преображение свидетельствует о силе Духа в жизни тех, в ком Он пребывает.

СВЯТОЙ ДУХ ЗАПЕЧАТЛЕВАЕТ СПАСЕНИЕ НАВСЕГДА

Библия ясно учит, что грешники, которые искуплены, никогда не потеряют своего спасения. В Рим. 8:30 Павел говорит: все, кого оправдывает Бог, прославятся вместе с Ним. Как сказал Сам Господь Иисус: «Овцы Мои слушаются голоса Моего, и Я знаю их; и они идут за Мною. И Я даю им жизнь вечную, и не погибнут вовек; и никто не похитит их из руки Моей. Отец Мой, Который дал Мне их, больше всех; и никто не может похитить их из руки Отца Моего» (Ин. 10:27-29).

Апостол Павел повторил эту великую истину в конце восьмой главы Послания к Римлянам: «Ибо я уверен, что ни смерть, ни жизнь, ни Ангелы, ни Начала, ни Силы, ни настоящее, ни будущее, ни высота, ни глубина, ни другая какая тварь не может отлучить нас от любви Божией во Христе Иисусе, Господе нашем» (ст. 38-39). Никакой человек и никакая сила не могут разорвать нашу связь с Богом.

Сам Святой Дух служит залогом нашего спасения. Как сказал Павел в Послании к Ефесянам: «В Нем и вы, услышав слово истины, благовествование вашего спасения, и уверовав в Него, запечатлены обетованным Святым Духом, Который есть залог наследия нашего, для искупления удела Его, в похвалу славы Его» (Еф. 1:13-14). Верующие запечатлеваются Святым Духом до дня искупления. Он сберегает их для вечной славы.

Запечатление, о котором говорит Павел, означает официальную печать, которая удостоверяла личность и ставилась в письме, договоре или любом другом официальном документе. Как правило, на документ капали горячий воск, после чего автор письма прижимал к нему свое кольцо с оттиском. Таким образом, печать официально заверяла власть человека, которому принадлежал этот знак.

Римская печать свидетельствовала о подлинности, безопасности, собственности и власти. Запечатление Духом Божьим представляет те же реалии в жизни Его детей. Получившие Святого Духа могут быть уверены в следующем: они действительно спасены (подлинность), и они никогда не потеряют своего спасения (безопасность). Более того, присутствие Духа в них свидетельствует о господстве Бога в их жизни (собственность). Под руководством Духа они живут в покорном послушании Христу (власть). Все это включает запечатление Духом.

Дух не только свидетельствует о том, что верующие – дети Божьи (Рим. 8:16), Он также гарантирует, что они никогда не покинут семью Божью. Более того, Он гарантирует им в будущем воскресении и вечную жизнь. Как говорит Павел в Рим. 8:11: «Если же Дух Того, Кто воскресил из мертвых Иисуса, живет в вас, то Воскресивший Христа из мертвых оживит и ваши смертные тела Духом Своим, живущим в вас».

К сожалению, многие харизматические группы полностью игнорируют истинное служение Святого Духа. Вместо того чтобы наслаждаться безопасностью в Духе, они учат, что верующие могут потерять свое спасение. В результате они живут в постоянном страхе перед неопределенным будущим и бесславят Святого Духа, который защищает верующих.

Какую радость и свободу мы обретаем в откровении об истинном служении Духа, который запечатлевает всех, кто принадлежит Ему! В конце концов, мы все однажды умрем. Но день нашей смерти окажется лучше дня нашего рождения, потому что после смерти мы пробудимся в славное присутствие Христа (ср. 2Кор. 5:8). И в день воскресения Святой Дух воскресит верующих из мертвых, даруя им новые, прославленные тела, которые будут жить вечно на новой земле (2Пет. 3:13; Откр. 21:1,22-27).

ВОЗРАДУЕМСЯ СПАСИТЕЛЬНОЙ РАБОТЕ ДУХА

Святой Дух участвует во всех аспектах спасения – от оправдания (1Кор. 6:11) до освящения (Гал. 5:18-23) и прославления (Рим. 8:11). Тем не менее, Библия особенно подчеркивает Его участие в обличении, возрождении, преобразовании, усыновлении, пребывании и защите.[6]

---

[6] Один комментатор объяснил участие Триединого Бога в спасении следующим образом: «В нашем спасении участвуют все три личности Божества (Еф. 1:3-14; 1Пет. 1:2). Вы

Мы искуплены Богом, и нашим правильным откликом на чудо спасения должно быть благоговейное поклонение – прославление всей Троицы за участие в славном деле искупления. Мы поклоняемся Отцу, величая Его любовь и предопределение нас ко спасению от создания мира. Мы поклоняемся Сыну, прославляя Его совершенную жертву, с помощью которой падшие мужчины и женщины могут примириться с Богом. И в равной степени мы поклоняемся Святому Духу, почитая Его роль в спасении грешников – животворить мертвые сердца и открывать глаза духовно слепым.

Как однажды красноречиво отметил пуританин Томас Гудвин:

> Общение человека... иногда с Отцом, иногда с Сыном и иногда со Святым Духом; сердце возрожденного грешника наполняется благодарностью к Отцу за избрание, любовью ко Христу за искупление, потоками славословий Святого Духа, который проникает в глубины Божии и открывает их нам, переживая вместе с нами все наши тяготы; и человек четко видит роль каждой личности Троицы в спасении. [Уверенность] не является знанием, чем-то вроде аргумента или логического заключения – если один любит меня, значит, и другой любит меня – это скорее интуитивное знание, если можно так выразиться, у нас никогда не было бы этой уверенности, если бы все три личности не сошли к нам, не жили вместе с нами... мы словно сидим среди них, в то время как все три проявляют свою любовь к нам.[7]

Хотя Гудвин жил в семнадцатом веке, его слова по-прежнему актуальны. Верующие должны понимать деятельность каждого лица Троицы, чтобы поклоняться Богу во всей полноте. Какие замечательные слова: «У нас никогда не было бы этой уверенности, если бы все три личности не сошли к нам». Как прекрасно эти слова описывают эту возвышенную истину – мы «словно сидим среди них» и размышляем, изумляясь непостижимой любви к нам Отца, Сына и Святого Духа. Такие славные размышления – суть истинного поклонения.

Излишне говорить, что такие размышления значительно превосходят любые бессмысленные состояния транса у харизматов. И те, и другие могут вызвать эмоциональный отклик, но только первые основаны на истине. Истинное поклонение происходит в Духе и истине (Ин. 4:23), в противном случае это будет богохульной подделкой.

не можете быть спасены без избрания Отца, жертвы Сына и служения осуждения и возрождения Духа» (Warren Wiersbe, *The Wiersbe Bible Commentary: New Testament* [Colorado Springs: David C. Cook, 2007], 460).

[7] Thomas Goodwin, The Works of Thomas Goodwin, vol. 8, The Object and Acts of Justifying Faith (Edinburgh: James Nichol, 1864), 378–79.

10

СВЯТОЙ ДУХ И ОСВЯЩЕНИЕ

Что значит быть исполненным Духом? Чем характеризуется исполненная Духом христианская жизнь? В этой главе мы попытаемся ответить на эти вопросы с помощью Слова Божьего. Но сначала рассмотрим ответы харизматов на них.

Харизматы считают, что они чуть ли не единственные, кто имеет право называться «христианами, исполненными Духом», что для них в первую очередь выражается в экстатических переживаниях. Большинство традиционных пятидесятников больше видят проявления Духа в современных языках. По словам одного пятидесятнического автора: «Когда мы исполнены Духом, этот дар проявляется внешне в виде говорения на языках».[1] Однако, как мы видели в седьмой главе, современный «дар» языков – это бестолковая подделка, которая не имеет ничего общего с новозаветным даром языков.

Конечно, говорение на языках – это не единственный признак исполнения Духом в харизматическом учении, и даже не самый яркий. Гораздо более ошеломляющий – «покой в Духе» или «поражение под воздействием силы Духа», явление, которое чаще называют «сокрушением в Духе». Те, кто *сокрушен*, чаще всего впадают в состояние транса, падая на пол, как мертвые. В других случаях «настигнутые Духом» бесконтрольно смеются, лают, как дворовые собаки, чудаковато подергиваются и ведут себя словно пьяные.[2] Никакое поведение не кажется слишком странным, чтобы не приписать его «сокрушающей» силе Святого Духа.

Убежденные в том, что это результат исполнения Духом, харизматы только приветствуют практику «сокрушенности в Духе». Харизматическая литература изобилует подобными примерами, где они представлены исключительно в положительном свете. Вот типичный пример:

> Мы просили Святого Духа прийти и наполнить его снова. Это произошло неожиданно. Джеймс упал на пол, катясь, он плакал, обхватив свое лицо руками.

---

[1] Mahesh Chavda, *Hidden Power of Speaking in Tongues* (Shippensburg, PA: Destiny Image, 2011), 44.

[2] Meredith B. McGuire, *Lived Religion* (Oxford: Oxford University Press, 2008), 253, n. 63. Макгуаир говорит, что «благословение Торонто» 1990-х годов несло «мощный и прямой опыт благословения Святого Духа в виде "даров Духа", таких как истерический смех, тряска, говорение на языках, танцы, "сокрушение в Духе", и часто сопровождалось глубоким чувством внутреннего исцеления или преображения».

Святой Дух сошел на него в могучем потоке силы, наполняя его собственной славой. Джеймс смеялся… плакал… Его лицо светилось от славы, и его тело сотрясалось под воздействием силы Божьей. И когда он наконец встал на ноги, он, подобно ученикам в день Пятидесятницы, был опьянен Святым Духом.[3]

Другие рассказы такие же красочные. Рядовой пятидесятник с энтузиазмом рассказывает, как он – под предполагаемым воздействием Духа – упал на спину, бормоча экстатическую речь, он покатился под церковными лавочками пока в конечном итоге не оказался в фойе.[4] Католический харизмат-целитель утверждает, что на одном из его собраний слепая женщина была сокрушена в Духе вместе со своей собакой-поводырем![5] Харизматическая пророчица помнит, как лежала на полу церковного собрания, смущенная своим безудержным смехом, после того, как ее зацепила «взрывная волна» силы Святого Духа.[6] Один пастор Третьей Волны рассказывает, как на одном из богослужений более ста человек просто неожиданно упали. Он писал: «Когда стали подходить люди на второе служение, они не могли поверить своим глазам. Тела, сокрушенные Богом, были разбросаны по полу. Одни смеялись, другие тряслись в конвульсиях».[7]

Бенни Хинн, на чьих служениях исцеления часто происходят такие «сокрушения», рассказывает похожие истории. Размышляя о своем трехдневном мероприятии в Южной Америке, Хинн писал: «В середине моей проповеди я почувствовал, как снизошла сила Святого Духа. Я почувствовал Его присутствие, остановил проповедь и сказал людям: "Он здесь!" Служители на подиуме и люди в аудитории почувствовали то же самое – это было подобно порыву ветра, который ворвался и закружился внутри церкви. Люди вскочили на ноги в едином взрыве хвалы. Но они не смогли простоять долго. У людей стали подкашиваться ноги, и они начали падать на пол от силы Святого Духа. Они были "сражены" Духом».[8] О другом собрании Хинн писал: «В тот вечер в центре собрались сотни людей. После короткого выступления Дух повел меня вызвать людей вперед. Сначала вышли шесть огромных, рослых голландцев. Они нависли горой надо мной. Я помолился и – бум, они все упали на пол!».[9]

Падения на пол, безудержный смех, бессмысленные бормотания и пьяное поведение – это и есть исполнение Духом? А еще есть рассказы о людях, которые стояли замертво, как статуи в течение нескольких дней,

[3] Sandy Davis Kirk, *The Pierced Generation* (Chambersburg, PA: eGen, 2013), 63.

[4] William Elwood Davis, *Christian Worship* (Bloomington, IN: AuthorHouse, 2004), 99–100.

[5] Frank Sizer, *Into His Presence* (Shippensburg, PA: Destiny Image, 2007), 102.

[6] Patricia King, "Encountering the Heavenly Realm," in *Powerful Encounters* (Maricopa, AZ: XP, 2011), 116.

[7] Wesley Campbell, *Welcoming a Visitation of the Holy Spirit* (Lake Mary, FL: Charisma House, 1996), 24.

[8] Benny Hinn, *Good Morning, Holy Spirit* (Nashville: Thomas Nelson, 1990), 103.

[9] Benny Hinn, *He Touched Me* (Nashville: Thomas Nelson, 1999), 83.

а также тех, кто парил в воздухе в церкви в силе Духа?[10] Хотя харизматы связывают такое гипнотическое поведение со Святым Духом, на самом деле оно не имеет ничего общего с Ним. Писание наполнено предупреждениями о ложных знамениях и чудесах.

Иисус говорил: «Ибо восстанут лжехристы и лжепророки, и дадут великие знамения и чудеса, чтобы прельстить, если возможно, и избранных. Вот, Я наперед сказал вам» (Мф. 24:24-25; ср. 7:22; Мк. 13:22; 2Фес. 2:7-9; Откр. 13:13-14). Иисус, очевидно, ожидал, что мы будем серьезно относиться к этим предупреждениям и не будем легковерными, к чему намеренно подталкивают Бенни Хинн и другие харизматические чудотворцы.

Как мы видели, современные харизматические версии пророчеств, языков и исцелений – это подделки истинных библейских даров. Но быть «сокрушенным в Духе» – это современное харизматическое новшество. Об этом нигде не упоминается в Библии; такому опыту нет библейского прецедента. Это современное явление стало таким распространенным и популярным, что сегодня рядовой харизмат воспринимает его как нечто само собой разумеющееся, предполагая, что у него должна быть библейская и историческая подоплека. Однако это явление не только полностью отсутствует в библейском повествовании о ранней Церкви, оно также не имеет ничего общего со Святым Духом.

Харизматы иногда пытаются защитить эту практику, указывая на места в Писании, где люди падали перед Господом (например, толпа, которая пришла арестовать Иисуса, Ин. 18; Павел по дороге в Дамаск, Деян. 9:4; Иоанн, когда увидел воскресшего Христа, Откр. 1:17). Но эти примеры не имеют никакого отношения к современному феномену «сокрушения в Духе».[11] Даже про-харизматический Словарь пятидесятнических и харизматических движений признает это: «Целый батальон текстов Писания приводят в доказательство законности этого феномена, однако Библия явно не говорит о том, что его можно ожидать в обычной христианской жизни».[12]

Рассмотрение предполагаемых текстов-доказательств – отрывков, в которых человек или группа людей падают в присутствии Божьей славы, – вскрывает по меньшей мере три существенных отличия между библейскими инцидентами и современным явлением. Во-первых, в Библии люди падают

---

[10] Kenneth Hagin, "Why Do People Fall Under the Power?" (Tulsa: Faith Library, 1983), 4–5, 9–10. Хейгин рассказывает истории о женщине, которая стояла как статуя в течение трех дней, а также о другой женщине, которая левитировала над сценой. Подробнее об этих историях см. седьмую главу моей книги «Харизматический хаос» (Grand Rapids: Zondervan, 1992).

[11] Как говорит Рон Роудс: «Многие, кто верит в это явление, любят ссылаться на определенные отрывки, такие как Быт. 15:12-21; Чис. 24:4; 1Цар. 19:20 и Мф. 17:6. Но в каждом случае они вкладывают в них свой смысл» (Ron Rhodes, *5-Minute Apologetics for Today* [Eugene, OR: Harvest House, 2010], 222).

[12] *Dictionary of Pentecostal and Charismatic Movements* (Grand Rapids: Zondervan, 1988), 790. Cited in Hank Hanegraaf, *The Bible Answer Book* (Nashville: Thomas Nelson, 2004), 82.

в присутствии Божьей славы без посредников, в отличие от современных харизматических служений. Перед Богом (Быт. 17:3; 1Цар. 8:10-11), Господом Иисусом Христом (Мф. 17:6; Деян. 26:14) или иногда ангелом (Дан. 8:17; 10:8-11), который представал перед людьми, облеченный небесной славой.[13]

Во-вторых, такие падения происходили не часто. В Новом Завете, помимо нескольких апостолов (которые пали на лицах в благоговейном поклонении) (см. Мф. 17:6; Откр. 1:17), только неверующие пали пред славой Христа (Ин. 18:1-11; ср. Деян. 9:4). Такие падения никогда не представлены в Писании как повседневный опыт верующих. Кроме того, описания этих падений имеют очень мало общего с харизматическим состоянием «сокрушенности в Духе».

В-третьих, возможно, самое важное – в Новом Завете исполненная Духом жизнь включает самообладание (Гал. 5:22-23; 1Кор. 14:32), рассудительность (1Пет. 1:13; 5:8) и содействие порядку в церкви (1Кор. 14:40). Очевидно, что картина с телами, валяющиеся на полу в конвульсиях, далека от описания истинного новозаветного поклонения, а скорее служит его противоположностью.

В современном харизматическом движении духовность определяется терминами и поведением в обход всякой рациональности – поэтому судороги, гипноз и истерия представляются истинной работой Духа. Но это не Божье дело. Нет библейского прецедента для современного «сокрушения в Духе» – разве что Анания и Сапфира, которые буквально были поражены Духом за преднамеренный обман (Деян. 5:5,10).

На самом деле оцепенение, характеризующее этот современный харизматический феномен, отражает скорее языческие практики, чем христианские.[14] Подобные опыты легко можно увидеть в различных ложных религиях и культах. Хэнк Ханеграафф по этому вопросу писал:

---

[13] Можно было бы добавить, что в тех местах, где подробно говорится о падении, отмечено, что люди падали в присутствии Божьей славы на свои лица (Нав. 5:14; Чис. 22:31; Суд. 13:20; Иез. 1:28; 3:23; 43:3; 44:4). Они не падали на спину, поэтому не было необходимости, чтобы сзади кто-то стоял и ловил их. Единственным исключением из этого могут быть солдаты, которые арестовали Иисуса в Ин. 18:6. Но это были неверующие в ходе совершения ужасного преступления; их падение на землю вряд ли может служить примером для христиан.

[14] Харизматы часто обращают внимание на различные физические проявления во время великого пробуждения как прецедент для своей современной практики. Эрвин Люцер говорит об этом следующее: «Но разве в прошлом, во время духовных пробуждений, не было случаев, чтобы люди были "сокрушены в Духе"? Данные, которые дошли до нас со времен Джонатана Эдвардса и Джона Уэсли, нередко используются для того, чтобы оправдать современный феномен, который мы так часто наблюдаем по телевидению. Да, мы видим самого разного рода "проявления", но надо помнить, что 1) многие "упали" под воздействием сильного обличения в грехе; 2) сами же организаторы пробуждения не просто разочаровались в такой практике, но и убедились, что такие явления отвлекают от самой проповеди Благой вести; 3) подобные явления происходили не благодаря тому, что проповедник давал им духовную силу; наконец, 4) никогда такие проявления еще не пробуждали в других людях желание пережить то же самое» (Erwin W. Lutzer, *Who Are You to Judge?* [Chicago: Moody, 2002], 101–2).

Феномен «сокрушения в духе» имеет гораздо больше общего с оккультизмом, чем с библейским мировоззрением. Известный популяризатор «сокрушения в духе» Фрэнсис Макнатт откровенно признается в своей книге «Покоренные Духом», что этот феномен внешне похож на «обряды вуду и другие магические культы», которые «распространены сегодня среди разных сект на Востоке, а также среди примитивных племен Африки и Латинской Америки».[15]

Рассуждая об одержимости бесами в племенной Африке, миссиолог Ричард Дж. Гехман писал: «Одержимый проявляет необычайную силу, меняется личность, человек попадает под полный контроль духа или духов. Их состояние напоминает о харизматическом "сокрушении в Духе". Через гипноз они впадают в транс и испытывают невыразимое чувство радости».[16]

Есть нечто общее и с мормонами. Никто иной, как их основатель Джозеф Смит, лично испытал это явление. Роб и Кети Дацко описывают это так: «"Сокрушение в Духе" – это опыт Джозефа Смита, описанный в JS-H [История Джозефа Смита] 1:20: "Когда я пришел в себя, я лежал на спине, глядя в небеса. Когда свет исчез, у меня какое-то время не было сил, но вскоре я поднялся и пошел домой"».[17] Далее они продолжают: «В книге Мормона есть множество случаев, когда люди были сокрушены в Духе... Поэтому опыт сокрушенности в Духе не является чем-то исключительным для [харизматического христианства], но также записан как в писаниях, так и в истории мормонов».[18] Такие параллели свидетельствуют о серьезной духовной опасности этого харизматического опыта.

Отсюда вполне закономерный вопрос: если не Святой Дух стоит за этим опытом, то кто тогда? Вероятно, в большинстве случаев «сокрушение в Духе» – это результат психологических манипуляций, вызванных эмоциональными ожиданиями, давлением сверстников, групповой динамикой и другими методами, используемыми целителями верой и харизматическими лидерами. Но может быть и более зловещее объяснение этому явлению. Христианский апологет Рон Роудс предупреждает: «В этом опыте могут принимать участие силы тьмы (2Фес. 2:9). Некоторые люди, связанные с восточными религиями, утверждают, что могут отключить разум людей, просто прикоснувшись к ним».[19]

Даже некоторые харизматы критикуют практику «сокрушения в Духе». Говоря о популярности этого явления на служениях целителей

---

[15] Hanegraaff, The Bible Answer Book, 83.

[16] Richard J. Gehman, *African Traditional Religion in Biblical Perspective* (Nairobi, Kenya: East African Educational Publishers, 2005), 302.

[17] Rob Datsko and Kathy Datsko, Building Bridges Between Spirit-Filled Christians and Latter-Day Saints (Sudbury, MA: eBookit!, 2011), 82.

[18] Там же, 83.

[19] Rhodes, 5-Minute Apologetics for Today, 222.

верой, Майкл Браун выражает серьезные опасения по этому поводу: «Что-то здесь не так. *Большинство падающих людей больны ... и остаются больными после того, как поднимаются на ноги. Хотя страдающие люди падают и трясутся, они не выздоравливают. Помазание – или, по крайней мере, то, что мы так называем, – было достаточно сильным, чтобы сбить их с ног, но недостаточно сильным, чтобы исцелить их. Они испытали глубокое внутреннее возбуждение и трепет, однако здоровье не вернулось. Божья ли это сила?».[20] Для нас это риторический вопрос.

Критика редактора журнала «Харизма» Дж. Ли Грэйди еще более беспощадная:

> Это явление часто подделывают. И нам следует отнестись к этому очень серьезно... Мы никогда не должны использовать помазание для манипулирования толпой. Мы никогда не должны подделывать Божью силу, чтобы заставить других чувствовать наше помазание. Когда мы это делаем, мы берем что-то святое и делаем его обыденным и тривиальным. И в результате священный огонь становится «чуждым огнем», который не имеет силы освящать.
>
> Этот чуждый огонь распространяется сегодня. В некоторых харизматических церквах люди выходят на сцену и бросают мнимые «языки пламени помазания» друг на друга, а затем падают, делая вид, что сражены божественной силой. Один молодой путешествующий проповедник побуждал людей делать себе воображаемые инъекции, чтобы быть под кайфом, когда они приходят к Иисусу. Он сравнивал исполнение Духом с употреблением кокаина; он приставлял пластиковую фигурку из яслей к своему рту и призывал людей «курить младенца Иисуса», вдыхая «Иегохуану». Такая профанация – это очень серьезно. Это употребление имени Господа всуе.
>
> Я был на богослужениях, где женщины лежали на полу, широко раздвинув ноги. Они громко стонали и заявляли, что молятся и «рожают в Духе», якобы Бог побудил их к такому непристойному поведению в общественном месте.
>
> Да поможет нам Бог! Мы превратили священный огонь Божий в цирковое представление – и наивные христиане позволили себя обмануть, не понимая, что такие махинации *на самом деле* – богохульство.[21]

Если такие причудливые выходки – это насмешка над истинной силой и Святым Духом, то что тогда *на самом деле* означает быть исполненным Духом? На следующих страницах мы попытаемся ответить на этот вопрос, рассматривая роль Духа в освящении Его святых и преображении их в образ Спасителя.

---

[20] Michael Brown, *Whatever Happened to the Power of God?* (Shippensburg, PA: Destiny Image, 2012), 69.

[21] J. Lee Grady, *The Holy Spirit Is Not for Sale* (Grand Rapids: Chosen Books, 2010), 47–48.

ИСПОЛНЕНИЕ ДУХОМ

Главный Новозаветный отрывок об исполнении Духом – Еф. 5:18, где Павел писал: «И не упивайтесь вином, от которого бывает распутство; но исполняйтесь Духом». В отличие от пьянства, которое проявляется в иррациональном и неконтролируемом поведении, исполненные Духом осмысленно подчиняют себя Его влиянию.

Примечательно, что повеление «исполняйтесь» стоит в настоящем времени, указывая на постоянный опыт в жизни каждого христианина. Как мы уже видели, все верующие крещены (1Кор. 12:13; Гал. 3:27), живут (Рим. 8:9) и запечатлены (Еф.1: 13) Святым Духом в момент спасения.[22] Это происходит один раз. Но если верующие хотят возрастать в подобии Христу, они должны постоянно исполняться Духом, позволяя Ему руководить всеми сферами жизни, чтобы все, что они думают, говорят и делают, отражало Его божественное присутствие.

Книга Деяний содержит несколько иллюстраций «исполнения Духом» как повторяющегося опыта.[23] Хотя Дух в виде огненного языка сошел и на Петра в день Пятидесятницы, он снова был исполнен Духа в Деян. 4:8, когда мужественно проповедовал перед синедрионом. Многие из тех, на кого сошел Дух в Деян. 2, были снова исполнены Им в Деян. 4:31, и в этот момент они «говорили слово Божие с дерзновением». В Деян. 6:5 Стефан описывается как человек, «исполненный веры и Духа Святого». В Деян. 7:55 он снова был «исполнен Святого Духа», когда защищался перед разгневанными религиозными лидерами.

Апостол Павел был исполнен Дух (Деян. 9:17) вскоре после своего обращения, а после снова (Деян. 13:9), когда смело противостоял лжепророку Елиме. По мере того, как апостолы исполнялись Святого Духа, они вместе со своими сотрудниками могли назидать верующих в церкви

---

[22] Как я уже писал в другой своей книге: «В Новом Завете есть семь упоминаний о крещении Святым Духом. При этом важно отметить, что все они даются в изъявительном, а не в повелительном наклонении, и ни одно не носит призывного характера... Главное, что должен понять каждый верующий – это то, что ап. Павел никогда не давал повеления: "Будьте крещены Духом". Верующие уже были крещены Духом Святым в Тело Христово, о чем ап. Павел ясно сказал в 1Кор. 12:13. Не может быть повторного действия благодати. Нет какого-то дополнительного переживания» (John MacArthur, *The Charismatics* [Grand Rapids: Lamplighter, 1978], 189, 191).

[23] Важно помнить, что библейское повествование не всегда является нормативным. Так, рассказы о чудесах в Евангелиях и Деяниях следует рассматривать как описательные, а не предписывающие, то есть они запечатлевают уникальную историю происходящего в первом столетии и не предназначены для повторения в последующих поколениях верующих (Как мы видели в шестой главе, уже само наличие апостолов в Церкви было уникальной особенностью, которая была ограничена первым столетием). Однако новозаветные послания наставляют нас исполняться Духом. И в Послании к Ефесянам апостол Павел описывает, как это будет проявляться в нашей жизни.

(ср. Деян. 11:22-24) и бесстрашно провозглашать Евангелие перед лицом жестоких преследований (см. Деян. 13:52).

Если мы обратимся к новозаветным посланиям, где верующим даются различные наставления о жизни Церкви, мы обнаружим, что исполнение Духом проявляется не в восторженных эмоциональных переживаниях, а в плодах Духа. Другими словами, христиане, исполненные Духом, проявляют плод Духа, который Павел описывает как «любовь, радость, мир, долготерпение, благость, милосердие, вера, кротость, воздержание» (Гал. 5:22-23). Они «водимы Духом Божиим» (Рим. 8:14), иными словами, их поведение отражает не плотские желания, а освящающую силу Святого Духа. Павел в Рим. 8:5-9 говорит следующее:

> Ибо живущие по плоти о плотском помышляют, а живущие по духу — о духовном. Помышления плотские суть смерть, а помышления духовные — жизнь и мир, потому что плотские помышления суть вражда против Бога; ибо закону Божию не покоряются, да и не могут. Посему живущие по плоти Богу угодить не могут. Но вы не по плоти живете, а по духу, если только Дух Божий живет в вас. Если же кто Духа Христова не имеет, тот и не Его.

Апостол говорит: те, кто исполнен Духом, хотят угодить Богу, стремясь к святости в повседневной жизни (см. 2Кор. 3:18; 2Пет. 3:18).

Ирония заключается в том, что видные лидеры движения, претендующего на «исполнение Духом», известны своими сексуальными скандалами, финансовой нечистоплотностью и показушной мирской жизнью. Как мы уже говорили в четвертой главе, харизматические служители регулярно оказываются замешаны в каком-то скандале. Несмотря на «сокрушения в Духе» или «говорение на языках» их плод раскрывает истинную природу их сердец. Люди, в чьей жизни явлены дела плоти (Гал. 5:19-21), не исполнены Духом – независимо от количества падений на спину под воздействием «Духа».

После призыва исполняться Духом в Еф. 5:18 Павел далее приводит конкретные примеры того, как это выглядит. Исполненные Духом прославляют Господа в радостной хвале (5:19) с сердцами, полными благодарения (5:20), самоотверженно служа ближним (5:21). Состоящие в браке чтят Господа своим союзом (5:22-33); воспитывающие детей – своим терпеливым поведением свидетельствуют о силе Евангелия (6:1-4); работники делают все ответственно, как для Бога (6:5-8); начальствующие относятся к своим подчиненным с доброжелательностью и справедливостью (6:9). Вот что значит быть христианином, исполненным Духом. Его влияние в нашей жизни делает нас праведными в отношениях с Богом и людьми.

В Кол. 3:16-4:1, параллельном отрывке к Еф. 5:18-6:9, Павел говорит: когда «слово Христово вселяется обильно» в верующих, они будут славить Господа духовными гимнами и песнопениями. Они будут делать все во имя Господа Иисуса, «благодаря через Него Бога Отца». Жены будут покорны своим мужьям, а мужья будут любить своих жен. Дети будут повиноваться родителям, а родители не будут раздражать своих детей. Слуги будут усердно работать на своих хозяев, а те ответят им честным и справедливым отношением.

Сравнение Кол. 3:16 с Еф. 5:18 показывает неразрывную связь этих двух отрывков – так как плод, производимый в каждом случае, один и тот же. Таким образом, мы видим, что отклик на призыв исполняться Духом не связан с эмоциональным возбуждением или мистическими переживаниями. Плод Духа рождается в чтении, размышлении и подчинении Слову Христа, когда человек позволяет Писанию проникнуть в свои ум и сердце. Мы исполнены Святого Духа, когда исполнены Словом, которое Он вдохновил и наделил Своей властью. Подчиняя свой ум библейскому учению, воплощая истину в своей повседневной жизни, мы все больше подчиняемся Духу.

Таким образом, чтобы быть исполненным Духом, мы должны позволить Христу властвовать в наших сердцах, подчинить наши отношения и поведение Его Слову. Его поучения становятся предметом наших размышлений и обсуждений, Его принципы – нашим наивысшим устремлением, а Его воля – самым большим нашим желанием. Когда мы подчиняемся Божьей истине, Дух побуждает нас жить так, чтобы всей своей жизнью чтить Господа.

Более того, освящая верующих силой Слова, Святой Дух побуждает их любить братьев и сестер в Теле Христовом (1Пет. 1:22-23). На самом деле именно в контексте наставничества внутри Церкви обсуждаются дары Духа в новозаветных посланиях (см. 1Пет. 4:10-11). Примечательно, что в отличие от освящения, духовные дары не являются признаком исполнения Духом. По мере освящения – подчинения своей жизни Духу – они могут действенно применять свои духовные дары в служении другим.

Всякий раз, когда в новозаветных посланиях обсуждаются духовные дары, акцент всегда стоит на любви друг к другу – никогда на собственном назидании или возвеличивании (Рим. 12; 1Кор. 13). Павел прямо сказал коринфянам: «Но каждому дается проявление Духа для пользы всех» (1Кор. 12:7). Несмотря на то, что яркие и знаковые дары не сохранились в Церкви (тезис, который мы обосновали в главах с пятой по восьмую), верующие сегодня по-прежнему одарены Святым Духом для созидания Тела Христова – через дары учительства, управления и т. д. Когда христиане служат своими дарами для назидания созидания Церкви в силе Духа, они оказывают освящающее влияние на жизнь своих собратьев (Еф. 4:11-13; Евр. 10:24-25).

ПОСТУПАЙТЕ ПО ДУХУ

В Новом Завете исполненная Духом жизнь сравнивается с хождением в Духе. Павел писал об этом в Гал. 5:25: «Если мы живем Духом, то по Духу и поступать должны». Подобно тому, как ходьба – это движение шаг за шагом, так и исполненная Духом жизнь – это когда Дух направляет каждую нашу мысль, каждое решение. Те, кто поистине исполнены Духом, каждый свой шаг посвящают Ему.

Согласно Новому Завету, обновленная жить верующих должна характеризоваться чистотой, довольством, верой, добрыми делами, поступками, достойными Евангелия, любовью, мудростью, истиной и подражанием Христу.[24] Но все эти качества – результат хождения в Духе. Он производит плод праведности в нас и через нас.

Павел также писал: «Я говорю: ходите по Духу, и вы не будете исполнять вожделений плоти, ибо плоть желает противного Духу, а Дух – противного плоти: они друг другу противятся, так что вы не то делаете, что хотели бы» (Гал. 5:16-17). Образ *ходьбы* взят из привычной нам жизни. Те, чья жизнь характеризуется *хождением по плоти*, показывают, что они еще не спасены. А те, кто *ходят по Духу*, свидетельствуют о своей принадлежности Христу.

В Рим. 8:2-4 апостол Павел подробно остановился на этой теме: «Потому что закон духа жизни во Христе Иисусе освободил меня от закона греха и смерти. Как закон, ослабленный плотию, был бессилен, то Бог послал Сына Своего в подобии плоти греховной в жертву за грех и осудил грех во плоти, чтобы оправдание закона исполнилось в нас, живущих не по плоти, но по духу».

Поскольку верующие больше не находятся во власти греха, они могут исполнять Божий закон силой Святого Духа. Люди, которые живут по Духу, делают угодное Богу. Неискупленные, напротив, враждебны по отношению к Богу и подчиняются плотским желаниям (ср. ст. 5-9).

Господу угодно, чтобы Его народ отличался моральным и духовным совершенством (см. Тит. 2:14). Как сказал Павел в Послании к ефесянам: «Ибо мы – Его творение, созданы во Христе Иисусе на добрые дела, которые Бог предназначил нам исполнять» (Еф. 2:10). Петр вторит этой истине: «Но, по примеру призвавшего вас Святого, и сами будьте святы во всех поступках. Ибо написано: "будьте святы, потому что Я свят"» (1Пет. 1:15-16; ср. Евр. 12:14). Будучи возрожденными по благодати, независимо от дел, верующие охотно желают следовать за Христом (1Фес. 1:6), и Святой Дух помогает им в этом. Таким образом, их глубокая радость состоит в том, что благодаря

---

[24] Верующие должны ходить в обновленной жизни (Рим. 6:3-5), благочинно (Рим. 13:13), без ропота (1Кор. 7:17), верою (2Кор. 5:7), совершая добрые дела (Еф. 2:10), достойно звания (Еф. 4:1), в любви (Еф. 5:2), во свете (Еф. 5:8-9), в мудрости (Еф. 5:15-16), подражая Христу (1Ин. 2:6), и в истине (3Ин. 3-4).

силе Духа они могут «отвергнув нечестие и мирские похоти, целомудренно, праведно и благочестиво жить в нынешнем веке» (Тит. 2:12).

Конечно, это не значит, что христиане больше не ведут борьбу с грехом и искушениями. Хотя во Христе верующие стали новым творением (2Кор. 5:17), мы все еще сражаемся с греховной плотью – еще не до конца освобожденной части нашей падшей человеческой природы, которая искушает нас грешить. Плоть – это наш внутренний враг, ветхий человек, который сопротивляется благочестивым и праведным желаниям (Рим. 7:23). Оскорбляя Святого Духа, человек становится жертвой плоти (Еф. 4:28-31).

И наоборот, если верующие хотят одержать победу над похотями плоти и возрастать в святости, то должны действовать в силе Духа. Крайне важно «облечься во всеоружие Божие» (Еф. 6:11), взять «меч духовный, который есть Слово Божие» (ст. 17), чтобы отразить огненные атаки лукавого и умертвить плоть. Павел писал в Рим. 8:13-14: «Ибо если живете по плоти, то умрете, а если духом умерщвляете дела плотские, то живы будете. Ибо все, водимые Духом Божиим, суть сыны Божии».

Единственная защита верующего в постоянной борьбе с грехом – это Святой Дух, Который вооружает Своих святых истиной Писания. Единственная сила для духовного роста верующего – это Святой Дух – поскольку Он укрепляет Свой народ, питая Его чистым молоком Слова (1Пет. 2:1-3; ср. Еф. 3:16). Хотя христианская жизнь требует личной духовной дисциплины (1Тим. 4:7), важно помнить, что мы не можем освящаться самостоятельно (Гал. 3:3; Флп. 2:12-13). Именно Святой Дух отделил нас от греха в момент спасения (2Фес. 2:13). Подчиняясь каждый день Его влиянию, мы получаем силу сопротивляться плоти.

Таким образом, хождение в Духе через пребывающее в нас Слово соответствует Божьему замыслу о нашей жизни на земле как детей Божьих.

БУДУЧИ УПОДОБЛЕНЫ ОБРАЗУ ХРИСТА

Если мы хотим знать, как выглядит жизнь, исполненная Духом, нам нужно посмотреть на Господа Иисуса Христа, который полностью подчинил Свою жизнь руководству Духа.[25] На протяжении всего земного служения Иисуса Дух был Его неразлучным спутником. В воплощении Сын Божий добровольно уничижил Себя, отказавшись от независимого использования Своих божественных качеств (Флп. 2:7-8). Он принял человеческую плоть и полностью подчинился воле Отца и силе Святого Духа (ср. Ин. 4:34).

---

[25] Хронологическое исследование земной жизни и служения Господа Иисуса Христа см. в моем варианте согласования четырех Евангелий, книге с названием *One Perfect Life* (Nashville: Thomas Nelson, 2013).

Он сказал религиозным лидерам в Мф. 12:28: «Я Духом Божиим изгоняю бесов». Но они отрицали истинный источник Его власти, настаивая на том, что через Него трудится сатана. В ответ Господь предупредил их, что такое богохульство имеет вечные последствия: «Посему говорю вам: всякий грех и хула простятся человекам, а хула на Духа не простится человекам» (ст. 31). Святой Дух настолько был явным в каждом действии Иисуса, что отрицать Его как источник силы Христа было абсолютным неверием и совершенно непростительным грехом.

Мы видим также роль Святого Духа в рождении Иисуса от Девы; ангел Гавриил сказал Марии: «Дух Святой найдет на Тебя, и сила Всевышнего осенит Тебя; посему и рождаемое Святое наречется Сыном Божиим» (Лк. 1:35). Дух повел Иисуса в пустыню для искушения (Мк. 1:12), вооружив Его мечем Духа, чтобы отвратить атаки дьявола (Мф. 4:4,7,10). Дух руководил Иисусом с самого начала Его общественного служения (Лк. 4:14), давая ему силу изгонять бесов и совершать чудесные исцеления (Деян. 10:38). В конце служения Святой Дух дал силы совершенному Агнцу Божьему претерпеть крест (Евр. 9:14). И Дух играл важную роль в воскресении нашего Господа (Рим. 8:11).

На каждом шагу жизнь нашего Господа была подчинена Святому Духу. Иисус Христос был исполнен Святого Духа, всегда руководствуясь Его волей. Его жизнь полного послушания и совершенного исполнения воли Отца свидетельствует о том, что Он всегда ходил в Духе. Таким образом, жизнь Господа Иисуса – это идеальный пример жизни, исполненной Духом – жизни, которая полностью соответствует воле Бога.[26]

Разве не удивительно, что Святой Дух трудится в сердцах верующих, чтобы преобразить их в образ Христов? Великая радость для Духа свидетельствовать о Сыне Божьем (Ин. 15:26). Он прославляет Христа, направляя к Нему людей (Ин. 16:14) и побуждая их охотно подчиняться Его власти (1Кор. 12:3). Вот, в чем на самом деле заключается работа Святого Духа, а не в том, чтобы сбивать людей с ног, бросая их на пол, лопоча через них какие-то глупости и вводя их в состояние эмоционального опьянения. Беспорядочный харизматический цирк еще никого не преобразил в образ Христов, отражающий образ Отца (Кол. 1:15). Таким образом, это совершенно ложная модель освящения.

Павел развивает этот христоцентричный аспект служения Духа в 2Кор. 3:18: «Мы же все, открытым лицом, как в зеркале, взирая на славу Господню, преображаемся в тот же образ от славы в славу, как от Господня Духа». Настолько насколько верующие созерцают славу Христа – размышляя над Его совершенной жизнью послушания и обретая покой в Его совершенной жертве за грех – Дух с каждым днем все больше преображает их образ Спасителя.

---

[26] Тот факт, что Господь Иисус никогда не падал на спину с трясущимися конечностями, как часто харизматы на своих богослужениях, лишний раз убеждает нас, что эти переживания не от Духа Божьего.

Таким образом, освящение – это работа Духа, посредством которой Он открывает нам Христа в Слове, а затем постепенно преображает нас в Его образ. Таким образом, когда мы взираем на славу Спасителя, мы, благодаря Духу, становимся все более похожими на Него. Святой Дух не только знакомит со Христом в момент спасения, пробуждая в людях веру в Евангелие, но также продолжает раскрывать им славу Христа, освеща Его Слово в их сердцах. Таким образом, Он постепенно делает верующих подобными Христу в продолжение всей их жизни.

В Рим. 8:28-29, рассуждая о служении Духа, Павел писал: «Притом знаем, что любящим Бога, призванным по Его изволению, все содействует ко благу. Ибо кого Он предузнал, тем и предопределил быть подобными образу Сына Своего, дабы Он был первородным между многими братиями». Эти хорошо знакомые всем верующим стихи подчеркивают великую цель нашего спасения – преображение верующих в образ Иисуса Христа, чтобы Он мог быть прославлен в их жизнях.

Предыдущие стихи в восьмой главе Послания к Римлянам раскрывают роль Святого Духа в жизни верующих: Он освобождает от силы закона (ст. 2-3), пребывает в них (ст. 9), освящает их (ст. 12-13), принимает их в семью Бога (ст. 14-16), помогает им бороться со своими слабостями (ст. 26) и ходатайствует за них (ст. 27). Его цель – сделать нас подобными образу Иисуса Христа. Однако эта цель полностью будет реализована только в вечности (Флп. 3:1; 1Ин. 3:2). Но даже в этой жизни Дух помогает нам возрастать в подобие Христу, делая нас все более похожим на Господа, которого мы любим (см. Гал. 4:19). Таким образом, для тех, кто задаются вопросом, действительно ли они исполнены Святого Духа, нужно думать не о восторженном опыте, а спрашивать себя «становлюсь ли я все больше похожим на Христа?».

В том и состоит цель Бога – сделать верующих подобными Его Сыну, чтобы огромное множество искупленных людей жили в вечном царстве Христа. Всю вечность искупленные будут славить своего Спасителя, Которому подражали и в Чье подобие преображались. Они присоединятся на небесах к ангелам, восклицая:

достоин Агнец закланный принять силу и богатство, и премудрость и крепость, и честь и славу и благословение. И всякое создание, находящееся на небе и на земле, и под землею, и на море, и все, что в них, слышал я, говорило: Сидящему на престоле и Агнцу – благословение и честь, и слава и держава во веки веков. (Откр. 5:12-13)

ОСВЯЩАЮЩИЙ ТРУД ДУХА

Новый Завет ясно учит: исполняться Духом не имеет ничего общего с бессмысленной тарабарщиной, падением на пол в гипнотическом трансе или любым другим мистическим исступлением. Прежде всего, это посвящение сердца и ума Слову Христа, жизнь по Духу, а не по плоти, ежедневное обновление отношений со Христом и служение его Телу, Церкви.

Воистину, христианская жизнь во всей своей полноте – это жизнь в силе Святого Духа. Он должен стать доминирующим влиянием в наших сердцах и жизнях. Он один дает нам силы побеждать грех, производить плод и угождать нашему Небесному Отцу. Именно Святой Дух сближает нас Богом. Он помогает понять Писание, прославляет Христа в нас и через нас, открывает нам волю Божью, укрепляет нас, а также служит нам через других верующих. Дух ходатайствует за нас непрестанно перед Отцом, всегда в соответствии с совершенной волей Бога. И Он делает все это, чтобы сделать нас подобными нашему Господу и Спасителю, гарантируя, что однажды мы полностью преобразимся, когда увидим Христа лицом к лицу.

Вместо того чтобы безнадежно отвлекаться на харизматические подделки, верующие должны вновь открыть для себя действительное служение Святого Духа, которое должно пробудить Его силу в нас через Слово, чтобы мы могли на самом деле победить грех ради славы Христа, благословения Его Церкви и спасения заблудших.

11

СВЯТОЙ ДУХ И ПИСАНИЕ

Протестантская Реформация по праву считается величайшим духовным пробуждением за последнюю тысячу лет церковной истории. Это движение радикально изменило курс западной цивилизации. Спустя пять столетий имена Мартина Лютера, Жана Кальвина и Джона Нокса все еще на слуху. Благодаря своим трудам и проповедям эти мужественные реформаторы – и другие, подобные им – оставили важное наследие для следующих поколений верующих.

Однако за истинной силой Реформации стоит не один какой-то человек или группа людей. Конечно, реформаторы заняли твердую позицию и пожертвовали собой ради Евангелия; тем не менее великий триумф пробуждения шестнадцатого века связан не только и не столько с мужеством этих людей или их блестящими научными работами. Нет, причины Реформации гораздо глубже: за ней стояла сила, более могущественная, чтобы исходить от простых смертных.

Как и любое истинное пробуждение, Реформация была неизбежным следствием действия Слова Божьего, которое, словно взрывной волной, снесло хлипкие баррикады человеческих традиций и формальной религиозности. Благодаря тому, что простые европейцы смогли теперь читать Писание на своем родном языке, Дух Божий через Слово обличал их сердца и преображал их души. Преобразования происходили не только в жизни отдельных грешников, но и всего континента.

Постулат *sola Scriptura* («только Писание») для реформаторов стал выражением того, что непреодолимая сила, лежащая в основе религиозной реформы, принадлежит богодухновенному Слову Божьему. Говоря о Реформации, один историк отмечает:

> История этих перемен воплощена в жизни тех, кто были непосредственными участниками этих событий, но *в центре всего была Библия*. Мемориальная доска в соборе Святого Петра в Женеве называет Жана Кальвина просто «Слугой Слова Божьего». [Мартин] Лютер сказал: «Я лишь проповедовал и переводил Слово Божье, больше ничего... Это Слово совершило великие дела... В этом нет моей заслуги; Слово совершило и исполнило все».[1]

---

[1] Larry Stone, *The Story of the Bible* (Nashville: Thomas Nelson, 2010), 65; курсив мой.

Для реформаторов *sola Scriptura* означало, что Библия была единственным Словом Божьим и, следовательно, истинным авторитетом верующего как в учении, так и в праведной жизни. Они понимали Слово Божье как могущественное, изменяющее жизнь и совершенно достаточное «для научения, для обличения, для исправления, для наставления в праведности, да будет совершен Божий человек, ко всякому доброму делу приготовлен» (2Тим. 3:16-17). Подобно Отцам Церкви, они справедливо рассматривали Божье Слово как авторитетную основу христианской веры.[2] Они безоговорочно разделяли непогрешимость, безошибочность и историческую точность Писания, охотно подчиняясь божественной истине.

Хотя реформаторы внесли свою лепту в социальные преобразования, они понимали, что настоящая битва происходит не на политической или экономической аренах. Это битва за библейскую истину. И поскольку истина Евангелия воссияла, вдохновляемая Святым Духом, она воспламенила огонь пробуждения.

ОТ РЕФОРМАЦИИ К УПАДКУ

Подобно вспышке факела темной ночью, свет истины Реформации ярко вспыхнул во мраке римско-католических заблуждений. Но по прошествии нескольких веков пламя религиозных реформ стало медленно угасать в Европе, и родина величайшего возрождения в конечном итоге породила ложное евангелие богословского либерализма. Двести двадцать два года спустя после смерти Мартина Лютера появился еще один влиятельный немецкий богослов по имени Фридрих Шлейермахер. Но, в отличие от Лютера, Шлейермахер сомневался в собственной греховности и в результате отверг евангельскую истину, которую принял от своих родителей-лютеран. Отказ от веры привел к тому, что его накрыли зловещие волны скептицизма; и когда Шлейермахер окончательно пошел ко дну, он потащил за собой в водоворот неверия других и вскоре бросил вызов основам библейского христианства. В конечном итоге его идеи облетят весь богословский мир и отравят многие христианские деноминации ложными представлениями о Библии.

Во время обучения в университете Галле Шлейермахер впитывал, как губка, антибиблейское учение мыслителей Просвещения – неверующих скептиков, отрицающих историческую достоверность Библии, и светских философов, возвышающих человеческий разум над божественным откровением. Их влияние оказалось достаточно сильным, чтобы изменить мировоззрение впечатлительного молодого Шлейермахера. Его сомнения

---

[2] Более глубокий обзор принципа *sola Scriptura* у ранних Отцов Церкви см. в William Webster, *Holy Scripture*, vol. 2 (Battle Ground, WA: Christian Resources, 2001).

вскоре уступили место открытому отрицанию, и его биограф так описывает этот переломный момент в его жизни:

> В своем письме к отцу Шлейермахер мягко намекнул на то, что его учителя не могут разрешить многие сомнения, которые беспокоят многих молодых людей. Его отец не обратил должного внимания на этот намек. Он читал кое-что из литературы скептиков и, как он говорит, мог заверить своего сына, что это не стоит внимания. В течение шести месяцев отец не получил от сына ни одного письма. А затем пришло ошеломляющее известие. В очень эмоциональном письме от 21 января 1787 года Шлейермахер признает, что сомнения, о которых он говорил, являются его собственными. Его отец тогда сказал: вера – это наш долг перед Богом.
>
> Шлейермахер на это ответил: «Вы говорите, что вера – наш долг. Увы! дорогой отец, если вы верите, что без этой веры никто не может ни спастись в грядущем мире, ни обрести мир в этом – и я знаю, что это ваша вера – о! то молитесь Богу, чтобы он дал эту веру, потому что у меня ее больше нет. Я не могу больше верить в то, что Тот, Кто называл себя Сыном Человеческим, был поистине вечным Богом; я не могу верить в то, что Его смерть была заместительным искуплением».[3]

Слова Шлейермахера пропитаны горестью, однако это печаль отрицания, а не раскаяния. Шлейермахер, подобно Иуде Искариоту, предал свое наследие; он отказался от истины Писания и отверг Евангелие – отрицая как божественность Христа, так и его заместительную жертву на кресте.

Удивительно, но, отвернувшись от библейского Евангелия, Шлейермахер не порвал вовсе с религией. Вместо этого он искал новый авторитет, на котором бы основывалось его «христианство». Если не Писание, тогда что? Шлейермахер нашел ответ в романтизме.

Романтизм – который подчеркивал красоту, эмоции и опыт – был философским ответом рационалистическому акценту Просвещения на человеческом разуме. Именно рационализм Просвещения (с его неотъемлемым отрицанием всего сверхъестественного) заставил Шлейермахера усомниться в христианской вере. Теперь, пытаясь восстановить какое-то подобие христианства, он обратился к философским принципам романтизма. Его основная работа «Речи о религии к образованным людям ее презирающим» была впервые опубликована в 1799 году. Она легла в основу его более позднего трактата «Христианская вера», который был опубликован в 1821–1822 гг., а затем пересмотрен и переиздан в 1830–1831 гг.

В этих работах Шлейермахер пытался защитить религию от критиков Просвещения, утверждая, что основание для веры в Бога не заключено в объективных утверждениях библейских истин (куда в основном направлена критика рационалистов), а скорее в личных чувствах религиозного сознания

---

[3] Brian A. Gerrish, *A Prince of the Church* (Philadelphia: Fortress, 1984), 25.

(что выходит за пределы рационализма).[4] Иронично, но пытаясь защитить свою веру посредством эмоционального опыта, он уничтожил ее саму.

Шлейермахер безрассудно пытался снести фундамент христианства, заменив объективные истины Писания субъективными духовными переживаниями. Такие богословские манипуляции неизбежно приводят к катастрофическим последствиям (Пс. 10:3). Губительные семена Шлейермахера родили катастрофический урожай богословского либерализма – такой себе вид «христианства», в котором отвергается достоверность, авторитетность и сверхъестественное происхождение Библии.

После Шлейермахера было предпринято еще несколько подобных попыток – заменить Слово Божье в качестве основы христианской веры на что-то иное. Позднее немец Альбрехт Ричль, например, утверждал, что первоочередная роль христианства – быть *нравственным компасом в обществе*. Идеи Ричля породили социальное Евангелие, которое заменило библейское Евангелие во многих основных протестантских церквях как в Европе, так и в Америке. Вместо того чтобы подчеркивать греховность каждого человека и спасение от вечного суждения, социальное Евангелие лишило Библию ее истинной вести и сосредоточилось вместо этого на бесплодном морализме, направленном на решение социальных и культурных проблем.

Социальное Евангелие никого не спасло от гнева Божьего, но стало основной идеей либерального христианства в двадцатом веке – так как большинство деноминаций Протестантского мейнстрима потерпело кораблекрушение на острых рифах неверия. Популярные авторы и выдающиеся пасторы несли идеи Ричля в массы. Но корни либерализма все же восходят к Шлейермахеру и его навязчивой идее, что вместо библейской истины у христианства может быть другое основание.

Как и любое религиозное заблуждение, богословский либерализм зиждется на отрицании авторитета Божьего Слова. Несколькими веками ранее средневековая римско-католическая церковь прошла через подобное отрицание – замена авторитета Писания авторитетом церковной традиции и папских постановлений. Вот почему Реформация была необходима. Отказавшись от Писания как единственного авторитета, и римский католицизм, и богословский либерализм стали врагами истинного

---

[4] В статье с заголовком «Богословие: привкус вечности» в «Тайм» за 8 марта 1968 года http://www.time.com/time/magazine/article/0,9171,899985,00.html, отмечена роль Шлейермахера в истории христианства: «Если Бог не умер, как человек может доказать, что он жив? Рациональные доказательства не могут убедить скептика; Библия служит авторитетом только для убежденного верующего; демифологизированная вселенная больше не указывает на невидимого Создателя. Один из ответов, который все чаще можно услышать от современных протестантских мыслителей, заключается в неопровержимом свидетельстве религиозного опыта – люди интуитивно чувствуют зависимость от Бога. Этот ответ восходит к учению Фридриха Шлейермахера, богослова, который впервые предложил его как основу для христианской веры».

христианства, ошибочными версиями той самой религии, которую якобы представляли.

Современное харизматическое движение идет по тому же опасному пути. Основу своей системе убеждений они находят чем-то другом – не в Писании – отравляя церковь ложным представлением о вере. Подобно средневековой Католической Церкви, они искажают ясное учение Писания и задвигают на второй план истинное Евангелие; подобно Шлейермахеру, они возвышают субъективные чувства и личные переживания до положения наивысшего авторитета. И средневековый католицизм, и богословский либерализм – эти ложные формы христианства – загубили жизни миллионов, неся доктринальное замешательство, их вред сопоставим лишь с последствиями харизматических заблуждений.

Несмотря на заявления многих харизматов о превосходстве Писания, на практике они отрицают как его авторитет, так и достаточность. Стремясь в первую очередь к мистическим переживаниям и эмоциональными переживаниям, харизматы постоянно ожидают откровений с небес, иными словами, одной лишь Библии для них просто недостаточно. В харизматической парадигме библейское откровение должно дополняться «словами от Бога», эмоциональным возбуждением от Святого Духа и другими субъективными религиозными переживаниями. Такой подход представляет собой прямой отказ от авторитета и достаточности Писания (2Тим. 3:16-17). Это путь в никуда.

ПОЧИТАЯ АВТОРА СЛОВА

Любое движение, которое не чтит Божье Слово, не почитает и его Автора. Поклоняясь всемогущему Владыке вселенной, мы должны полностью подчиниться Его воле (Евр. 1:1-2). В противном случае мы лишь выразим к Нему презрение и нежелание покориться Его власти. Ничто так не оскорбляет Автора Писания, как игнорирование, отрицание или искажение той истины, которую Он открыл (Откр. 22:18-19). Исказить Слово Божье означает представить в ложном свете его Автора. Отрицать его требования – все равно, что назвать Бога лжецом. Игнорируя Божью весть, мы оскорбляем Духа Божьего, вдохновившего ее написание.

Будучи совершенным откровением Бога, Библия отражает славный характер ее Автора. Поскольку Бог – есть Бог истины, Его Слово непогрешимо. Он не может лгать, поэтому Его Слово безошибочное. Поскольку Он Царь царей, Его Слово – совершенный и наивысший авторитет. Желающие угодить Ему должны подчиняться Его Слову. А подавляющие Писание каким-либо иным авторитетом бесчестят Бога.

Иногда можно услышать, что такой возвышенный взгляд на Писание делает из него самого объект поклонения. Скажите, что Писание значительно превосходит (и гораздо более авторитетно, чем) сны и видения современных харизматов, и вам гарантировано повесят ярлык того, кто делает из Библии идола.

Такое обвинение совершенно беспочвенное. Мы почитаем не саму книгу, но Бога, Который явил Себя в этом безошибочном откровении. Более того, во 2Тим. 3:16 Писание изображено как дыхание Самого Бога – это означает, что оно наделено *Его* властью. Не существует более надежного источника истины. Исповедовать более низкий взгляд на Писание (или говорить, что вера в абсолютную достоверность Библии – это своего рода идолопоклонство) – серьезное оскорбление для Бога. Он Сам возвысил Свое Слово до наивысшего положения. Давид заявил об этом ясно в Пс. 137:2. Обращаясь к Богу, он воскликнул: «Ты возвеличил слово Твое превыше всякого имени Твоего».[5]

Исповедуя Иисуса Христа главой Церкви, реформаторы с радостью подчинялись Его Слову как единственному авторитету. Таким образом, они признали, как и все истинные верующие на протяжении всей истории – что только Слово Божье является нашим верховным стандартом жизни и учения. Они также противостояли любому ложному авторитету, узурпирующему власть Писания; и при этом они разоблачали заблуждения всей римско-католической системы.

Сегодня верующие также призваны защищать истину от любых посягательств на авторитет Писания. Как писал Павел: «Оружия воинствования нашего не плотские, но сильные Богом на разрушение твердынь: ими ниспровергаем замыслы и всякое превозношение, восстающее против познания Божия, и пленяем всякое помышление в послушание Христу» (2Кор. 10:4-5). Иуда также наставлял своих читателей «подвизаться за веру, однажды преданную святым» (ст. 3). Говоря о «вере», Иуда не имел в виду какой-то размытый свод религиозных доктрин; скорее, он говорил об объективных истинах Писания, которые составляют христианскую веру (см. Деян. 2:42; 2Тим. 1:13-14). Как становится ясно далее:

> Иуда определяет *веру* в сжатых, конкретных терминах, как то, *что когда-то было передано всем святым*. Слово «однажды» говорит о чем-то, что дано было только один раз и навсегда – едином целом и законченном откровении. Через Святого Духа Бог открыл христианскую веру (см. Рим. 16:26; 2Тим. 3:16) апостолам и их последователям в первом веке. Их учения вместе с ветхозаветными Писаниями составляют «истинное познание» Иисуса Христа – все, что нужно верующим для жизни и благочестия (2Пет. 1:3; ср. 2Тим. 3:16-17).
>
> Истины христианской веры открылись авторам Нового Завета не через мистические религиозные переживания. Бог передал Свое полное откровение в Писании – законченное и надежное. Любое движение, которое заявляет

---

[5] Подробнее о наивысшем авторитете Слова Божьего см. John MacArthur, *2 Timothy* in *The MacArthur New Testament Commentary*, notes on 2 Timothy 3:16.

о новом откровении или новой доктрине, должно быть проигнорировано как ложное (Откр. 22:18-19). Слово Божье – совершенно достаточное и законченное откровение; это все, что нужно верующим, поскольку они подвизаются за веру и противостоят отступничеству в Церкви.[6]

С самого начала противостояние добра и зла было сражением за истину. Змей в Эдемском саду начал с того, что поставил под сомнение истинность Божьей заповеди: «Змей был хитрее всех зверей полевых, которых создал Господь Бог. И сказал змей жене: подлинно ли сказал Бог: "не ешьте ни от какого дерева в раю"»? Далее змей сказал Еве: «Нет, не умрете, но знает Бог, что в день, в который вы вкусите их, откроются глаза ваши, и вы будете, как боги, знающие добро и зло» (Быт. 3:1,4-5). С тех пор это самая распространенная тактика сатаны – поставить под сомнение прямое откровение Бога (ср. Ин. 8:44; 2Кор. 11:44).

Учитывая то, что на карту поставлена вечность, неудивительно, что Писание очень сурово осуждает тех, кто вкладывает ложь в уста Бога, заменив Его Слово сомнительным опытом. Змей был проклят в саду Эдема (Быт. 3:14), и сатана узнал о своей неизбежной кончине (ст. 15). В Ветхозаветном Израиле ложное пророчество было самым страшным преступлением (Втор. 13:5,10), что наглядно проиллюстрировано убийством Илией 450 пророков Ваала после испытания на горе Кармил (3Цар. 18:19,40). Но израильтяне часто не могли изгнать лжепророков; и, приветствуя заблуждения в своей среде, они призвали на свои головы Божий суд (Иер. 5:29-31). Взгляните, как Господь относится к тем, что подменяет Его истинное Слово подделкой:

Ибо это народ мятежный, дети лживые, дети, которые не хотят слушать закона Господня, которые провидящим говорят: «перестаньте провидеть», и пророкам: «не пророчествуйте нам правды, говорите нам лестное, предсказывайте приятное... Посему так говорит Святой Израилев: так как вы отвергаете слово сие, а надеетесь на обман и неправду, и опираетесь на то: то беззаконие это будет для вас, как угрожающая падением трещина, обнаружившаяся в высокой стене, которой разрушение настанет внезапно, в одно мгновение (Ис. 30:9-13).

Неужели Я не накажу за это? говорит Господь; и не отмстит ли душа Моя такому народу, как этот? Изумительное и ужасное совершается в сей земле: пророки пророчествуют ложь, и священники господствуют при посредстве их, и народ Мой любит это. Что же вы будете делать после всего этого? (Иер. 5:29-31).

И сказал мне Господь: пророки пророчествуют ложное именем Моим; Я не посылал их, и не давал им повеления, и не говорил им; они возвещают вам видения ложные и гадания, и пустое, и мечты сердца своего. Поэтому так говорит Господь о пророках: они пророчествуют именем Моим, а Я

---

[6] John MacArthur, Jude in The MacArthur New Testament Commentary, Jude 3.

не посылал их; они говорят: «меча и голода не будет на сей земле!» – мечом и голодом будут истреблены эти пророки, и народ, которому они пророчествуют, разбросан будет по улицам Иерусалима от голода и меча, и некому будет хоронить их, – они и жены их, и сыновья их, и дочери их; и Я изолью на них зло их (Иер. 14:14-16).

Так говорит Господь Бог: горе безумным пророкам, которые водятся своим духом и ничего не видели! Пророки твои, Израиль, как лисицы в развалинах. В проломы вы не входите и не ограждаете стеною дома Израилева, чтобы твердо стоять в сражении в день Господа. Они видят пустое и предвещают ложь, говоря: «Господь сказал»; а Господь не посылал их; и обнадеживают, что слово сбудется. Не пустое ли видение видели вы? и не лживое ли предвещание изрекаете, говоря: «Господь сказал», а Я не говорил?

Посему так говорит Господь Бог: так как вы говорите пустое и видите в видениях ложь, за то вот Я – на вас, говорит Господь Бог. И будет рука Моя против этих пророков, видящих пустое и предвещающих ложь; в совете народа Моего они не будут, и в список дома Израилева не впишутся, и в землю Израилеву не войдут; и узнаете, что Я – Господь Бог (Иез. 13:3-9).

Основная мысль этих отрывков не оставляет сомнений: Бог ненавидит тех, кто искажает Его Слово или говорит ложь во имя Его. Новый Завет осуждает лжепророков столь же сурово (см. 1Тим. 6:3-5; 2 Тим. 3:1-9; 1Ин. 4:1-3; 2Ин. 7-11). Бог не выносит тех, кто подделывает или представляет в ложном свете божественное откровение. Это преступление, которое Он принимает близко к сердцу, и Его возмездие грядет скоро. Искажать библейскую истину каким-либо образом – добавляя к ней, убирая из нее или смешивая ее с заблуждением, означает навлекать на себя божественный гнев (Гал. 1:9; 2Ин. 9-11). Любое искажение Слова оскорбляет святую Троицу, особенно Духа Божьего, который вдохновлял написание Библии.

Мартин Лютер сказал так: «Всякий раз, когда вы слышите, что кто-то хвастается новым откровением от Святого Духа, которому нет оснований в Божьем Слове, что бы он ни говорил, отвечайте ему – это работа дьявола».[7] И в другом месте: «Все, что не исходит из Писания, определенно исходит от самого дьявола».[8]

В оставшейся части этой главы мы рассмотрим три аспекта деятельности Духа в Писании и через него: богодухновенность, просвещение и наделение силой.

---

[7] Martin Luther, *Luther's Works*, vol. 23, ed. Jaroslav Pelikan (St. Louis: Concordia, 1959), 173–74.

[8] Там же, vol. 36, 144.

СВЯТОЙ ДУХ И БОГОДУХНОВЕННОСТЬ ПИСАНИЯ

Внутри Троицы Святой Дух действует как божественный агент передачи вести. Он божественный Автор Писания; Тот, через кого Бог открыл Свою истину (1Кор. 2:10). Хотя Дух работал через многих авторов, полученная в результате весть была полностью Его. Это совершенное и чистое Слово Божье.

Божественная истина передавалась через людей-посредников, движимых Святым Духом. Вот почему Писание названо *богодухновенным*. Апостол Петр говорит об этом процессе передачи следующее: «Зная прежде всего то, что никакого пророчества в Писании нельзя разрешить самому собою. Ибо никогда пророчество не было произносимо по воле человеческой, но изрекали его святые Божии человеки, будучи движимы Духом Святым» (2Пет. 1:20-21). Петр хочет сказать, что Библия – это не собрание ненадежных человеческих открытий; это совершенное откровение Самого Бога, поскольку Святой Дух трудился через благочестивых людей, передавая божественную истину. Слово «разрешить» – это перевод греческого слова *epilusis*, которое говорит о чем-то, что появилось на свет или возникло.[9] Таким образом, Петр говорит о том, что никакое пророчество в Писании не появилось в результате измышлений отдельных людей – за этим стоит не человеческое решение, а Святой Дух, действующий через святых Божьих людей.

Поскольку эти благочестивые мужи были движимы Святым Духом, Он направлял их перо при написании книг Библии. Как парусное судно, которому необходим ветер, чтобы добраться до пункта назначения, так и авторы Писания были руководимы Духом Божьим, чтобы в точности передать Его весть. В этом процессе Дух наполнял их умы, души и сердца божественной истиной, которая суверенным и сверхъестественным способом была выражена в соответствии с их уникальными стилем, словарным запасом и переживаниями, направляя их в создании совершенного, безошибочного Писания.

В Евр. 1:1-2 мы видим более полное представление о том, как Бог открыл Свою истину в Ветхом и Новом Заветах: «Бог, многократно и многообразно говоривший издревле отцам в пророках, в последние дни сии говорил нам в Сыне, Которого поставил наследником всего, чрез Которого и веки сотворил».

Согласно первому стиху, откровение Ветхого Завета было передано через пророков, которые писали то, что Бог повелел им. А во втором стихе сказано, что откровение Нового Завета пришло через Господа Иисуса Христа (см. Ин. 1:1,18) – и Его апостолов, которых Он уполномочил нести божественную истину Церкви (ср. Ин. 14-16). Как в Ветхом, так и в

---

[9] Это слово здесь стоит в родительном падеже, грамматической конструкции, указывающей на источник или происхождение.

Новом Завете, Писание – это непогрешимое откровение Бога, данное Его избранными представителями и записанное в точности так, как Он хотел.

Дух Божий принимал в этом непосредственное участие. Согласно 1Пет. 1:11, именно Святой Дух трудился через ветхозаветных пророков (см. 1Цар.19:20; 2Цар. 23:2; Ис. 59:21; Иез. 11:5,24; Мк. 12:36). Более того, именно Дух руководил авторами книг Ветхого Завета, чтобы они написали то, что нужно было написать (см. Деян. 1:16; 2Пет. 1:21). В горнице Господь Иисус заверил Своих учеников, что Он пошлет Святого Духа, чтобы напомнить им о том, чему Он их учил (Ин. 14:17,26) – обетование, которое исполнилось в написании Евангелий. Он также обещал, что Дух даст им дополнительное откровение (Ин. 16:13-15; ср. 15:26), которое составляет послания Нового Завета. Таким образом, каждая часть Писания – от Ветхого Завета до Нового – представляет собой богодухновенное Слово Божье.

Во Втором послании к Тимофею Павел писал: «Все Писание богодухновенно и полезно для научения, для обличения, для исправления, для наставления в праведности, да будет совершен Божий человек, ко всякому доброму делу приготовлен» (2Тим. 3:16-17). Слово «богодухновенно» буквально означает «Богом выдохнуто» и, несомненно, содержит в себе неявную ссылку на Святого Духа – вездесущее дыхание Всемогущего (Иов 33:4; ср. Ин. 3:8; 20:22). Конечно, Павел хочет в первую очередь подчеркнуть в этом отрывке все преимущества Писаний для верующих. Все, что нам нужно для жизни и благочестия, открывается в Слове, так что у нас нет ни в чем недостатка, чтобы почитать Господа всей своей жизнью.

Библия – необыкновенная книга, дарующая необыкновенные преимущества! Это дар Святого Духа, который раскрыл свои истины благочестивым людям, вдохновляя их говорить и писать Слово Божье без каких-либо ошибок или противоречий. Но Дух делает больше, чем просто дает нам Библию; Он также обещает помочь нам понять и применить свои истины – об этом мы и поговорим далее.

СВЯТОЙ ДУХ И ПРОСВЕЩЕНИЕ НАШЕГО УМА

Божественное откровение было бы бесполезным для нас, если бы мы не смогли его понять. Вот почему Святой Дух просветляет умы верующих, чтобы они могли понять истины Писания и следовать его наставлениям. Апостол Павел писал о служении Духа в 1Кор. 2:14-16: «Душевный человек не принимает того, что от Духа Божия, потому что он почитает это безумием; и не может разуметь, потому что о сем надобно судить духовно. Но духовный судит о всем, а о нем судить никто не может. Ибо кто познал ум Господень, чтобы мог судить его? А мы имеем ум Христов». Дух Святой просвещает верующих Словом, наделяя их способностью понимать божественную истину (см. Пс. 118:18) – неизменные духовные реалии, которые необращенные неспособны сами по-настоящему осмыслить.

На самом деле можно прочесть Библию и не понять ее. Религиозные лидеры в дни Иисуса хорошо знали Ветхий Завет, однако они полностью упустили саму суть Писания (Ин. 5:37-39).

Вспомните, как Христос задавал вопросы Никодиму, разоблачая его невежество относительно основных принципов Евангелия: «Ты – учитель Израилев, и этого ли не знаешь?» (Ин. 3:10). Без Святого Духа неверующие способны только к тому, что свойственно природному человеку. Для них мудрость Божья кажется безумием. Даже после того, как Иисус воскрес из мертвых, фарисеи и саддукеи по-прежнему отказывались поверить в Него (Мф. 28:12-15). Стефан обратился к ним с такими словами: «Жестоковыйные! люди с необрезанным сердцем и ушами! вы всегда противитесь Духу Святому, как отцы ваши, так и вы» (Деян. 7:51; ср. Евр. 10:29).

Правда в том, что ни один грешник не может верить и принимать Писание без божественной помощи Святого Духа. Как заметил Мартин Лютер: «В духовных и божественных вопросах, имеющих отношение ко спасению души, человек подобен соляному столпу, в который обратилась жена Лота, да, он подобен чурбану и камню, безжизненной статуе, не использующей ни глаза, ни уста, ни чувства, ни сердце... учение и проповедь бесполезны по отношению к нему до тех пор, пока он не будет просвещен, обращен и возрожден Святым Духом».[10]

Пока Святой Дух не коснется неверующего сердца, грешник будет продолжать отвергать истину Евангелия. Любой может запомнить факты, послушать проповеди и получить какие-то теоретические знания относительно основных библейских доктрин. Но без силы Духа Божье Слово никогда не проникнет в греховную душу.[11]

Верующие оживотворены Духом Божьим, пребывающим ныне в них. Таким образом, христиане имеют живого Учителя истины, который просвещает их Своим Словом, помогая им познавать истину Писания и подчиняться ей (см. 1Ин. 2:27). Хотя лишь некоторые были движимы Духом в написании Библии, Его служение просвещения дается всем верующим. Благодаря богодухновенности у нас есть весть, записанная на страницах

---

[10] Martin Luther, cited in The Solid Declaration of the Formula of Concord, 2.20–22. Cited from Triglot Concordia: The Symbolical Books of the Evangelical Lutheran Church: German-Latin-English (St. Louis: Concordia, 1921).

[11] См. Thomas Watson, in *A Puritan Golden Treasury*, comp. I. D. E. Thomas (Carlisle, PA: Banner of Truth, 2000), 143. Уотсон писал: «Человек может иметь хорошие знания богословия, однако Бог должен научить нас познавать тайны Евангелия духовно. Человек может видеть цифры на солнечных часах, но не суметь определить время дня до тех пор, пока не засветит солнце. Мы можем прочесть много истин в Библии, но так и не знать их спасающую силу до тех пор, пока Дух Божий не засияет в наших душах... Он не только информирует наш ум, но пробуждает нашу душу».

Писания. Просвещение записывает эту весть на скрижалях нашего сердца, давая нам способность понять её значение, когда мы мы полагаемся на Дух Божий, который озаряет светом истины наши умы (см. 2Кор. 4:6).

Как сказал Чарльз Сперджен: «Если вы не понимаете книгу ушедшего писателя, у вас нет возможности спросить его, что он хотел сказать, но Дух, вдохновляющий Священное Писание, живет вечно, и Он всегда рад открыть Слово тем, кто ищет Его наставления».[12] Святой Дух открывает святым значение Священных Писаний (см. Лк. 24:45), чтобы мы могли знать и повиноваться Его Слову.

Разумеется, учение о просвещении от Духа не означает, что верующие теперь с легкостью могут ответить на любые богословские вопросы (Втор. 29:29) или что им больше не нужны учители (Еф. 4:11-12). Это также не отменяет обязанности ежедневно упражняться в благочестии (1Тим. 4:8) или тщательно исследовать Библию (2Тим. 2:15).[13] Но мы можем приступать к изучению Божьего Слова с радостью и дерзновением – зная, что Святой Дух просветит наши сердца и даст нам понять, принять и применить изучаемые истины.

Благодаря вдохновению Святой Дух дал нам Слово Божье. Через просвещение Он открывает нам глаза, чтобы понять и подчиниться библейской истине. И это еще не все, что делает Дух.

ДУХ СВЯТОЙ И НАДЕЛЕНИЕ СИЛОЙ

В совершенном согласии с просвещением Святой Дух уполномочил Свое Слово обличать сердца неверующих и освящать сердца искупленных. В предыдущих двух главах мы рассматривали роль Духа в спасении и освящении. Здесь мы заострим внимание на том, что Его Слово – это инструмент для могущественного осуществления обоих этих служений.

Во время евангелизации Святой Дух наделяет силой провозглашение библейского Евангелия (1Пет. 1:12), используя проповедь Слова, чтобы пронзить сердце и осудить грешника (ср. Рим. 10:14). Как сказал Павел в Первом послании к фессалоникийцам: «Потому что наше благовествование у вас было не в слове только, но и в силе и во Святом Духе, и со многим

---

[12] Charles Spurgeon, *Commenting and Commentaries* (London: Sheldon, 1876), 58–59.

[13] Пуританин Ричард Бакстер выразил эту истину в следующем предостережении: «Работа Духа заключается не в том, чтобы преподнести вам на блюдечке смысл Писания и дать вам богословские знания без какого-либо участия с вашей стороны – изучения и труда... но благословить ваше исследование и открыть вам знание... Отказаться от изучения под предлогом достаточности Духа – это все равно, что отвергнуть само Писание» (Richard Baxter, in *A Puritan Golden Treasury*, comp. I. D. E. Thomas [Carlisle, PA: Banner of Truth, 2000], 143).

удостоверением, как вы сами знаете, каковы были мы для вас между вами» (1Фес. 1:5). В другом месте он объяснял верующим в Коринфе: «И слово мое и проповедь моя не в убедительных словах человеческой мудрости, но в явлении духа и силы, чтобы вера ваша утверждалась не на мудрости человеческой, но на силе Божией» (1Кор. 2:4-5). Если бы Дух не наделял провозглашение Его Слова силой, никто бы никогда не откликнулся с верой на весть спасения. Чарльз Сперджен ярко иллюстрировал эту мысль в следующих словах:

> Если Святой Дух не благословит Свое Слово, мы, проповедующие Евангелие, окажемся самыми жалкими из всех людей, потому что попытались выполнить невозможное. Мы вошли в сферу, где правит только сверхъестественное. Если Святой Дух не коснется сердец наших слушателей, мы тем более этого не сможем. Если Святой Дух не возродит их, мы бессильны что-то сделать. Если Он не оживотворит их души, мы будем говорить с трупами.[14]

Святой Дух обладает могущественной силой, которая стоит за Божьим обетованием в Ис. 55:11: «Так и слово Мое, которое исходит из уст Моих, – оно не возвращается ко Мне тщетным, но исполняет то, что Мне угодно, и совершает то, для чего Я послал его». Без силы Божьей проповедь Евангелия была бы не более чем пустым словами, падающими в безжизненные сердца. Но благодаря силе Духа Слово Божье – «живо и действенно и острее всякого меча обоюдоострого: оно проникает до разделения души и духа, составов и мозгов, и судит помышления и намерения сердечные» (Евр. 4:12).

Без Святого Духа самая красноречивая проповедь – лишь сотрясание воздуха, пустой звук и безжизненная риторика; когда же она сопровождается силой всемогущего Духа Божьего, даже простые и незамысловатые слова способны достичь огрубелых неверующих сердец и преобразить их.

Апостол Павел называет Слово Божье «мечом Духа» в Еф. 6:17. Писание изображается как оружие, обладающее Духом, которое верующие должны задействовать в своей битве с грехом и искушениями (см. Мф. 4:4,7,10). Слово Божье – это не только божественное средство возрождения грешников (см. Еф. 5:26; Тит. 3:5; Иак. 1:18), но и оружие верующих для противостояния греху и возрастания в святости. В Ин. 17:17 Иисус просил

---

[14] Charles Spurgeon, "Our Omnipotent Leader," sermon no. 2465 (preached May 17, 1896), http://www.ccel.org/ccel/spurgeon/sermons42.xx.html. В другом месте Сперджен добавил: «Сила Евангелия не зависит от красноречия проповедника, иначе человек был бы способен обращать души к Богу. Сила кроется не в образованности оратора, иначе спасение давалось бы мудростью человека. Мы можем проповедовать, пока не посинеют наши языки, пока легкие не перестанут дышать, но ни одна душа не обратится к Богу, если нам не будет содействовать тайная сила Святого Духа, преобразовывающая душу человека» (Charles Spurgeon, "Election: Its Defenses and Evidences" [1862 sermon], http://www.biblebb.com/files/spurgeon/2920.htm).

Своего Отца об уверовавших в Него: «Освяти их истиною Твоей; Слово Твое есть истина». Мы уже рассматривали преимущества и назначение богодухновенного Слова Божьего в 2Тим. 3:16-17, где Павел подчеркнул достаточность Писаний для укрепления и духовного роста верующих.

В 1Пет. 2:1-3 Петр сделал подобный вывод: «Итак, отложив всякую злобу и всякое коварство, и лицемерие, и зависть, и всякое злословие, как новорожденные младенцы, возлюбите чистое словесное молоко, дабы от него возрасти вам во спасение; ибо вы вкусили, что благ Господь». Искупленные вкусили Божью благодать и продолжают возрастать в святости через усвоение Его Слова. Истинные верующие постоянно жаждут Писания, поглощая словесное молоко, подобно грудному младенцу (ср. Иов 23:12; Пс. 118). Через Слово мы преображаемся в образ Христов – служение, которое совершает Дух, раскрывая наши сердца навстречу библейскому откровению о Спасителе (2Кор. 3:18). Он позволяет «Слову Христа вселяться обильно» (Кол. 3:16), фраза, которая параллельна повелению Павла «исполняться Духа» (Еф. 5:18), поэтому преобразование нашей жизни станет явным в нашей любви к Богу и к ближним (см. Еф. 5:19 – 6:9; Кол. 3:17 – 4:1).

Сила Святого Духа проявляется не в бессмысленных падениях на землю, не в бессвязной болтовне, восторженном гудении или эмоциональных вспышках. Такое поведение не имеет ничего общего с истинным служением Духа. На самом деле это издевательство над Его подлинной работой. Сила Святого Духа проявляется тогда, когда грешники освящаются силой Его Слова, преобразовываясь в новые творения во Христе. Они жаждут святости, поклонения Ему, стремятся служить в силе Духа и изучать Священные Писания. Поскольку они любят истинную работу Духа, они любят Книгу, которую Он дал Церкви. Таким образом, их жизнь характеризуется благоговейной, глубокой любовью как к Слову Бога, так и к Богу Слова.

ПОЧИТАЯ ДУХ ЧЕРЕЗ ПОЧИТАНИЕ ПИСАНИЙ

Хотя харизматы заявляют, что представляют Святого Духа, это движение постоянно стремилось разделить Его и Писание – как будто приверженность библейской истине каким-то образом могла угасить, оскорбить или каким-то образом ограничить служение Духа.[15] Но ничто

---

[15] Подробнее об этом см. главу 4. Следует отметить, что не все, кто верят в непрерывность отдельных даров Духа, будут делать такие заявления. Например, я благодарен тем консервативным евангельским христианам, которые твердо стоят на этом. Джон Пайпер абсолютно прав, когда говорит, что «Дух вдохновил Слово, и поэтому Он идет туда, где Его Слово». Чем больше Божьего Слова вы знаете и любите, тем больше Божьего Духа

не может быть дальше от истины. Библия – это Книга Святого Духа! Это инструмент, который Он использует для обличения неверующих о грехе, праведности и суде. Это меч, который он наделяет Своей силой в провозглашении Евангелия, пронзая сердца духовно мертвых и воскрешая их к духовной жизни. Это средство, с помощью которого Он освящает жизнь верующих, взращивая их в благодати через чистое молоко библейского наставления.

Таким образом, отвергать Писание означает отвернуться от Духа. Игнорировать, презирать, извращать или не подчиняться Слову Божьему – это все равно, что бесславить Того, Кто вдохновлял его, просвещал им и наделяет его Своей силой. Но искренне принимать и подчиняться библейской истине означает наслаждаться полнотой служения Духа, наполняться Его освящающей силой, быть руководимым Им в праведности и быть во всеоружии в битве с грехом и недостатками. Чарльз Сперджен как-то обратился к своему собранию со следующими словами:

> У нас есть верное слово свидетельства, скала истины, на которой мы обретаем покой, наш непогрешимый стандарт: «Так написано...» Только Библия, вся Библия и ничего кроме Библии – вот наша религия... Говорят, что это трудно понять, но только не для тех, кто ищет руководства Духа Божьего... Младенец, возрастающий в благодати и научаемый Духом Божьим, может познать ум Господа в отношении спасения и найти путь к небу под руководством одного лишь Слова. Но будь это глубоким или простым; дело не в этом; это Слово Божье и есть чистая, безошибочная истина. В нем непогрешимость, и нигде больше... Эта великая, непогрешимая книга... это наш единственный апелляционный суд... [Это] меч Духа в духовных конфликтах, которые подстерегают... Святой Дух – в Слове, и, следовательно, это живая истина. О христиане, не сомневайтесь в том, чтобы сделать Слово своим избранным оружием в войне.[16]

Библия – это живая Книга, потому что живой Дух Божий наделяет ее Своей силой. Слово осуждает нас, наставляет, снаряжает, укрепляет, защищает и помогает возрастать в вере. И Святой Дух делает все это, когда Он животворит истину Писания в наших сердцах.

Как верующие, мы почитаем Духа, когда уважительно относимся к Священным Писаниям, внимательно изучая их, применяя в жизни, вооружая свои умы и наполняясь учениями и предписаниями Слова. Дух

вы испытаете» (John Piper, *Desiring God* [Sisters, OR: Multnomah, 1996], 127). Боб Кауфлин также писал: «Наши церкви не могут быть вдохновлены Духом, если они не кормятся Словом. Церковь, которая зависит от силы Духа в личном или общественном поклонении, будет посвящена изучению, провозглашению и применению Божьего Слова. Слово и Дух никогда не должны разделяться. На самом деле Божий Дух – это Тот, Кто вдохновил Слово Божье... Дух Божий и Его Слово идут вместе» (Bob Kauflin, *Worship Matters* [Wheaton, IL: Crossway, 2008], 89–90).

[16] Charles Spurgeon, "Infallibility – Where to Find It and How to Use It," *The Metropolitan Tabernacle Pulpit*, vol. 20 (London: Passmore & Alabaster, 1874), 698–99, 702.

дал нам Слово. Он открыл глаза, чтобы увидеть его огромные богатства. Он животворит свою истину в нашей жизни, поскольку делает нас подобными образу нашего Спасителя.

Трудно себе представить причины пренебрежения словами этой Книги, особенно в свете обещанных Божьих благословений, которые записаны в ней. Как сказал псалмопевец:

Блажен муж, который не ходит на совет нечестивых и не стоит на пути грешных и не сидит в собрании развратителей, но в законе Господа воля его, и о законе Его размышляет он день и ночь! И будет он как дерево, посаженное при потоках вод, которое приносит плод свой во время свое, и лист которого не вянет; и во всем, что он ни делает, успеет. (Пс. 1:1-3)

12

ОТКРЫТОЕ ПИСЬМО
МОИМ ДРУЗЬЯМ-КОНТИНУАЦИОНИСТАМ

Эта заключительная глава – мое личное обращением к евангельским служителям, которые провозглашают истинное Евангелие, но настаивают на необходимости оставаться открытыми для откровения и чудесных даров в наше время.

Я назвал эту главу «Открытое письмо моим *друзьям*-континуационистам», потому что хочу подчеркнуть с самого начала, что считаю братьями во Христе и друзьями всех, кто верно проповедует Слово и Евангелие, даже если они не отрицают подлинности харизматического опыта. У меня есть хорошие друзья среди так называемых «харизматов-реформатов» и «евангельских континуационистов».

Харизматическое движение изобилует ложными учителями и духовными шарлатанами всех мастей, которые круглосуточно вещают на канале TBN (или на любом другом харизматическом телевизионном канале). Конечно, я не считаю своих друзей-континуационистов духовными шарлатанами или наглыми мошенниками. В этой главе я обращаюсь к христианским лидерам, которые доказали свою верность Христу и Его Слову на протяжении многих лет. Они последовательно учили хранить верность авторитету Писания и основам Евангелия – и именно в этом вопросе мы едины.

Я признателен им за огромный вклад в жизнь Церкви. Я много для себя взял, как и моя церковь, из книг, написанных авторами-континуационистами, включая систематические богословия, библейские комментарии, исторические биографии, духовно-назидательные книги, трактаты, защищающие фундаментальные доктрины, такие как заместительное искупление, библейская непогрешимость и библейские роли мужчины и женщины.

Что касается харизматической проблемы, многие евангельские континуационисты мужественно выступили против некоторых идей и практик в этом движении, которые, как они верят, прямо противоречат Слову Божьему, включая возмутительное учение евангелия процветания. Более того, они не принимают странные крайности, характеризующие движение в целом. Даже термин «континуационист» – это неявный протест против повсеместных искажений, которые характеризуют основное харизматическое учение. Как сказал один автор-континуационист:

«Термин "харизматический" иногда ассоциируется с доктринальным заблуждением, неподтвержденными исцелениями, финансовой нечестностью, диковинными и не исполнившимися предсказаниями, чрезмерным акцентом на даре говорения языками и неприличными прическами... Вот почему я стал чаще называть себя континуационистом, а не харизматом».[1]

Такая попытка отмежеваться подчеркивает разницу между харизматическим мейнстримом и консервативными евангельскими христианами, которые верят, что чудесные духовные дары не прекратились в первом веке. Тем не менее, я не верю, что одного лишь этого достаточно. Я рад, что у нас больше общего, чем разногласий, однако это не значит, что с последними можно смириться.

Таким образом, хотя я рад нашему единству по многим вопросам, я в равной степени убежден, что эта общность не должна мешать нам решать другие важные вопросы; скорее, это должно побуждать нас к исследованию, поиску ответов ради верного следования Писанию. Любовь к истине, а не снисходительность, побудила меня написать такую книгу, как эта. На мой взгляд, позиция континуационистов может привести в серьезным последствиям для евангельских церквей.

ТАЙНЫЕ ЦЕССАЦИОНИСТЫ

Прежде чем обсуждать эти последствия, хочу, чтобы мой читатель увидел иронию этой позиции, а именно – континуационисты фактически держаться важной исходной предпосылки цессационизма. Сейчас я объясню, что имею в виду.

Континуационисты утверждают, что современное пророчество ошибочное и неправомочное, они признают, что по большому счету современный дар языков не имеет ничего общего с подлинными иностранными языками, и в целом они отрицают повторение в наше время чудес исцеления, подобных тем, которые записаны в Евангелиях и Деяниях. Более того, континуационисты утверждают, что уникальное положение апостольства прекратилось после первого века церковной истории. Таким образом, континуационисты согласны с тем, что на протяжении последних девятнадцати столетий апостолов не было и что безошибочный новозаветный дар пророчества был прекращен (за исключением проповеди библейского откровения).

Континуационисты в основном признают, что чудесная способность свободно говорить на подлинных иностранных языках, как в Деян. 2, исчезла с апостольским веком. В большинстве своем они признают, что

---

[1] Bob Kauflin, *Worship Matters* (Wheaton, IL: Crossway, 2008), 86.

мгновенные, бесспорные, публичные и полные исцеления, подобные тем, которые совершаются Христом и Его апостолами, остались в первом столетии. Как сказал в недавнем интервью известный континуационист: «Исходя из Библии и моего опыта, нужно признать уникальность сверхъестественного благословения, которое больше не повторялось никогда. Никто и никогда не исцелял так, как исцелял Иисус. У Него не было неудачных исцелений, Он даже воскрешал людей из мертвых, Он прикасался, и все болячки уходили, ни разу Он не сплоховал».[2]

Это абсолютно верное замечание: чудеса Христа и Его апостолов были уникальными и неповторимыми. Это фундаментальное положение цессационизма.

Те, кто готов честно и непредвзято сравнить современные харизматические явления и чудеса Христа и Его апостолов, быстро обнаружат, что невозможно оставаться безоговорочным континуационистом. Слишком уж очевидна разница: современные харизматические версии апостольства, пророчества, языков и исцелений не соответствуют библейским прецедентам. Любой непредвзятый исследователь вынужден будет это признать. И с этим признанием континуационисты подтвердят основную исходную предпосылку цессационистов, как бы они не возражали.

Тем не менее, континуационисты настаивают на использовании библейской терминологии для описания современных харизматических практик, которые совершенно *не* соответствуют библейской реальности. Таким образом, любое личное переживание или мимолетная фантазия могут быть обозначены «пророчеством», поток словесной бессмыслицы – «даром языков», обыкновенное предвидение – «чудом», и любой положительный ответ на молитву об исцелении как доказательство того, что у кого-то есть *дар* исцеления. В том то и проблема: все это *не* новозаветные дары. И когда евангельский пастор или церковный лидер применяет библейскую терминологию к тому, что не соответствует библейской практике, люди запутываются; это потенциально опасное учение, с которым нельзя заигрывать.

ОПАСНЫЕ ПОСЛЕДСТВИЯ КОНТИНУАЦИОНИЗМА

Некоторые континуационисты считают этот вопрос не столь важным, даже второстепенным. Другие, похоже, и вовсе игнорируют его. На самом деле последствия очень серьезные, и легкомысленное отношение к этому вопросу может привести к плачевным результатам. Приведу восемь причин, почему я так думаю.

---

[2] Джон Пайпер в интервью Дэвида Стерлинга, "A Conversation with John Piper," *The Briefing*, October 27, 2011, http://matthiasmedia.com/briefing/2011/10/a-conversation-with-john-piper/.

1. Позиция континуационистов создает иллюзию легитимности харизматического движения в целом.

Хотя уважаемые консервативные богословы представляют лишь небольшую группу в харизматическом движении, однако само их наличие создает иллюзию, что богословию этого движения можно доверять.

Когда я опубликовал свою книгу «Харизматический хаос» более двадцати лет назад, некоторые обвиняли меня в том, что я слишком заострил внимание на крайностях и причудах харизматического движения. Я уверен, что некоторые скажут то же самое и об этой книге. На самом деле эта книга посвящена *мейнстриму* в харизматическом движении. Реформированные континуационисты – вот кто на самом деле находится на периферии, потому что подавляющее большинство харизматов не разделяют их убеждений. Однако, когда известные ученые-континуационисты поддерживают харизматические толкования или прямо не критикуют харизматические практики, они создают тем самым богословское прикрытие для движения, которое необходимо разоблачать, а не защищать.

В качестве примера хочу привести одного из самых уважаемых ученых в области Нового Завета в евангельском мире. Как осторожный экзегет, который стремится быть верным Новозаветному тексту, этот человек правильно отмечает, что дар языков – это настоящие иностранные языки. Тем не менее, как убежденный континуационист он не может признать, что дар языков прекратился. В результате он был вынужден предложить сомнительную гипотезу, согласно которой, современный лепет может казаться тарабарщиной, но вместе с тем может быть и осмысленным языком. В расширенной дискуссии по этому вопросу он приводит следующий пример, чтобы проиллюстрировать свою позицию:

Предположим, звучит следующая весть:
Хвалите Господа, ибо вовек милость Его.
Удалите гласные и получите:
ХВЛТ ГСПД Б ВВК МЛСТ Г
Такой текст кажется нам немного странным; ни для кого не секрет, что древнееврейский текст написан без гласных; после небольшой практики мы увидим, что читать такие тексты не так уж сложно. Теперь удалите пробелы и запишите последовательно каждую третью букву, повторяя до тех пор, пока все буквы не будут использованы. Вот что вы получите:
ХТПВМТВГДВЛГЛСБКС
Теперь добавьте звук «а» после каждой согласной и разбейте весь этот набор на произвольные части:
ХАТА ПАВА МАТА ВА ГАДА ВАЛАГА ЛАСА БАКАСА
Я думаю, что это очень похоже на транскрипцию в некоторых современных языках. Несомненно, это очень похоже на то, что я слышал. Но важно то, что этот набор передает информацию, *если у вас есть ключ к шифрованию*. Любой, кто знает шаги, которые я предпринял, может их обернуть вспять и получить исходное сообщение...

Похоже, что языки могут нести осмысленную информацию, даже если они не похожи на известные нам языки; например, компьютерная программа – это тоже «язык», который передает информацию, хотя это не «язык», на котором разговаривают.[3]

Несмотря на изобретательность этой гипотезы, она не имеет экзегетического основания и вносит ненужные сложности в Новозаветное описание дара языков. Любопытные объяснения, подобные этому, хотя и предлагаются из лучших побуждений, пытаются сделать невозможное. Все попытки примирить библейское чудо говорения на иностранных языках и современную практику бессмысленного бормотания терпят неудачу.

Если бы это объяснение не исходило от одного из самых уважаемых академических авторов нашего времени, это, вероятно, не привлекло бы внимания ни на одном серьезном форуме. Но так как это сказал выдающийся евангельский ученый, очень многие харизматы ухватились за его идею, как будто это хорошая защита их позиции. Но это не так. Это явно отчаянная попытка защитить то, что защитить невозможно. Подобные неправдоподобные теории от уважаемых авторов служат часто подспорьем для оправдания движения, которое на самом деле основано на сомнительных аргументах и экзегетических ошибках.

В одном онлайн-интервью еще один пастор-континуационист настаивает на том, что современная версия экстатической речи является подлинным библейским даром, хотя и признает, что в харизматических кругах этот дар часто подделывают. Заявив о своем желании говорить на языках, он сказал следующее:

Тем утром я ходил по своей гостиной… [и] думал о языках. Я сказал: «Я уже давно не просил о даре языков». Я просто встал и сказал: «Господи, я все еще очень хочу говорить на языках. Не мог бы Ты мне ниспослать этот дар?

Вы можете без труда произнести слово «банан» задом наперед. Когда-то я сидел в машине у здания церкви и напевал на языках, но я знал, что это были не языки. И я сказал себе, нет, это не языки. Я знаю, что это не они.

Но это то, к чему порой подталкивают вас, когда вы находитесь в определенной группе. И я сделал все, чтобы получить это дар, и Господь постоянно отвечал мне: «Нет».

Но я не думаю, что это Его последнее слово. И поэтому время от времени я обращаюсь к Нему, как ребенок, и говорю: «У многих моих братьев и сестер есть эта игрушка, есть этот дар. Могу я тоже его получить?»[4]

---

[3] D. A. Carson, *Showing the Spirit* (Grand Rapids: Baker Books, 1987), 85–86.

[4] John Piper, "What Is Speaking in Tongues?" online video; recorded December 2012, posted by David Mathis, "Piper on Prophecy and Tongues," *Desiring God* (blog), January 17, 2013, http://www.desiringgod.org/blog/posts/piper-on-prophecy-and-tongues.

Это свидетельство иллюстрирует пустые чаяния, связанные с неправильным пониманием даров: страстное желание получить то, что Бог давно взял из Церкви. С одной стороны, я благодарен, что этот пастор достаточно честен, чтобы признать, что он никогда не переживал подобного опыта – тем более, что современная версия представляет собой подделку. С другой стороны, эта вера уважаемого пастора в то, что такое экстатическое состояние может быть подлинным выражением духовных даров, придает уверенности всем тем, кто связывает бессмысленный лепет с Духом Божьим. Хотя этот пастор является известным защитником здравого учения, его позиция о языках питает уверенность многих миллионов харизматов, которые не особо вникают в этот вопрос.

2. Позиция континуационизма уничижает чудодейственную природу истинных даров, которые Бог даровал Церкви в первом веке.

В Евангелиях и книге Деяний Апостолов записаны самые яркие и волнующие чудеса, которые когда-либо происходили в человеческой истории. Бог давал новое откровение Церкви через Своих апостолов и пророков, благодаря чему и появился Новый Завет. Святой Дух даровал некоторым людям способность говорить на иностранном языке, которого они ранее не знали. Он также дал отдельным людям способность исцелять – слепых, калек, глухих и прокаженных – чтобы засвидетельствовать истинность Благой вести. Цель этих чудес и их связь с откровением истины Евангелия ясно показана в Евр. 2:3-4: «...спасении, которое, быв сначала проповедано Господом, в нас утвердилось слышавшими от Него, при засвидетельствовании от Бога знамениями и чудесами, и различными силами, и раздаянием Духа Святаго по Его воле». Как согласовать этот текст с харизматическим представлением о том, что знамения, чудеса, дары языков, пророчества и исцеления – это часть обыденной христианской жизни?

Кроме того, когда континуационисты употребляют терминологию новозаветных даров применительно к харизматической практике, они обесценивают их уникальную природу. Таким образом они уничижают славную деятельность Святого Духа на этапе становления Церкви. Если современные харизматические дары эквивалентны новозаветным, тогда последние на самом деле не имели никакой чудодейственной силы. Предсказания, которые полны ошибок, не имеют права ассоциироваться с библейским даром пророчества. Бессмысленная тарабарщина – это не настоящий дар языков. И сомнительные «врачевания» не могут претендовать на апостольский дар исцеления.

Как евангельские христиане, мы призываем к почтительному отношению к Богу и Его Слову. Когда харизматы эксплуатируют терминологию Нового Завета и переопределяют библейские дары, они обесценивают Божьи чудеса и дары в первом веке. А консервативные континуационисты способствуют этому искажению.

3. Позиция континуационизма удерживает от критики харизматического учения в целом.

Выражая доверие к основным предпосылкам харизматического учения, континуационисты в конечном итоге стараются избегать критики евангельских лидеров, которые поощряют странное поведение на богослужениях или делают чудные заявления, основанные на предполагаемых откровениях от Бога.

Приведу яркий пример. Несколько лет назад один популярный молодой пастор заявил, что Бог показывал ему наглядно в видениях конкретных людей, которые занимались сексуальным развратом, включая изнасилование, прелюбодеяния и растление малолетних.[5] Пастор с бравадой описывал свои видения, включая неприличные подробности. Его рассказ из категории «только для взрослых» был явным нарушением Еф. 5:12; 1Тим. 4:12 и множества других библейских указаний. Затем эти рассказы были опубликованы на веб-сайте его церкви.

Очевидно, что источник таких видений – не Бог, а больное мирское воображение. Цессационисты тут же отреагировали на порнографические истории этого пастора, а вот некоторые континуационисты оказались в затруднительном положении. С одной стороны, они не могли признать, что Бог действительно был источником непристойных образов этого молодого человека. С другой стороны, они не могли решительно отвергнуть божественное происхождение этих откровений, несмотря на откровенную их пошлость. В конце концов, они остались стоять в стороне в неловком молчании, которое многими было воспринято как согласие.

Таких примеров множество. Хотя харизматические реформаты хотят дистанцироваться от основного харизматического движения, они поставили себя в положение, которое делает практически невозможной любую критику в их адрес. Недавно влиятельный евангельский пастор сказал, что в начале 1990-х годов он был заинтригован движением Третьей Волны, назвав движение Виноградник Джона Уимбера подлинным пробуждением.[6] Известный богослов полагает, что «сокрушение в Духе» должно оценивать по результатам, которые оно приносит в жизнь людей.[7] Другой популярный евангельский автор ушел в отставку в 1993 году, чтобы

---

[5] Подробнее о жутких пророчествах Марка Дрисколла см. Phil Johnson, "Pornographic Divination," *Pyromaniacs* (blog), August 15, 2011, http://teampyro.blogspot.com/2011/08/pornographic-divination.html.

[6] Джон Пайпер в интервью с Дэвидом Стерлингом.

[7] Wayne Grudem, *Systematic Theology* (Grand Rapids: Zondervan, 1994), 640.

стать чем-то вроде богословского наставника для Пророков Канзас-Сити.[8] Когда эта группа раскололась, их бывший наставник покинул Канзас-сити и основал собственное служение, в котором гораздо более сдержанный подход к харизматическим дарам. Но он все еще верит в истинность современных пророчеств.[9]

Вместо того чтобы открыто выступить против харизматических заблуждений, континуационисты нередко флиртуют с движением, полным серьезных ошибок и дискредитировавших себя служителей. Поскольку они позволили современному харизматическому движению переопределить дары для них, они оказались неспособны авторитетно противостоять их заблуждениям. Нет никакой необходимости уступать этому движению на экзегетическом поле.

4. Настаивая на том, что Бог все еще дает новое откровение христианам сегодня, континуационисты становятся уязвимыми для смущения и заблуждений.

Признание ошибочного пророчества в кругах континуационистов повернуло все евангельское движение навстречу ложным учениям, которые неизменно сопровождают эти пророчества.

Бесчисленных ложных пророчеств Джека Дира, Пола Кейна, Боба Джонса и пророков Канзас-сити достаточно, чтобы проиллюстрировать это. Когда я встретился в своем кабинете с бывшим профессором из Далласской богословской семинарии Джеком Диром и провозглашенным пророком Полом Кейном в 1992 году, Дир попытался убедить меня, что он представляет собой доктринально здоровый сегмент харизматического движения. Он привел Кейна, чтобы доказать мне и двум другим служителям, что дар пророчества все еще присутствует в Церкви. Во время нашей встречи Кейн вел себя совершенно неадекватно, словно он был пьян. Хотя Дир извинился за странное поведение Кейна, он хотел, чтобы мы поверили, что такое поведение было результатом помазания Духа.

В ходе нашего разговора оба признали, что их пророчества часто бывают ошибочными. Конечно, мы сослались на Писание, подчеркивая, что оно осуждает все ложные пророчества, и от библейских пророков требовалась 100-процентная точность их вестей. В свою защиту Дир обратил внимание на известного евангельского христианина, который выступал за продолжение пророческого дара.[10] Признавая законность ошибочного пророчества, этот уважаемый евангельский богослов стал для Дира и Кейна легитимным

---

[8] Относительно связи Сэма Стормса с Майком Биклом и «Пророками Канзас-сити» см. Mike Bickle, *Growing in the Prophetic* (Lake Mary, FL: Charisma House, 2008), 120–21.

[9] См. Sam Storms, "A Third Wave View," in *Four Views of the Miraculous Gifts*, ed. Wayne Grudem (Grand Rapids: Zondervan, 1996), 207–12.

[10] См. Wayne Grudem, *The Gift of Prophecy* (Wheaton, IL: Crossway, 1988).

прикрытием – несмотря на явное нарушение библейских требований к пророчествам во Втор. 13 и 18. Континуационисты не задумываются о том, что, принимая современные пророчества, они открывают двери Церкви многим лжепророкам (см. Мф. 7:15), одновременно поощряя легковерие среди верующих – в результате чего даже искренние христиане убеждены, что с ними говорит Бог (когда на самом деле это не так).

Несколько лет спустя служение Пола Кейна было дискредитировано, когда он признался в продолжительной алкогольной зависимости и гомосексуализме. Как ни странно, но ни один из так называемых пророков в этом движении не сумел предсказать такой исход. Они приветствовали его как великого пророка с величайшим даром. Каким человеком он был на самом деле – оставалось за рамками их пророческого видения! Если такие харизматические пророки не знают правды о своих сподвижниках, то их слушатели тем более не имеют надежды узнать об этом.

Несмотря на скандал, некоторые континуационисты продолжают настаивать на том, что Пол Кейн *действительно* пророчествовал, даже если впоследствии он оказался аморальным шарлатаном. По словам одного евангельского лидера:

> В свое время Пол Кейн был пророком, но полностью дискредитировал себя. Я посетил однажды одно мероприятие Пола Кейна, и он пророчествовал обо мне. Он утратил этот дар. Я наблюдал, как он проповедовал дважды, он использовал Библию как вакуумный насос, чтобы добраться до сути, которая заключалась в следующем: «Человек сзади в красной футболке, он собирается в Австралию через три недели, и он нервничает, и я хочу заверить его, что он получит визу». Теперь это случилось, и я считаю, что это действительно было пророчество. В моем богословии есть место для современного пророчества, Святой Дух может это сделать. Пол Кейн мог быть шарлатаном. Думаю, он был шарлатаном. Но он действительно пророчествовал.[11]

Хотя лжепророки действительно иногда могут делать точные предсказания (например, Валаам [Чис. 23:6-12], Каиафа [Ин. 11:49-51]), однако эти забавные случаи, скорее, иллюстрируют путаницу, присущую континуационизму. Почему нельзя назвать Пола Кейна лжепророком, когда он пророчествует ложно? Приписать Святому Духу слова, которые могут исходить от демонов через уста ложного пророка, является серьезным промахом, что еще больше подчеркивает опасность той игры, которую затеяли континуационисты.

Позиция континуационизма оставляет открытой возможность для любого христианина заявить, что его личное субъективное впечатление или переживание – это откровение от Бога. Более того, такая позиция лишает авторитетности любой объективный критерий для определения подлинности предполагаемого откровения от Бога. Континуационист

---

[11] Джон Пайпер в интервью с Дэвидом Стерлингом.

никогда наверняка не может сказать, от Бога его переживания или из какого-то другого источника. Этот побочный результат искаженного харизматического богословия умаляет значимость «испытания духов» и отвлекает людей от истины.

Приведу пример известного пастора-континуациониста, жизнь которого перевернулась вверх тормашками, когда женщина в его церкви рассказала ему о слове от Бога, якобы полученным ней. Он рассказывает об этом следующими словами:

> Моя жена тогда была беременна нашим четвертым ребенком. В собрании ко мне подошла женщина и сказала: «У меня очень тревожное пророчество для вас». Я сказал: «Хорошо». Она записала его на листке бумаги и передала мне: «У вас родится дочь, но ваша жена умрет во время родов». Я поблагодарил ее и сказал, что очень ценю ее заботу. На самом деле я не помню, что именно тогда сказал, мне было очень тяжело от того, что я услышал. Я вернулся в свой кабинет, сел и заплакал... И когда у нас родился *мальчик*, а не *девочка*, я с особым энтузиазмом воскликнул «ух ты!» ...потому что я знал, если родится мальчик, значит, пророчество не было истинным.[12]

Если поддельное пророчество может так потрясти жизнь евангельского пастора, представьте, какие разрушительные последствия он может иметь для прихожан, у которых нет богословского образования, как у него, чтобы с помощью Библии распознать ложное пророчество.

В более широком харизматическом движении дела обстоят еще хуже, чем у консервативных континуационистов, поскольку там нет здравого учения реформатского богословия. Харизматический мир не случайно переполнен лжеучителями и духовными мошенниками. Возвышение воображаемого опыта и субъективных переживаний открыло дверь для разного рода обманов. Убежденность в том, что христиане должны постоянно рассчитывать на получение внебиблейского откровения от Бога через мистические переживания, наряду с возмутительной идеей о том, что даже ошибочные откровения являются подлинными выражениями пророческого дара, – это путь к катастрофе. К сожалению, отдельные консервативные ученые-континуационисты никак ее не предотвратят.

5. Настаивая на том, что Бог все еще дает новое откровение христианам сегодня, континуационисты косвенно отрицают доктрину *sola Scriptura*.

Такой подход определяет харизматическое движение в целом. По сути, они ушли от того, чтобы считать Писание единственным авторитетом.

---

[12] John Piper, "What Is the Gift of Prophecy in the New Covenant?" online video; recorded December 2012, posted by David Mathis, "Piper on Prophecy and Tongues," *Desiring God* (blog), January 17, 2013, http://www.desiringgod.org/blog/posts/piper-on-prophecy-and-tongues.

Очевидно, ни один консервативный континуационист не стал бы отрицать полную завершенность канона. И не стал бы отрицать авторитет или достаточность Писания. На самом деле мои друзья-континуационисты – одни из самых ярых защитников библейской непогрешимости, и я очень ценю их приверженность авторитету Писания и их непоколебимую уверенность в том, что только Писание может выступать в роли авторитетного руководства для жизни и учения.

Тем не менее, на самом деле позиция континуационистов фактически отрицает единственный авторитет Писания на практике – потому что ожидается, что верующие будут искать дополнительного откровения от Бога вне Библии. В результате люди ищут ярких переживаний и слов от Бога сверх того, что записано на страницах Писания. Используя такие термины, как «пророчество», «откровение» или «слово от Господа», они могут вредить людям, связывая их совесть ошибочным заявлением, манипулировать ими и подталкивать к неразумным решениям (потому что они думают, что Бог ожидает этого от них). Хотя континуационисты настаивают на том, что частное пророчество не является авторитетным (по крайней мере, не на вселенском уровне), нетрудно представить бесчисленные способы злоупотреблений такими «божественными вестями» со стороны недобросовестных церковных лидеров.

С одной стороны, континуационисты настаивают на том, что современное пророчество – это откровение от Бога. С другой стороны, они признают, что оно часто полно ошибок, поэтому предупреждают людей никогда не основывать какие-либо будущие решения на таких пророчествах. Такая противоречивая позиция только усиливает богословскую путаницу, присущую континуационизму.

По сути, взгляд континуационистов позволяет людям, прикрываясь словами «так говорит Господь» (или «Я имею слово от Господа»), вещать ошибочные пророчества, передавая весть, которую Бог им не поручал. В результате люди могут приписывать Духу истины слова, которые не есть истинными. Это граничит с богохульной наглостью и ставит защитников этой позиции в опасное положение. Очевидно, что такого рода ошибки не могут быть оправданы Писанием. Следовательно, сторонники современного пророчества в конечном счете вынуждены защищать свою позицию, рассказывая забавные истории. Их основным авторитетом становится их собственный опыт, а не учение Писания, и это подрывает принцип Реформации *sola Scriptura*.

6. Принимая нерациональный лепет за библейский дар языков (обычно как личный молитвенный язык), континуационисты открывают дверь бессмысленному возбуждению харизматического богослужения.

Континуационисты обычно определяют дар языков как благочестивый молитвенный язык, доступный каждому верующему. В отличие от апостольского дара (описанного в Деян. 2), языки в большинстве случаев – это не настоящие иностранные языки. Скорее, это вокализация бессвязной последовательности слогов, которые впоследствии обозначаются «языками ангелов» или «небесным языком». Хотя континуационисты более осторожны, чем харизматы, в плане контроля глоссолалии на богослужениях, языки все еще поощряется к использованию в личной молитве.

Любое подтверждение современной глоссолалии – даже если она ограничивается только молитвенной комнатой – побуждает верующих искать более глубокую духовную близость с Богом через *мистические, запутанные* и *даже бессознательные* переживания. Это опасный путь для верующих, которые призваны к обновлению своего ума, а не *отказу* от него, и подчинению своих эмоций разуму. Акцентирование внимания на языках может также способствовать духовной гордыне в Церкви (как это было у коринфян). Обладающие подобным «даром» могут легко почувствовать свое превосходство над теми, кто еще не пережил подобный опыт. Более того, континуационисткая позиция относительно языков подтверждает эгоистичное использование даров. Двенадцатая глава Первого послания к коринфянам ясно показывает, что все дары даны для назидания других в Теле Христовом, а не для самовозвеличивания или удовлетворения своих плотских желаний.

Одобрение бессмысленного лепета открывает дверь для всего пятидесятнического учения, поскольку «говорение на языках» – это отличительная черта пятидесятнического движения, которая открывает путь для экуменического диалога, поскольку это явление переживается во многих деноминациях (включая католицизм и даже нехристианские культы). Опять же, континуационист оказывается перед доктринальной дилеммой: если современные языки – это дар Святого Духа, то почему же этот феномен встречается среди католиков и даже нехристиан?

Иисус учил, что истинная молитва не должна быть бессмысленным повторением фраз, а апостол Павел подчеркивал, что истинный Бог не есть Бог беспорядка. Тем не менее, беспорядок и бессмысленное повторение слов без смысла – это то норма на харизматическом богослужении. Позиция континуационизма (что языки – это не обязательно подлинные иностранные языки) чужда не только ясному учению Писания, но и универсальному свидетельству истории Церкви. Никто в истории Церкви не отождествлял «дар языков» с тарабарщиной до современных пятидесятников. Единственные возможные исключения исходят от еретиков, различных культов и ложных религий – источников, от которых консервативные евангельские христиане по праву хотели бы дистанцироваться.

7. Утверждая, что дар исцеления продолжается до настоящего времени, позиция континуационизма подтверждает основную предпосылку мошеннического служения целителей верой.

Континуационисты считают, что дар исцеления сегодня выражен в редких исцелениях (если Бог так велит сделать) в первую очередь посредством молитвы. Результаты таких исцелений не всегда видны или незамедлительны; однако обладающие даром исцеления могут чаще наблюдать ответы на свои молитвы за больных людей.

Континуационисты спешат подчеркнуть разницу между современным даром и исцелениями Христа и апостолов. Если исцеления последних были явно чудесами – явными, публичными и бесспорными – то континуационистское понимание исцелений сводит этот дар до молитв за больных, на которые ответ те *могут* получить через неопределенное время. Я искренне верю в силу молитвы. Все цессационисты верят. Но особые акты божественного провидения в ответ на молитву – не эквивалентны чудесному дару исцеления, описанному в Новом Завете. Свести этот дар до простой молитвы – значит умалить его.

Несмотря на попытки дистанцироваться от харизматических целителей верой, континуационисты, подтверждая в той или иной мере продолжение библейского дара исцеления, косвенно поддерживают их мошенническую деятельность. Укреплять уверенность в целителей-мошенников – безрассудно и бессердечно, так как те охотятся на отчаявшихся людей, продавая им ложную надежду. Справедливости ради следует отметить, что, когда евангельские континуационисты рассматривают учение евангелия процветания, они, как правило, очень умело критикуют эту доктрину. Я признателен им за это, и мне бы хотелось, чтобы они продолжали это делать с еще большим усердием. Но зачем вообще защищать современный «дар исцеления»? Ведь такая позиция открывает возможности для шарлатанов и мошенников. Пусть дар исцеления остается чудесной, дарованной Богом способностью безотлагательно исцелять людей так же, как Христос и Его апостолы. Никто сегодня не обладает таким даром (Почему ни один предполагаемый целитель не лечит в больницах или в горячих точках).

Как и в случае с даром пророчества (где точность пророчества зависит от веры пророка), континуационисты склонны ставить успех исцелений в зависимость от веры целителя. Хотя это лучше, чем полагаться на веру исцеленного человека (как Бенни Хинн и *большинство* других харизматических целителей верой), тем не менее он служит удобным оправданием, когда больные не излечиваются. Но любое «исцеление», после которого большинство людей остаются больными и немощными, вряд ли соответствует библейскому дару. Почему бы не признать это?

8. Позиция континуационизма в конечном счете бесчестит Святого Духа, отвлекая людей от Его истинного служения и привлекая внимание к подделкам.

Все истинные верующие любят Бога Отца, Господа Иисуса Христа и Святого Духа. Они благодарны за деятельность Духа, который возрождает, пребывает в верующем, дает уверенность в спасении, просвещает в Слове, убеждает, утешает, наполняет и освящает. У них никогда не возникнет желания сделать что-то, что будет бесчестить Его имя или отвлекать других от Его истинной работы. Хотя и непреднамеренно, позиция континуационизма способствует этому.

Основным инструментом, который Святой Дух использует для освящения верующих, является вдохновленное Им Слово. Настаивая на том, что Бог обращается к человеку сегодня напрямую через интуитивное откровение, мистические переживания и поддельные дары, континуационисты фактически умаляют истинные средства Божьего освящения. В результате верующие испытывают соблазн отказаться от Слова и тем самым лишаются подлинной духовности, выбирая вместо этого бесплодные субъективные чувства, эмоциональные переживания и воображаемые встречи. Но истинное наполнение Духом происходит через пребывание в Слове Божьем (Еф. 5:18; Кол. 3:16-17). Хождение в Духе – это плод новой жизни (см. Гал. 5:22-23). Наилучшим свидетельством работы Духа будет возрастание верующих в святости и подобии Христу, а не эмоциональные вспышки или экстатические переживания.

На самом деле континуационизм препятствует освящению и духовному росту, поскольку поддерживает движение, которое не ведет к святости или подобию Христу. Таким образом, он умаляет и мешает истинной работе Духа в жизни верующих.

ЗАКЛЮЧИТЕЛЬНЫЙ ПРИЗЫВ К ДЕЙСТВИЮ

Я убежден, что опасности позиции континуационизма ставят нас перед острой необходимостью четко о них заявить. Слишком многое поставлено на карту, чтобы игнорировать все эти последствия. Будучи уважаемыми лидерами в евангельском мире, они оказывают огромное влияние; направление, которое они задают, определит курс нового поколения молодых служителей и будущего евангельского христианства. Вот почему те, кто готов встать и защищать истинную работу Духа, должны поставить вопрос ребром.

Новый Завет призывает нас беречь доверенное нам наследие (2Тим. 1:14). Мы должны твердо стоять за истину Евангелия – веру, однажды переданную святым (Иуд. 3). Компромисс с заблуждениями и субъективизмом харизматического богословия позволяет врагу проникнуть в наш стан. Я убежден, что харизматическое движение открыло двери для большего количества богословских ошибок, чем любые другие доктринальные отклонения в XX веке (включая либерализм, психологию и экуменизм). Это смелое заявление, я знаю. Но доказательства налицо. Как только на первое место выходит религиозный опыт, нет такого зла или ереси, которые не смогли бы проникнуть в церковь.

Харизматическое богословие – это чуждый огонь нашего поколения, и евангельские христиане не должны заигрывать с ним. Я не понимаю, почему некоторые хотят поддержать практику, которая не имеет библейского прецедента, особенно когда она оказалась вратами для разного рода богословских ошибок. Континуационисты, похоже, находятся в блаженном неведении и делают вид, что все в порядке. Их нежелание понять, как их взгляды подрывают авторитет, достаточность и уникальность Писания, делает их нерадивыми слугами Господа.

Как я сказал во введении, пришел час, когда истинная церковь должна пробудиться и твердо встать на защиту истины. Нельзя стоять в стороне, когда возрождается интерес к библейскому Евангелию и пяти основным тезисам Реформации. Все, кто верен Писанию, должны возвысить свой голос и осудить все, что бесславит Бога. Мы обязаны вооружиться истиной и мужественно защищать имя Святого Духа. Если мы заявляем о верности наследию Реформации, мы должны выступить с теми же мужеством и уверенностью, поскольку мы искренне стоим за веру. Мы должны встать как один против повсеместных злоупотреблений именем Духа Божьего. Эта книга – призыв присоединиться к защите Его чести.

Я молюсь о том, чтобы мои друзья-континуационисты (и все, кто искренне желает узнать истину) увидели опасности харизматического богословии и решительно отвергли то, что Библия осуждает как заблуждение, и чтобы мы вместе исторгали души заблудших из пламени чуждого огня (Иуд. 23).

БЛАГОДАРНОСТИ

Работа Натана Бузеница, профессора богословия и церковной истории в Мастерс семинарии, имела решающее значение для планирования, составления и подготовки этой рукописи к печати. Его понимание доктринальных и исторических корней пятидесятничества вместе с литературными и богословскими навыками стало неоценимым вкладом в написание этой книги. Без его помощи и неослабевающего усердия от начала и до конца было бы невозможным уложиться в сроки, заданные издателем. Для меня было большой честью работать вместе с ним, и я ему весьма признателен за все. Хочу поблагодарить также Фила Джонсона за его редакцию окончательного варианта рукописи. Отдельная благодарность Брайану Норману и редакторскому отделу издательства *Томас Нельсон* за подготовку рукописи к печати, а также полезные советы.

Приложение

ГОЛОСА В ХРИСТИАНСКОЙ ТРАДИЦИИ

Традиционно харизматы признавали, что чудодейственные дары прекратились где-то еще на раннем этапе церковной истории. Они не утверждали, что дары имели место в Церкви на протяжении веков, они учат, что они вернулись в 1901 году, когда Агнес Озман якобы заговорила на языках. При этом они часто обращают внимание на упоминание о «дожде раннем и позднем» в Иоил. 2:23, настаивая на том, что ранний дождь излился в день Пятидесятницы, а поздний дождь – в двадцатом веке. Они почему-то отказываются прочесть всю вторую главу и увидеть, что стих 23 – это обещание буквальных осадков во время тысячелетнего царства. Ранний дождь – это осенние дожди, а поздний – весенние ливни. Иоиль пророчествует, что на земле во время тысячелетнего царства и ранний дождь и поздний выпадут «как прежде», то есть в грядущем веке по Божьему благословению урожай будет весьма обильным. Следующие стихи (ст. 24-26) не оставляют в этом никаких сомнений. Таким образом, «дождь ранний и поздний» не имеет ничего общего ни с днем Пятидесятницы, ни с современным пятидесятническим движением. Слишком уж самонадеянно закладывать на таком шатком «духовном» толковании учение о божественном происхождении пятидесятнического движения.

Осознавая слабости традиционной точки зрения, некоторые харизматы бросились искать следы чудодейственных даров на протяжении всей истории Церкви. В результаты они были вынуждены либо переопределять дары, чтобы они соответствовали историческим обстоятельствам (так же, как они переопределяли дары, чтобы соответствовать современному опыту), либо, по сути, поставить себя в один ряд с такими группами, как монтанисты, крайние радикалы Реформации, квакеры, шейкеры, янсенисты, ирвингиане или мормоны. Тем не менее некоторые континуационисты настаивают на том, что именно харизматическая позиция была общепринятой на протяжении церковной истории, и что именно цессационисты представляют новомодное христианское учение. Некоторые даже дошли до того, что утверждают, что цессационизм – это продукт натуралистического рационализма Просвещения.

Поэтому цель этого приложения – помочь прояснить этот вопрос. Читатель сам сможет убедиться не только в том, что цессационизм – это никакой не продукт Просвещения, но и увидит, как видные церковные лидеры на протяжении всей истории понимали библейское учение о дарах.

ИОАНН ЗЛАТОУСТ (344-407)

[Комментарий на 1 Коринфянам 12:] «Все это место весьма неясно; неясность происходит от неизвестности предметов и от оскудения событий, которые тогда были, а теперь не бывают. Почему же они теперь не бывают?»[1]

АВГУСТИН (354-430)

«Существовали знамения, подходящие тому времени. Они были предназначены, чтобы объявить сошествие Духа Святого на людей с разными языками и доказать им, что Евангелие Божие должно быть проповедано на всех земных языках. Это был знамением данным им, и это знамение осталось в прошлом».[2]

•

«Ибо кто в эти дни ожидает, что те, на кого возложены руки для получения Святого Духа, должны начать говорить языками? Но понятно, что незримо и незаметно, ради мира, божественная любовь дышит в их сердцах, чтобы они могли сказать: "Потому что любовь Божия излилась в сердца наши Духом Святым, данным нам"».[3]

ФЕОДОРИТ КИРСКИЙ (393-466)

«В прошлые времена принявшим божественную весть и крещенным во спасение были даны видимые знамения благодати Святого Духа, действовавшего в них. Некоторые говорили на языках, которых они раньше не знали и которым никто не учил их, тогда как другие совершали чудеса или пророчествовали. Коринфяне также совершали это, но они не использовали дары так, как это следовало делать. Они хотели ими покрасоваться больше, чем использовать их для назидания церкви... Даже в наши дни благодать дана тем, кто признан достойным святого крещения, но она не принимает ту же форму, как было в те дни».[4]

МАРТИН ЛЮТЕР (1483-1546)

«Святой Дух посылается двумя способами. Первохристианской Церкви Он был послан явным, видимым образом. Так Он сошел на Христа при Иордане в

---

[1] Иоанн Златоуст, *Гомилии на 1 Коринфянам*, Беседа 29.1.

[2] Августин, Рассуждения на 1 Иоанна, 6.10.

[3] Августин, О крещении против донатистов, 3.16.21.

[4] Феодорит Кирский. Комментарий на Первое послание к коринфянам, 240, 243 (комментарий к 1Кор. 12:1,7). Цит. по: *Первое и Второе Послания Апостола Павла к Коринфянам* // Библейские комментарии отцов Церкви: Новый Завет / Под ред. Дж. Брэя; Под общ. ред. Т. Одэна; Пер. с англ. Тверь: Герменевтика, 2006. С. 164, 169.

виде голубя (Мф. 3:16), а на апостолов и других верующих – в виде огня (Деян. 2:3). Это был первый способ дарования Святого Духа. Он был необходим первохристианской Церкви, которую следовало подкрепить видимыми знамениями ради неверующих, как свидетельствует Павел (1Кор.14:22): "Языки суть знамение не для верующих, а для неверующих". Но впоследствии, когда Церковь уже была собрана и укреплена этими знамениями, посылать Духа таким видимым образом уже не было необходимости».[5]

∗

«Всякий раз, когда вы слышите, что кто-то хвастается новым откровением от Святого Духа, которому нет оснований в Божьем Слове, что бы он ни говорил, отвечайте ему – это работа дьявола».[6]

∗

«То, что не основано на Писании, исходит от самого дьявола».[7]

ЖАН КАЛЬВИН (1509-1564)

«Хотя Христос не говорит однозначно, желает ли Он, чтобы этот дар существовал временно или же чтобы он навечно оставался в Его Церкви, вполне возможно допустить, что чудеса были обещаны только на определенное время для того, чтобы украсить Евангелие, когда оно еще было чем-то новым и непонятным. Несомненно, вполне возможно допустить, что мир был лишен чести видеть чудеса по причине вины неблагодарности, но я думаю, что истинная цель чудес состояла в том, чтобы утвердить учение Евангелия на самой заре его появления. И мы определенно видим, как вскоре после этого их применение прекратилось или, по крайней мере, случаи их проявления были настолько нечасты, что мы вынуждены прийти к выводу, что они больше не были в равной мере распространенными во все века».[8]

∗

«К тому же, дар исцеления больных и чудотворения вообще больше не присутствует в Церкви. Он был дан Господом временно, дабы снискать вечное восхищение проповедью Евангелия, которая в ту пору была новостью».[9]

---

[5] Лютер М. Лекции по «Посланию к Галатам / Пер. с нем. Sterling Heights, MI: Фонд «Лютеранское наследие», 1997. С. 432-433.

[6] Martin Luther, *Luther's Works*, vol. 23, ed. Jaroslav Pelikan (St. Louis: Concordia: 1959), 173–74.

[7] Martin Luther, *Luther's Works*, vol. 36, ed. Jaroslav Pelikan (St. Louis: Concordia: 1959), 144.

[8] John Calvin, *A Harmony of the Gospels Matthew, Mark, and Luke, Calvin's Commentaries*, trans. A. W. Morrison (Grand Rapids: Zondervan, 1972), III: 254. (Комментарий на Мк. 16:17.)

[9] John Calvin, *Institutes of the Christian Religion*, 1536 ed., trans. Ford Lewis Battles (Grand Rapids: Zondervan, 1986), 159.

ДЖОН ОУЭН (1616-1683)

«Распределение Духом даров, которые по своей природе превосходят границы всех наших способностей, давно прекратилось. И если где-то кто-то претендует на обладание ими, то это заслуживает подозрения в увлеченности заблуждением».[10]

ТОМАС УОТСОН (1620-1686)

«Конечно, необходимость в рукоположении теперь намного больше, чем во времена Христа и во времена апостолов, поскольку тогда в Церкви были удивительные дары, которые сейчас прекратились».[11]

МЭТЬЮ ГЕНРИ (1662-1714)

«В данной главе подробно освещается, что представляли собой эти дары, а именно: это были экстраординарные полномочия и способности, дарованные служителям и рядовым христианам первых веков для убеждения неверующих и распространения Евангелия».[12]

•

«Дар языков был одним из новых производных духа пророчества и был дан по определенной причине, состоявшей в том, что ограда иудаизма была снесена, и все народы могли войти в Церковь. Этот и другие дары пророчества, являясь знамением, уже давно прекратились и были отложены, и у нас нет причины ожидать их возобновления; но, напротив, нам предписано называть Писание вернейшим пророческим словом, более надежным, чем голоса с неба; к нему нам предписано обращаться, чтобы исследовать его и крепко держаться его (2Пет. 1:19)».[13]

ДЖОН ГИЛЛ (1697-1771)

«Когда эти дары существовали, ими однозначно обладали не все. А ныне – вообще никто не обладает».[14]

---

[10] John Owen, *The Works of John Owen*, ed. William H. Goold (repr.; Edinburgh: Banner of Truth, 1981), 4:518.

[11] Thomas Watson, *The Beatitudes* (Edinburgh: Banner of Truth, 1994), 14.

[12] Генри М. Толкование на книги Нового Завета. В 6 т. / Пер. с англ. Б. м.: Dutch Reformed Tract Society, 2004. Т. 5. С. 335.

[13] Там же, 4:ix. Введение к комментарию на книги ветхозаветных пророков.

[14] John Gill, *Gill's Commentary* (Grand Rapids: Baker Books, 1980), VI:237. Комментарий на 1Кор. 12:29.

ДЖОНАТАН ЭДВАРДС (1703-1758)

«Во дни Его [Иисуса] плоти ученики в какой-то мере обладали чудесными дарами Духа, благодаря которым они могли учить и совершать чудеса. Но после Его воскресения и вознесения произошло самое полное и значительное в истории излияние Духа с Его чудесными дарами, начавшееся в День пятидесятницы, после того как Христос воскрес и вознесся на небеса. В результате, этими удивительными дарами были наделены не только отдельные люди то тут, то там, но они стали обычным явлением в Церкви и продолжались, пока были живы апостолы, т. е. до смерти последнего из них, апостола Иоанна, спустя около ста лет после рождения Христа. Поэтому первое столетие христианской эры, или первый век, был эрой чудес.

Но вскоре, после того как канон Писания был завершен с написанием апостолом Иоанном книги Откровение, которую он написал незадолго до своей смерти, эти чудесные дары больше не продолжались в Церкви. Поскольку теперь было завершено утвержденное и записанное откровение разума и воли Божьей, в котором Бог полностью выразил постоянное и полностью достаточное правило для Своей Церкви на все века. И поскольку иудейская Церковь и нация теперь были ниспровергнуты, а утверждалась христианская Церковь и последняя диспенсация Церкви Божьей, то чудесные дары Духа больше не были нужны, и, следовательно, они прекратились. Ибо, хотя они и продолжались в Церкви так много лет, все же они прекратились, и это сделал Бог, поскольку для их продолжения больше не было основания. И таким образом исполнился текст, который говорит: "...хотя и пророчества прекратятся, и языки умолкнут, и знание упразднится". И теперь, кажется, наступил конец всем подобным плодам Духа, и у нас более нет причины ожидать их».[15]

•

«По поводу чудесных даров, таких как дары языков, исцелений или пророчества, – они были даны, чтобы основать и утвердить Церковь в мире. Но как только канон Писания был завершен, а христианская Церковь была полностью основана и утверждена, то эти удивительные дары прекратились».[16]

ДЖЕЙМС БЬЮКЕНЕН (1804-1870)

«Чудесные дары Духа уже давно прекратились. Они были даны на время с определенной целью. Это были леса, которые Бог использовал для возведения духовного храма. Когда строительство закончилось, леса убрали, но храм все еще стоит и служит жилищем Святого Духа; "...неужели вы не знаете, что вы – Храм Бога и в вас живет Божий Дух?" (1Кор. 3:16)».[17]

---

[15] Jonathan Edwards, *Charity and Its Fruits* (New York: Robert Carver & Brothers, 1854), 447–49.

[16] Там же, 42–43.

[17] James Buchanan, *The Office and Work of the Holy Spirit* (New York: Robert Carver, 1847), 67.

РОБЕРТ Л. ДАБНИ (1820-1898)

«После утверждения ранней Церкви, отпала всякая необходимость в сверхъестественных знамениях, и Бог счел целесообразным забрать их... Если чудеса станут обыденными, они перестанут быть чудесами и могут быть отнесены людьми к тому, что происходит по естественным законам».[18]

ЧАРЛЬЗ СПЕРДЖЕН (1834-1892)

«Дорогой брат, почитай Духа Божьего так, как почитаешь Иисуса Христа. Если бы Иисус Христос жил в твоем доме, ты бы не стал Его игнорировать, занимаясь своими делами, как будто Его там нет. Не игнорируй присутствие Святого Духа в своей душе. Я умоляю тебя, не живи так, словно ты не слышал ничего о Святом Духе. Ответь Ему должным поклонением. Прими достойно августейшего гостя, Который был рад сделать твое тело святым местом Своего обитания. Люби Его, повинуйся Ему, поклоняйся Ему!

Остерегайтесь того, чтобы приписывать Святому Духу свои пустые фантазии. Я видел, как Дух Божий изобличал людей – я надеюсь, что они были просто безумцами, – которые утверждали, что им что-то открылось. Я не припомню ни одной недели на протяжении нескольких лет, когда бы меня не посещали безумцы и лицемеры со своими откровениями. Маразматики очень любят приходить ко мне с посланиями от Господа, и я говорю им, что не хочу слышать ни единого слова из их глупых откровений... прекратите фантазировать о том, что небеса откроют перед вами завесу будущего, иначе вы можете стать похожими на тех глупцов, которые осмеливаются приписать свои вопиющие глупости Святому Духу. Если вы чувствуете, что с вашего языка так и хочет сорваться какая-то глупость, припишите ее дьяволу, а не Духу Божьему. Все, что нам нужно, Дух открыл нам в Его Слове – он никогда ничего не добавит к Библии. Пусть люди, которые говорят, что им дано то или иное откровение, отправляются спать и проснуться уже *вменяемыми*. Пусть последуют моему совету и больше не оскорбляют Святого Духа, вкладывая свою глупость в его уста...»[19]

•

«Они достигли вершины благочестия. Они получили "силы будущего века". Не чудесные дары, которые прекратились, но все те силы, которыми Святой Дух наделяет христианина».[20]

•

---

[18] Robert L. Dabney, "Prelacy a Blunder," in *Discussions: Evangelical and Theological* (Richmond, VA: Presbyterian Committee of Publication, 1891), 2:236–37.

[19] Charles Spurgeon, "The Paraclete," October 6, 1872, *The Metropolitan Tabernacle Pulpit* (Pasadena, TX: Pilgrim Publications, 1984), 18:563. Курсив автора.

[20] Charles Spurgeon, "Final Perseverance," April 20, 1856, *The New Park Street Pulpit* (Pasadena, TX: Pilgrim Publications, 1981), 2:171.

«Дела Святого Духа, которые происходили в Церкви Божьей, настолько же ценны, как и ранние чудесные дары, которые прекратились. Работа Святого Духа, благодаря которой люди оживают к новой жизни, не уступает силе, которая позволяла людям говорить на языках».[21]

•

«После вознесения Христа на небеса Церковь получила служение апостолов, людей, которые были отобраны как свидетели, потому что они лично видели Спасителя – служение, которое непременно прекратилось, и так и должно быть, потому что чудесная сила была отнята. Они были необходимы временно, и они были дарованы Церкви вознесенным Господом как избранное наследие. Пророки тоже были в ранней Церкви».[22]

•

«Мы должны обращать в веру язычников; у Бога есть мириады Его избранных среди нас, так или иначе мы должны пойти и найти их. Теперь многие препятствия устранены, все земли открыты для нас, и расстояние более не помеха. Правда, у нас нет языков Пятидесятницы; но языки теперь легко можно выучить, а печатное дело – это практически эквивалент утраченного дара».[23]

ДЖОРДЖ СМИТОН (1814-1889)

«Сверхъестественные или необычные дары были временными и должны были прекратиться после утверждения Церкви и закрытия канона богодухновенного Писания; потому что они были внешним доказательством внутреннего вдохновения».[24]

АБРАХАМ КАЙПЕР (1837-1920)

«Поэтому дарования следует рассматривать в экономическом ключе. Церковь – это большое домохозяйство с большим количеством потребностей; учреждение, которое может должным образом функционировать благодаря взаимодействию различных ресурсов. Они нужны Церкви как свечи и дрова для дома; они существуют не ради самих себя, но для семьи, и экономятся, когда дни долгие и теплые. Это имеет прямое отношение к дарам, многие из которых прекратились с периодом Апостольской Церкви».[25]

---

[21] Charles Spurgeon, "Receiving the Holy Ghost," July 13, 1884, *The Metropolitan Tabernacle Pulpit* (Pasadena, TX: Pilgrim Publications, 1985), 30:386.

[22] Charles Spurgeon, "The Ascension of Christ," March 26, 1871, *The Metropolitan Tabernacle Pulpit* (Pasadena, TX: Pilgrim Publications, 1984), 17:178.

[23] Charles Spurgeon, "Forward!" in *An All-Around Ministry* (Carlisle, PA: Banner of Truth, 2000), 55–57.

[24] George Smeaton, *The Doctrine of the Holy Spirit* (Edinburgh: T & T Clark, 1882), 51.

[25] Abraham Kuyper, *The Work of the Holy Spirit*, trans. Henri De Vries (New York: Funk &

УИЛЬЯМ Г. Т. ШЕДД (1820-1894)

«Сверхъестественные дары вдохновения и чудес, которыми обладали апостолы, не стали наследием для их преемников-служителей, потому что в них не было больше необходимости. Все доктрины христианства были открыты для апостолов и сохранены для Церкви в письменной форме. Больше не было необходимости в непогрешимом вдохновении. Полномочия и власть, дарованные первым проповедникам христианства и удостоверяемые в чудесных проявлениях, не нуждались в постоянном повторении из поколения в поколение. Одного века чудес вполне достаточно для подтверждения божественного происхождения Евангелия. Для установления вины человека не нужно бесчисленное количество свидетелей: "устами двух или трех свидетелей" подтверждается всякое слово. Дело, по которому однажды уже было принято решение, не открывается снова».[26]

БЕНДЖАМИН УОРФИЛД (1887-1921)

«Эти чудесные дары были даны апостолам, служившим при основании Церкви уполномоченными Божьими представителями. Таким образом, действие этих даров было ограничено исключительно первоапостольской церковью, и с исчезновением апостолов дары прекратились».[27]

АРТУР ПИНК (1886-1952)

«Поскольку в начале нашей диспенсации были исключительные служения (апостольское и пророческое), были и необычайные дары; и поскольку для первого преемники назначены не были, соответственно, и существование второго не предполагалось. Дары были тесно связаны с уникальными полномочиями: см. Деян. 8:14-21; 10:44-46; 19:6; Рим. 1:11; Гал. 3:5; 2Тим. 1:6. С нами больше нет апостолов, поэтому сверхъестественные дары (которые удостоверяли апостольское служение, 2Кор.12:12) прекратились».[28]

Д. МАРТИН ЛЛОЙД-ДЖОНС (1899-1981)

«После того как были написаны все книги Нового Завета в служении пророков отпала необходимость. Поэтому в Пастырских посланиях, которые

Wagnalls, 1900), 182.

[26] W. G. T. Shedd, *Dogmatic Theology* (New York: Charles Scribner's Sons, 1888), 2:369.

[27] Benjamin B. Warfield, *Counterfeit Miracles* (New York: Charles Scribner's Sons, 1918), 6.

[28] Arthur W. Pink, *Studies in the Scriptures* (Lafayette, IN: Sovereign Grace, 2005), 9:319.

относятся ближе к концу периода Апостольской Церкви, когда церковное устройство уже устоялось, нет упоминания о пророках. Понятно, что даже к тому времени в пророках уже не было необходимости, и этот призыв был предназначен для учителей и пасторов – учить истине Писания и передать знание другим.

На протяжении истории Церкви время от времени появлялись люди, которые объявляли себя пророками в новозаветном смысле и говорили, что получили особые откровения истины. Однако у нас есть Писания Нового Завета, поэтому нет никакой нужды в последующих откровениях. Это последняя инстанция. Все, что нам нужно, есть в Новом Завете, и нам не нужны никакие дальнейшие откровения. Все было уже открыто, все, что нам нужно, доступно в Слове. И если человек утверждает, что получил откровение какой-то новой истины, он тут же должен вызвать у нас подозрение...

Суть в том, что при наличии канона Нового Завета, всякая потребность в пророках отпадает. Нам больше не нужны прямые откровения об истине; истина в Библии. Мы никогда не должны разделять Дух и Слово. Дух говорит нам через Слово; поэтому мы всегда должны с подозрением относится к любому предполагаемому откровению, которое не соответствует Слову Божьему во всей полноте. На самом деле было бы мудрым полностью отказаться от термина "откровение" в привычном нам значении и говорить только об "озарении". Откровение было дано раз и навсегда, и все, что нам нужно, и что по милости Божьей нам доступно, – это озарение от Духа, чтобы понимать Его Слово».[29]

---

[29] D. Martyn Lloyd-Jones, *Christian Unity* (Grand Rapids: Baker, 1987), 189–91.

ОБ АВТОРЕ

Джон МакАртур служит пастором-учителем в «Грейс Комьюнити Черч» в Сан-Вэлли (штат Калифорния) с 1969 года. Его служение разъяснительной проповеди не имеет себе равных по широте и влиянию; за четыре десятилетия служения на одной и той же кафедре он проповедовал стих за стихом весь Новый Завет (и несколько ключевых разделов Ветхого Завета). Он также занимает должность президента «Мастерс колледжа» и «Мастерс семинарии»; его голос можно услышать каждый день через радиовещание «Благодать вам» (транслируется на сотнях радиостанций по всему миру). Джон Мак-Артур – автор ряда бестселлеров, включая «Учебную Библию Мак-Артура», «Благовествование Христово», «Двенадцать обыкновенных мужчин» и «Одна совершенная жизнь».

Подробнее о Джоне Мак-Артуре и его учебных материалах см. на www.gty.org

Джон Мак-Артур
ЧУЖДЫЙ ОГОНЬ

Перевод с английского

Исполнительный редактор: Олег Энский
Перевод: Леонид Крук
Богословский редактор: Василий Новаковец

The Master's Academy International
www.tmai.org

www.ingramcontent.com/pod-product-compliance
Lightning Source LLC
Chambersburg PA
CBHW061142120626
46546CB00005B/1895